わかりやすい紛争解決シリーズ❹

わかりやすい
貸金・保証関係
紛争解決の手引

園部 厚 著

発行 民事法研究会

は し が き

　誰しも、お金を貸したり、あるいは、お金を借りたりすることにかかわったことはあると思われる。友人に少しの間お金を貸したり、あるいは借りたりすること、車を買うのにお金を借りることなどはあると思われる。また、家を建てるのに銀行などからお金を借りることもあると思われる。そして、また、他の者がお金を借りるときなどに、保証人になることもある。

　また、最近では、サラ金会社からお金を借りた借主が、利息制限法を超える利率の利息を支払っており、その分を元本の支払いに充てたことにすると、本来の元利金を払いすぎているとして、サラ金会社に過払金の返還請求をする事例が増えている。

　本書では、貸金・保証関係について、まず基本的な知識についてまとめ、併せて紛争が生じた場合に、当該紛争を解決するための手続について解説したものである。

　本書が、貸金・保証関係の紛争にかかわる者にとって、紛争解決のために役立つものとなれば幸いである。

　なお、本書は、わかりやすい紛争解決の手引としてすでに刊行されている、『わかりやすい物損交通事故紛争解決の手引〔第2版〕』、『わかりやすい労働紛争解決の手引〔第2版〕』、『わかりやすい敷金返還紛争解決の手引』に続くものとして、刊行したものであり、併せて利用いただければ幸いである。

　　平成23年9月

　　　　　　　　　　　　　　　　　　　　　　園　部　　　厚

目 次

― 目　次 ―

序　章 … 1

第1章　貸金について … 2

第1節　貸金返還請求について … 2
第1　金銭消費貸借 … 2
第2　元本について … 3
1　元本とは … 3
2　振込貸付けにおける振込手数料と元本額 … 3
第3　利息・損害金等について … 3
1　利　息 … 3
(1)　利息の請求 … 3
(2)　利息の生ずる期間 … 3
(3)　約定利率による利息の請求 … 4
(4)　法定利率による利息の請求 … 4
2　遅延損害金 … 4
(1)　遅延損害金の生ずる期間 … 4
(2)　法定利率による遅延損害金の請求 … 5
(3)　約定利率による遅延損害金の請求 … 5
3　制限利率（上限利率） … 6
(1)　利息・損害金について … 6
ア　利息・損害金についての原則 … 6
［表1］　利息制限法および出資法における制限利率／6
イ　営業的金銭消費貸借の遅延損害金の特則 … 7

ウ　営業的金銭消費貸借の複数の貸付けの上限利率……………………7
　　　エ　継続的金銭消費貸借の上限金利 ……………………………………8
　　　オ　みなし利息……………………………………………………………9
　　　　(ｱ)　契約締結費用および債務弁済費用／9
　　　　(ｲ)　平成18年改正法による改正／10
　　　カ　利息制限法の制限を超過する利息・損害金 ……………………10
　　　　(ｱ)　利息制限法の制限を超過する利息・損害金の無効／10
　　　　(ｲ)　利息制限法の制限を超過する利息・損害金の支払い／11
　　　　(ｳ)　利息制限法の制限超過部分の利息・損害金を元本に充当
　　　　　　した結果元本が完済となった後の支払い／11
　　　　(ｴ)　利息制限法の制限を超える利息の約定のみがある場合の
　　　　　　遅延損害金／12
　　　　(ｵ)　利息の天引きの場合／12
　　　キ　日賦貸金業者の特例の廃止 ………………………………………12
　　　ク　電話担保金融の特例の廃止 ………………………………………13
　(2)　業として保証を行う者の保証料等 ………………………………………13
　　　ア　業として保証を行う者の保証料等の制限 ………………………13
　　　イ　利息の増加の場合 …………………………………………………14
　　　ウ　貸付金利が変動利率である場合の保証料等 ……………………14
　　　　(ｱ)　貸付業者が主債務者から支払いを受けることができる特
　　　　　　約上限利率を定めこれを主債務者に通知した場合／14
　　　　(ｲ)　貸付業者が主債務者から支払いを受けることができる特
　　　　　　約上限利率の定めがない場合または特約上限利率の定めを
　　　　　　主債務者に通知しない場合／15
　　　エ　根保証の場合の保証料等……………………………………………16
　　　　(ｱ)　根保証とは／16
　　　　(ｲ)　根保証における法定上限額の算出／16

3

目　次

　　　　　(ウ)　特約上限利率の定めがある場合／16

　　　　　(エ)　特約上限利率の定めがない場合／17

　　　　オ　平成18年改正法施行前の保証料等の契約の効力 …………17

　　(3)　媒介手数料 ………………………………………………………17

　　(4)　制限利率を超える貸付けの期限前弁済における違約金の定め

　　　　と消費者契約法10条 ……………………………………………18

第4　債権の消滅等（弁済期、期限の利益、時効）…………………18

　1　弁済期………………………………………………………………18

　　(1)　弁済期の合意の主張 …………………………………………18

　　(2)　弁済期の定めがない場合の催告 ……………………………19

　2　期限の利益の放棄──期限前弁済と期限までの利息………19

　　(1)　期限の利益の放棄の意義 ……………………………………19

　　(2)　期限の利益の放棄と利息制限法 ……………………………20

　3　期限の利益喪失の宥恕……………………………………………20

　　(1)　期限の利益喪失の宥恕 ………………………………………20

　　(2)　期限の利益喪失宥恕の事実の主張立証責任 ………………21

　4　期限の利益の再度付与……………………………………………21

　5　期限の利益喪失……………………………………………………21

　　(1)　期限の利益喪失と信義則違反 ………………………………21

　　　ア　貸主の対応と期限の利益喪失主張の信義則違反 ………21

　　　イ　約定支払日前の支払いと期限の利益喪失主張の信義則違反………23

　　(2)　利息制限法の制限超過利息の支払いと期限の利益喪失……23

　6　貸金と時効…………………………………………………………24

　　(1)　弁済期の定めのない貸金と時効の起算点 …………………24

　　(2)　分割弁済と消滅時効期間………………………………………24

　　　ア　当然喪失型の残債務全額についての消滅時効期間 ……24

　　　イ　請求喪失型の残債務全額についての消滅時効期間 ……25

(3)　時効援用権の喪失……………………………………………25
第5　過剰与信、過剰貸付け………………………………………………26
　1　過剰貸付け等の禁止……………………………………………………26
　2　平成18年改正法よる改正………………………………………………28
第6　貸金業法旧43条………………………………………………………29
　1　みなし弁済制度…………………………………………………………29
　　(1)　みなし弁済の要件…………………………………………………29
　　(2)　みなし弁済制度の廃止……………………………………………30
　　(3)　貸金業法の題名について…………………………………………31
　　(4)　貸金業法旧43条の解釈……………………………………………31
　2　債務者の利息・損害金の支払いの任意性……………………………32
　　(1)　債務者の利息・損害金の支払いの任意性の意味………………32
　　(2)　期限の利益喪失特約と債務者の利息・損害金の支払いの任意性……32
　　　ア　期限の利益喪失特約と債務者の利息・損害金の支払いの任意性…32
　　　イ　約定利息を支払わない限り期限の利益を喪失するとの誤解
　　　　が生じなかったといえるような特段の事情………………………33
　　　　(ｱ)　主張立証責任／33
　　　　(ｲ)　特段の事情に当たる例／33
　　　　(ｳ)　特段の事情の認定／33
　　　　(ｴ)　事実上の強制に当たる例／34
　　　ウ　利息制限法制限超過の約定利率の利息等支払遅滞による当
　　　　然期限の利益喪失約款に基づきみなし弁済を前提に提起され
　　　　た貸金返還請求訴訟で被告が欠席または争わない場合の取扱い……35
　3　貸金業法旧17条書面について…………………………………………36
　　(1)　貸金業法旧17条1項の所定の記載事項…………………………36
　　(2)　「期限の利益の喪失の定めがあるときは、その旨及びその内容」……37
　　　ア　期限の利益喪失約款の無効と期限の利益喪失約款の記載………37

目　次

　　　　イ　期限の利益喪失約款が付されている場合の貸金業法旧17条
　　　　　　書面の記載事項の改正 ……………………………………………37
　　　(3)　「返済期間及び返済回数」および「各回の返済金額」の記載 ………38
　　　　ア　リボルビング方式の貸付けと「返済期間及び返済回数」お
　　　　　　よび「各回の返済金額」の記載 …………………………………38
　　　　イ　償還表の記載と「各回の返済金額」の記載 ……………………38
　　4　貸金業法旧18条書面について ……………………………………………39
　　　(1)　領収書の金額の記載の間違いと貸金業法旧18条1項4号の要件 ……39
　　　(2)　貸金業法施行規則15条2項による貸金業法旧18条1項1号か
　　　　　ら3号までの記載に代わる契約番号その他の明示について ……………39
　　　(3)　銀行振込みと貸金業法旧18条書面の交付 ……………………………40
　　　　ア　銀行振込みと貸金業法旧18条書面の交付の要否 ………………40
　　　　イ　貸金業法旧18条1項所定の事項が記載された振込用紙と一
　　　　　　体となった書面の事前交付 ………………………………………40
　　　　ウ　銀行振込みと貸金業法旧18条1項柱書の「その都度、直ち
　　　　　　に」の要件 …………………………………………………………41
　　　　エ　債務者の旧18条書面交付不要申出 ………………………………41
　　5　利息の天引きと貸金業法旧43条 …………………………………………42
　　6　利息制限法所定の制限を超える利息の請求と不法行為 ………………42
第7　取立行為の規制 ……………………………………………………………42
　　1　取立行為規制法規 …………………………………………………………42
　　2　取立行為規制に関する裁判例 ……………………………………………43
　　　(1)　自宅への訪問等 …………………………………………………………43
　　　(2)　弁護士等受任後の債務者本人等への接触等 …………………………44
第8　貸金業者の取引履歴等開示義務 …………………………………………45
　　1　貸金業者の取引履歴等開示義務違反に基づく損害賠償請求 …………45
　　2　帳簿の閲覧・謄写 …………………………………………………………47

3　帳簿の閲覧・謄写請求の拒絶……………………………47
第2節　過払金返還請求（不当利得返還請求）
　　　　について …………………………………………………49
　第1　過払金返還請求権（不当利得返還請求権）……………49
　　1　過払金返還請求権（不当利得返還請求権）の意義………49
　　2　過払金返還請求権の帰属主体──保証人の弁済による過払
　　　金返還請求権の帰属………………………………………50
　第2　受益者の返還義務の範囲 …………………………………50
　　1　受益者の利益返還義務……………………………………50
　　　(1)　受益者の返還義務の範囲……………………………50
　　　(2)　悪意の受益者の主張立証責任………………………50
　　　(3)　貸金業法旧43条1項の適用が認められない場合の悪意の受益
　　　　　者の推定を覆す、貸金業者が同項の適用があるとの認識を有し
　　　　　ており、かつ、そのような認識を有するに至ったことについて
　　　　　やむを得ないといえる特段の事情 ……………………51
　　　　ア　支払いの任意性の要件について ……………………51
　　　　イ　旧17条書面の要件について …………………………53
　　　　ウ　旧18条書面の要件について …………………………54
　　　　エ　旧17条・旧18条書面を交付する業務態勢の整備 ……56
　　2　過払金返還請求権（不当利得返還請求権）の付帯請求の起算日…56
　　　(1)　悪意の受益者でない者の遅延損害金の起算日 ………56
　　　(2)　悪意の受益者の場合の利息の起算日 …………………56
　　3　過払金返還請求権（不当利得返還請求権）の付帯請求の利率……57
　第3　過払金の貸金への充当 ……………………………………58
　　1　過払金の貸金への充当……………………………………58
　　2　過払金発生後の貸金への充当……………………………59
　　　(1)　一体取引の場合………………………………………59

　　　　ア　一体取引の場合 …………………………………………59
　　　　　(ｱ)　一体取引の場合の解釈／59
　　　　　(ｲ)　カードローンの基本契約に基づく借入金債務の場合／59
　　　　　(ｳ)　基本契約に基づかない切替えおよび借増しの繰返しの場合／60
　　　　　(ｴ)　別個の基本契約の基づく取引を一連として計算すること
　　　　　　の可否／61
　　　(2)　個別取引の場合 ……………………………………………63
　第4　過払金返還請求権（不当利得返還請求権）の消滅時効…64
　　1　過払金返還請求権（不当利得返還請求権）の消滅時効期間………64
　　2　過払金返還請求権（不当利得返還請求権）の消滅時効の起算点…65
　　3　過払金発生可能性通知と時効中断………………………………66
　　4　時効完成後の過払金返還請求権を自働債権とし貸金債権を
　　　受働債権とする相殺………………………………………………67
　　5　貸金業者の過払金返還請求権の消滅時効援用と信義則違反………68
　第5　免責後の過払金返還請求 ……………………………………68
　第6　過払金返還請求と不法行為 …………………………………70
　第7　民法704条後段の損害 ………………………………………71
　第8　貸付金返還額全額についての返還請求 ……………………72
　第9　貸金の譲渡・貸金業者の倒産と過払金返還請求権………74
　　1　貸金業者の営業譲渡等と過払金返還請求権……………………74
　　　(1)　営業譲渡・事業譲渡と過払金返還請求権 ………………………74
　　　(2)　免責登記と過払金返還請求権………………………………………76
　　2　貸金債権譲渡と過払金返還請求権………………………………77
　　　(1)　大阪高判平21・3・5消費者法ニュース79号99頁 ……………78
　　　(2)　大手サラ金会社が子会社等から貸金債権譲渡を受けた事例…………79
　　3　貸金業者の倒産手続と過払金返還請求権………………………83
　第10　和解・調停・決定等後の過払金返還請求 ………………84

1　和解・調停の無効……………………………………………84
　　　2　調停に代わる決定の無効……………………………………85

第2章　保証について……………………88

第1　保証とは……………………………………………88
　　1　保証契約………………………………………………………88
　　2　保証契約の書面性……………………………………………88
　　(1)　保証契約の書面性…………………………………………88
　　(2)　保証契約の書面性の意味…………………………………88
　　3　保証契約の補充性──催告の抗弁権、検索の抗弁権……89

第2　貸金等根保証契約…………………………………89
　　1　貸金等根保証契約とは………………………………………89
　　2　債権譲渡と限度額保証………………………………………90
　　3　極度額保証の法的性質──債務制限か責任制限か………90

第3　保証人と主債務者の関係…………………………91
　　1　主債務について生じた事由の主張…………………………91
　　(1)　保証債務履行請求における主債務に関する抗弁以下の攻撃防御方法の主張…………………………………………91
　　(2)　主債務者の債権による相殺または弁済拒絶の抗弁……92
　　(3)　主債務者の取消権・解除権による保証債務の履行拒絶の抗弁……92
　　2　保証人敗訴後の主債務者勝訴判決の援用…………………92

第4　保証債務と時効……………………………………93
　　1　主債務の消滅時効……………………………………………93
　　(1)　主債務の消滅時効による保証債務の消滅の抗弁………93
　　(2)　主債務者の時効援用権の喪失・時効利益の放棄と保証人による主債務消滅時効の援用……………………………93

　　　　(3) 保証人の保証債務の履行・承認と主債務の時効援用権制限・
　　　　　時効利益の放棄 ……………………………………………………93
　　　　(4) 保証人の保証債務の時効利益の放棄と主債務の時効の援用 ………94
　　　　(5) 保証人が主債務者の承認を知って保証債務を承認した場合の
　　　　　主債務の時効の援用 ………………………………………………95
　　　　(6) 主債務者の破産免責等と時効 ……………………………………95
　　2 保証債務の消滅時効 ……………………………………………………95
　　　　(1) 保証債務の消滅時効の抗弁 ………………………………………95
　　　　(2) 商行為によって生じた保証債務の時効期間 ……………………96
　　3 時効の中断 ……………………………………………………………96
　　　　(1) 主債務者に生じた時効中断の再抗弁 ……………………………96
　　　　(2) 主債務者に生じた時効中断効が保証債務に及ぶことと保証債
　　　　　務自体の時効中断 …………………………………………………96
　　　　(3) 保証人に生じた事由の主債務者に対する影響 …………………96
　　　　(4) 主債務者と物上保証人・第三取得者間の時効中断の効果 ………97
　　4 判決の確定と時効 ……………………………………………………97
　　　　(1) 判決確定後の主債務者と保証人の時効期間 ……………………97
　　　　(2) 短期消滅時効と主債務者・連帯保証人に対する判決の効力 ……97
　　　　(3) 保証人敗訴後の主債務者勝訴判決の援用 ………………………98
第5　保証債務と免責 …………………………………………………………98
第6　保証人の主債務者に対する求償請求 …………………………………99
　　1 保証人の主債務者に対する求償権の意義 …………………………99
　　2 事後求償権 ……………………………………………………………99
　　　　(1) 事後求償権の意義 …………………………………………………99
　　　　(2) 附帯請求の商事法定利率による請求 ……………………………99
　　　　(3) 貸付利息が利息制限法を超える場合の保証人の求償範囲 ……100
　　　　(4) 事後求償権の消滅時効 …………………………………………100

ア　事後求償権の消滅時効の進行 ……………………………100
　　　イ　保証・保証委託が商行為であるときの求償債権の消滅時効期間 …100
　　　ウ　原債権の行使と求償権の時効の中断 ………………………100
　3　事前求償 ……………………………………………………………101
　(1)　事前求償の意義 ……………………………………………………101
　(2)　受託保証人の事前求償できる（遅延損害金の）額 ………………101

第3章　貸金・保証関係紛争解決のための手続 ……103

第1節　行政官庁相談窓口 ……………………………………103
第1　財務局等の相談窓口 ……………………………………103
　　［表2］　財務局等における相談窓口／103
第2　地方自治体の相談窓口 …………………………………105
　　［表3］　地方自治体の多重債務者相談窓口／105

第2節　民事保全手続 …………………………………………113
第1　概　説 ……………………………………………………113
第2　給料仮差押え ……………………………………………113

第3節　民事調停 ………………………………………………114
第1　民事調停の申立て ………………………………………114
　　【書式1】　調停申立書／114
　　【書式2】　特定調停申立書／117
　　【書式3】　特定債務者の資料等（一般個人用）／118
　　【書式4】　関係者権利者一覧表／119
第2　民事調停の管轄申立て先 ………………………………121
第3　調停調書の効力 …………………………………………121
第4　調停不成立の場合の訴訟の提起 ………………………121

目次

第4節　訴訟手続 …………………………………………………122
Ⅰ　訴訟手続一般 ……………………………………………………122
第1　訴訟手続の種類・選択 ……………………………………122
1　訴訟手続 ………………………………………………………122
2　督促手続の選択 ………………………………………………122
3　通常訴訟手続の選択 …………………………………………123
4　少額訴訟手続の選択 …………………………………………123
【書式5】　訴　状／124
第2　訴訟事件の管轄──訴訟事件の申立裁判所…………130
1　事物管轄──訴えを提起する第一審裁判所 ………………130
　(1)　通常訴訟の事物管轄──通常訴訟の第一審裁判所 ………130
　(2)　少額訴訟の事物管轄──少額訴訟の審理裁判所 …………131
　(3)　訴訟物の価額〔訴額〕の算定 ………………………………131
　　ア　訴訟物の価額〔訴額〕の算定 ……………………………131
　　イ　数個の請求を併合する場合の訴訟物の価額〔訴額〕 ……131
　　　㈺　原　則／131
　　　㈸　例　外／131
2　土地管轄──訴えを提起する裁判所の場所 ………………132
　(1)　被告の普通裁判籍（住所等）所在地を管轄する裁判所への訴
　　　え提起 ……………………………………………………………132
　(2)　義務履行地管轄裁判所 ………………………………………132
　　ア　義務履行地管轄裁判所 ……………………………………132
　　イ　不法行為に基づく損害賠償の請求、不当利得に基づく請求
　　　の場合 …………………………………………………………132
　　ウ　債権譲渡があった場合の義務履行地管轄裁判所 ………133
　　エ　関連裁判籍 …………………………………………………133
3　管轄の合意 ……………………………………………………133

		(1)	合意管轄の意義 …………………………………………133
		(2)	合意管轄の要件 …………………………………………133
		(3)	管轄合意の態様 …………………………………………134
			ア　管轄合意の態様 ……………………………………134
			イ　専属的管轄合意と応訴管轄 ………………………134
			ウ　管轄合意の効力 ……………………………………134
			(ｱ)　管轄合意の効力／134
			(ｲ)　業者の本支店についての管轄合意条項の効力／135
			(ｳ)　簡易裁判所を専属的管轄とする合意に基づく地方裁判所
			から簡易裁判所への移送申立て／135
			(ｴ)　管轄合意と本庁・支部／136
			エ　管轄合意についての意思表示の瑕疵 ……………136
	4	応訴管轄 ……………………………………………………136
		(1)	応訴管轄 …………………………………………………136
		(2)	法定管轄原因が認められない訴状の取扱い …………136
		(3)	本案の弁論 ………………………………………………137
			ア　本案の弁論の意義 …………………………………137
			イ　答弁書等の擬制陳述と本案の弁論 ………………137
	5	遅滞を避ける等のための移送 …………………………137
		(1)	遅滞を避ける等のための移送 …………………………137
		(2)	借主の住所地への移送等 ………………………………138
第3	当事者等 ……………………………………………………138
	1	実質的な権限を有しない法令による訴訟代理人（支配人）………138
	2	簡易裁判所における訴訟代理人（認定司法書士、許可代理人）…139
		(1)	認定司法書士 ……………………………………………139
		(2)	許可代理人 ………………………………………………140
		(3)	主債務者が保証人の許可代理人となること …………140

目 次

第4 訴えの提起 …………………………………………………………140
 1 訴え提起の方式 ………………………………………………………140
 2 訴訟における主張立証の構造等 ……………………………………141
 3 証拠の収集 ……………………………………………………………142
  (1) 書証等の提出 ………………………………………………………142
  (2) 貸金・保証関係訴訟の主な証拠 …………………………………142
   ア 金銭消費貸借契約書等 …………………………………………142
   イ 保証契約の書面 …………………………………………………143
   ウ 領収書 ……………………………………………………………143
第5 倒産手続と民事訴訟との関係 ……………………………………143
 1 個人再生（小規模個人再生・給与所得者等再生）手続と民
   事訴訟との関係 ………………………………………………………143
  (1) 手続開始と民事訴訟との関係 ……………………………………143
  (2) 債権者一覧表に記載がなく届出もない債権等の効力 …………144
  (3) 再生計画認可決定確定 ……………………………………………144
 2 破産手続と民事訴訟との関係 ………………………………………145
  (1) 破産債権と訴訟手続 ………………………………………………146
   ア 破産手続開始と訴訟手続の中断 ………………………………146
   イ 破産債権の確定と訴訟手続 ……………………………………146
 【書式6】 訴訟終了書／147
   ウ 破産届出債権に破産管財人または他の破産債権者から異議
     があった場合 ……………………………………………………147
   エ 届出債権に破産者から異議があった場合 ……………………148
   オ 破産手続終了と訴訟手続 ………………………………………148
   カ 同時廃止と訴訟手続 ……………………………………………149
   キ 破産免責の効果 …………………………………………………149
    (ア) 破産免責の意味──免責債務の履行を求める訴え／149

　　　　㈅　免責の対象となった債権を自働債権とする相殺／150

　　　　㈆　非免責となる債権者名簿等に記載しなかった請求権の範囲／151

　　　　㈇　免責と別除権／151

　　⑵　法人と破産……………………………………………………………152

　　　ア　会社・取締役の破産手続開始と取締役の地位……………………152

　　　イ　破産手続終了と取締役の地位………………………………………152

Ⅱ　貸金返還請求訴訟………………………………………………………153

第1　貸金返還請求の訴状……………………………………………………153

　　【書式7】　貸金返還請求訴訟の訴状／153

　　【書式8】　貸金返還請求訴訟の訴状の請求原因（基本契約に基づ

　　　　　　　く継続的金銭消費貸借）／155

第2　貸金返還請求の要件事実………………………………………………156

　1　貸金返還請求の請求原因……………………………………………156

　　⑴　貸金元本返還請求の請求原因………………………………………156

　　　ア　弁済期の定めがある場合の請求原因………………………………156

　　　イ　期限の定めがない場合の請求原因…………………………………156

　　　　㈠　請求原因／156

　　　　㈡　訴状送達による催告／157

　　　ウ　割賦弁済で期限の利益喪失約款による請求の場合の請求原因…158

　　　　㈠　期限の利益喪失約款による期限の到来の具体的請求原因／158

　　　　㈡　実　務／158

　　〈記載例1〉　実務での利益喪失約款による期限の到来の具体的請

　　　　　　　求原因の記載例／159

　　　エ　利息の天引きがされた場合の貸金元本返還請求の請求原因……159

　　⑵　利息請求の請求原因…………………………………………………159

　　　ア　利息請求の請求原因の要件事実……………………………………159

　　　イ　利率の主張立証………………………………………………………160

15

　　　　(ア) 民事法定利率による利息の請求／160
　　　　(イ) 商事法定利率による利息の請求／160
　　　　(ウ) 約定利率による利息の請求／160
　　(3) 遅延損害金請求の請求原因 …………………………………160
　2 貸金返還請求における抗弁等 …………………………………162
　　(1) 弁済の抗弁等 …………………………………………………162
　　　ア 弁済の抗弁の要件事実 ……………………………………162
　　　イ 第三者弁済の抗弁に対する再抗弁 ………………………162
　　(2) 代物弁済の抗弁 ………………………………………………162
　　　ア 代物弁済の抗弁の要件事実 ………………………………162
　　　イ 債務消滅としての代物弁済における対抗要件の具備 …163
　　(3) 相殺の抗弁等 …………………………………………………163
　　　ア 相殺の抗弁の要件事実 ……………………………………163
　　　　(ア) 自働債権の発生原因事実／163
　　　　(イ) 受働債権（請求債権）につき被告が原告に対し一定額について相殺の意思表示をしたこと／164
　　　イ 相殺の抗弁に対する再抗弁 ………………………………164
　　(4) 消滅時効の抗弁等 ……………………………………………164
　　　ア 消滅時効の抗弁の要件事実 ………………………………164
　　　イ 消滅時効の抗弁に対する再抗弁 …………………………165
　　(5) 名義貸しによる無効の抗弁 …………………………………166
　　(6) 遅延損害金請求に対する抗弁──弁済の提供の抗弁 ……166
　　　ア 現実の提供の抗弁の要件事実 ……………………………166
　　　イ 口頭の提供の抗弁の要件事実 ……………………………167
Ⅲ 過払金返還請求訴訟 ………………………………………………167
　第1 過払金返還請求の共同訴訟について ………………………167
　第2 過払金返還請求の訴状における請求の趣旨・原因 ………168

【書式9】　過払金返還請求（不当利得返還請求）の訴状における
　　　　　　　請求の趣旨・原因の記載／168
第3　過払金返還請求権（不当利得返還請求権）……………169
　1　過払金返還請求権（不当利得返還請求権）の要件事実 ………169
　　(1)　過払金返還請求権（不当利得返還請求権）の請求原因 ………169
　　　ア　不当利得返還請求権（過払金返還請求権）の請求原因 ………169
　　　イ　悪意の受益者に対する利息を請求する場合の請求原因 ………170
　　(2)　過払金返還請求（不当利得返還請求）における抗弁等 ………170
　2　当初貸付残高の主張・立証責任 ………171
　3　取引履歴不開示部分の立証 ………173
　　(1)　取引履歴に対する文書提出命令の発令 ………173
　　(2)　文書提出命令に従わないことによる真実擬制 ………174
　　(3)　取引履歴で判明する取引内容を間接事実とする不開示部分の推認　176
　4　過払金返還請求権（不当利得返還請求権）の悪意の受益者 ……177
　　(1)　悪意の受益者の主張立証責任 ………177
　　(2)　貸金業法旧43条1項の適用が認められない場合の悪意の受益
　　　者の推定を覆す、貸金業者が同項の適用があるとの認識を有し
　　　ており、かつ、そのような認識を有するに至ったことについて
　　　やむを得ないといえる特段の事情 ………178
　　　ア　支払いの任意性の要件について ………178
　　　イ　旧17条書面の要件について ………179
　　　ウ　旧18条書面の要件について ………179
第4　過払金返還請求訴訟の審理──当事者間で合意が
　　成立した場合の進行 ………181
Ⅳ　取引履歴開示義務違反に基づく損害賠償請求訴訟 ………181
　第1　貸金業者の取引履歴開示義務 ………181
　第2　取引履歴開示義務違反に基づく損害賠償請求訴訟に

目　次

　　　　おける訴訟物……………………………………………………182
　　1　主たる請求 ……………………………………………………182
　　2　付帯請求 ………………………………………………………182
　第3　取引履歴開示義務違反に基づく損害賠償請求訴訟に
　　　　おける請求原因 ………………………………………………182
Ⅴ　保証関係訴訟 ………………………………………………………183
　第1　保証債務履行請求の訴状 …………………………………………183
　　　【書式10】　保証債務請求の訴状／183
　第2　保証債務履行請求の要件事実……………………………………185
　　1　保証債務履行請求の要件事実 ………………………………185
　　　(1)　保証債務履行請求の請求原因 ……………………………185
　　　(2)　保証債務履行請求における抗弁等 ………………………185
　　　　ア　利息・遅延損害金債務を保証契約から除外するとの合意
　　　　　（特約）があったことの抗弁……………………………186
　　　　イ　催告・検索の抗弁等 ……………………………………186
　　　　　(ｱ)　催告の抗弁権の要件事実／186
　　　　　(ｲ)　検索の抗弁権の要件事実／186
　　　　　(ｳ)　催告・検索の抗弁に対する再抗弁／187
　　　　ウ　消滅時効の抗弁等 ………………………………………187
　　　　　(ｱ)　主債務の消滅時効の抗弁等／187
　　　　　(ｲ)　保証債務の消滅時効の抗弁／188
　　　　エ　主債務者の債権による相殺または弁済拒絶の抗弁 …………188
　　　　　(ｱ)　民法457条2項によって保証人は主債務者の債権をもって
　　　　　　　相殺できるとする見解／188
　　　　　(ｲ)　民法457条2項によって保証人は主たる債務者の債権に
　　　　　　　よる相殺によって消滅する限度で弁済を拒絶する抗弁権を
　　　　　　　有するのみであるとする見解／188

　　　　オ　主債務者の取消権・解除権による保証債務の履行拒絶の抗弁 …189
　　　　カ　分別の利益の一部抗弁等 ……………………………………189
　　　　　(ｱ)　分別の利益の一部抗弁／189
　　　　　(ｲ)　分別の利益の一部抗弁の要件事実／189
　　　　　(ｳ)　分別の利益の一部抗弁に対する再抗弁／189
　　２　根保証に基づく保証債務履行請求の要件事実 ………………190
第３　極度額保証 …………………………………………………………190
　　１　保証の債務制限の請求の趣旨・認容判決主文 ………………191
　　(1)　保証債務の元本債務額が制限されている場合 ………………191
　　〈記載例２〉　保証債務の元本債務額が制限されている場合の請求
　　　　　　　の趣旨・認容判決主文／191
　　(2)　保証債務の債務額が制限されている場合 ……………………191
　　〈記載例３〉　保証債務の債務額が制限されている場合の請求の趣
　　　　　　　旨・認容判決主文／191
　　２　保証の責任制限の請求の趣旨・認容判決主文 ………………192
　　(1)　保証責任の元本責任額が制限されている場合 ………………192
　　〈記載例４〉　保証責任の元本責任額が制限されている場合の請求
　　　　　　　の趣旨・認容判決主文／192
　　(2)　保証責任の債務額が制限されている場合 ……………………193
　　〈記載例５〉　保証責任の債務額が制限されている場合の請求の趣
　　　　　　　旨・認容判決主文／193
第４　保証人の主債務者に対する求償請求 ……………………………193
　　１　訴訟物 …………………………………………………………………193
　　２　事後求償 ………………………………………………………………193
　　(1)　保証人の主債務者に対する事後求償請求の訴状 ……………193
　　【書式11】　保証人の主債務者に対する事後求償請求の訴状／194
　　(2)　事後求償の請求原因の要件事実 ………………………………195

19

(3) 事後求償における抗弁等 ……………………………………196
　　　　ア　主債務者の（保証人の弁済以前の）弁済の抗弁等 ………196
　　　　　(ｱ) 主債務者の（保証人の弁済以前の）弁済の抗弁の要件事実／196
　　　　　(ｲ) 委託のある保証の場合の保証人善意の再抗弁の要件事実／196
　　　　イ　主債務者の（保証人の弁済後の）弁済等の抗弁等 …………197
　　　　　(ｱ) 保証人弁済後の主債務者の弁済等／197
　　　　　(ｲ) 主債務者の（保証人の弁済後の）善意の弁済等の抗弁の
　　　　　　　要件事実／197
　　　　　(ｳ) 再抗弁／197
　　　　ウ　事前通知義務違反による主債務者が債権者に対抗し得た事
　　　　　　由の抗弁等 ……………………………………………………197
　　　　　(ｱ) 事前通知義務違反による主債務者が債権者に対抗し得た
　　　　　　　事由の抗弁／197
　　　　　(ｲ) 事前通知義務違反による主債務者が債権者に対抗し得た
　　　　　　　事由の抗弁に対する再抗弁／198
　　　　エ　主債務の無効・取消しの抗弁 ………………………………198
　　　　オ　主債務の消滅時効の完成の抗弁 ……………………………198
　　　　カ　委託のない保証の場合の本人の意思に反することの抗弁 ……198
　　　　キ　求償権の消滅時効の抗弁 ……………………………………199
　　3　事前求償 …………………………………………………………199
　　　(1) 事前求償の請求原因の要件事実 ……………………………199
　　　(2) 事前求償における抗弁 ………………………………………199
Ⅵ　債務不存在確認訴訟 …………………………………………………200
　第1　債務不存在確認訴訟の請求 ……………………………………200
　　1　請求の特定 ………………………………………………………200
　　　(1) 請求の特定 ……………………………………………………200
　　　(2) 債務の上限を示さない債務不存在確認の訴え ……………200

(3)　債務不存在確認訴訟の請求の趣旨・認容判決主文 ……………200
　〈記載例6〉　債務不存在確認訴訟の請求の趣旨・認容判決主文記
　　　　　　載例／201
2　確認の利益 ………………………………………………………………201
　(1)　確認の利益の意義 …………………………………………………201
　(2)　関連する給付訴訟がある場合 ……………………………………201
　　ア　過払いによる不当利得返還請求訴訟と債務不存在確認請求 ……201
　　イ　債務不存在確認の訴えと給付請求の訴え ……………………201
　(3)　被告が債務の存在を主張しない場合 ……………………………202
　　ア　確認の利益の有無の判断を基礎づける事実と弁論主義 ………202
　　イ　被告が欠席するなどして何ら主張をしない場合 ………………202
　　ウ　被告が請求棄却の判決を求めながら債務の不存在を認めた場合 …203
　　エ　被告が請求を認諾すると答弁した場合 …………………………203
第2　債務不存在確認訴訟の要件事実 …………………………………………204
　1　債務不存在確認訴訟での主張立証責任 ……………………………204
　2　債務不存在確認訴訟の請求原因の要件事実 ………………………204
　3　債務不存在確認訴訟における抗弁 …………………………………204
　4　債務不存在確認訴訟における再抗弁 ………………………………204
第3　債務不存在確認訴訟の判決 ………………………………………………205
　1　債務不存在確認訴訟の欠席判決 ……………………………………205
　(1)　債務不存在確認訴訟の欠席判決 …………………………………205
　(2)　原告が訴状で抗弁・再抗弁事実を主張している場合の欠席判決 …205
　2　原告が認めた残債務額及び上限額と認定金額 ………………………205
　(1)　原告が認めた金額を超える残債務の認定 ………………………205
　(2)　原告が認めた金額より少ない残債務の認定 ……………………205

21

目　次

《資料》手数料額早見表……………………………………………………206
条文索引 ……………………………………………………………………211
事項索引 ……………………………………………………………………214
判例索引 ……………………………………………………………………218

― 凡　例 ―

(1) 法　令
- 平成18年改正法＝貸金業の規制等に関する法律等の一部を改正する法律（平成18年法律第115号）
- 平成16年改正法＝民法の一部を改正する法律（平成16年法律第147号）
- 民＝民法
- 商＝商法
- 会社＝会社法
- 利限＝利息制限法
- 貸金＝貸金業法
- 貸金規＝貸金業法施行規則
- 出資＝出資の受入れ、預り金及び金利等の取締りに関する法律（出資法）
- 民調＝民事調停法
- 民訴＝民事訴訟法
- 民訴費＝民事訴訟費用等に関する法律

(2) 裁判集、雑誌等
- 民集＝大審院民事判例集
　　　　最高裁判所民事判例集
- 集民＝最高裁判所裁判集民事
- 判時＝判例時報
- 判タ＝判例タイムズ
- 金商＝金融商事判例
- 金法＝金融法務事情
- 最高裁 HP＝最高裁ホームページ裁判例情報
- 兵庫県弁護会 HP＝兵庫県弁護士会ホームページ判例検索システム

凡　例

(3)　文　献

ア　要件事実関係

・『増補民事訴訟における要件事実 1 巻』＝司法研修所編『増補民事訴訟における要件事実 1 巻』（法曹会）

・『改訂紛争類型別の要件事実』＝司法研修所編『改訂紛争類型別の要件事実』（法曹会）

・加藤ほか『要件事実の考え方と実務〔 2 版〕』＝加藤新太郎・細野敦『要件事実の考え方と実務〔 2 版〕』（民事法研究会）

・村田ほか『要件事実論30講〔 2 版〕』＝村田渉・山野目章夫編著『要件事実30講〔 2 版〕』（弘文堂）

・岡口『要件事実マニュアル 1 巻・ 2 巻・ 4 巻〔 3 版〕』＝岡口基一『要件事実マニュアル 1 巻・ 2 巻・ 4 巻〔第 3 版〕』（ぎょうせい）

・金『要件事実論の理解』＝金洪周『要件事実論の理解』（辰已法律研究所）

イ　判例解説

・『最高裁判所判例解説民事篇平成○年度』＝『最高裁判所判例解説民事篇平成○年度』（法曹会）

ウ　民法関係

・『注釈民法⑾・⑿』＝磯村哲編『注釈民法⑾・⑿』（有斐閣）

・『新版注釈民法⒂』＝谷口知平ほか編集代表『新版注釈民法⒂』（有斐閣）

・内田『民法Ⅰ〔 4 版〕・Ⅱ〔 3 版〕・Ⅲ〔 3 版〕』＝内田貴『民法Ⅰ〔第 4 版〕・Ⅱ〔第 3 版〕・Ⅲ〔第 3 版〕』（東京大学出版会）

・滝澤『民事法の論点』＝滝澤孝臣『民事法の論点』（経済法令研究会）

エ　民事訴訟関係

・『コンメンタール民事訴訟法Ⅰ〔 2 版〕』＝秋山幹男・伊藤眞・加藤新太郎・高田裕成・福田剛久・山本和彦著『コンメンタール民事訴訟法Ⅰ〔第 2 版〕』（日本評論社）

・『民事訴訟法講義案〔改訂補訂版〕』＝裁判所職員総合研修所監修『民事訴訟講

義案〔改訂補訂版〕』(司法協会)
- 『民事実務講義案Ⅰ〔四訂版〕』＝裁判所職員総合研修所監修『民事実務講義案〔四訂版〕』(司法協会)
- 『10訂民事判決起案の手引』＝司法研修所編『10訂民事判決起案の手引』(法曹会)
- 塚原『事例と解説民事裁判の主文』＝塚原朋一『事例と解説民事裁判の主文』(新日本法規)
- 山本ほか『文書提出命令の理論と実務』＝山本和彦・須藤典明・片山英二・伊藤尚編『文書提出命令の理論と実務』(民事法研究会)

オ　消費者法関係
- 『消費者関係法執務資料〔改訂版〕』＝最高裁判所事務総局・民事裁判資料247号『消費者関係法執務資料〔改訂版〕』
- 『消費者信用関係事件に関する執務資料（その二）』＝最高裁判所事務総局・民事裁判資料171号『消費者信用関係事件に関する執務資料（その二）』
- 滝澤『消費者取引関係訴訟の実務』＝滝澤孝臣編『消費者取引関係訴訟の実務』(新日本法規出版)
- 梶村ほか『割賦販売法』＝梶村太市・石田賢一・深沢利一編『割賦販売法〔全訂版〕』(青林書院)

カ　貸金関係
- 『裁判実務体系13』＝薦田茂正・中野哲弘編『裁判実務体系第13巻金銭貸借訴訟』(青林書院)
- 大森ほか『Q&A新貸金業法の解説〔改訂版〕』＝大森泰人・遠藤俊英編「Q&A新貸金業法の解説〔改訂版〕』(金融財政事情研究会)

キ　簡裁民事関係
- 岡久ほか『簡易裁判所民事手続法』＝岡久幸治・横田康祐・石﨑實・今岡毅編『新・裁判実務体系26巻　簡易裁判所民事手続法』青林書院
- 加藤『簡裁民事事件の考え方と実務〔3版〕』＝加藤新太郎編『簡裁民事事件の考え方と実務〔第3版〕』(民事法研究会)

凡 例

・園部『書式支払督促の実務〔全訂八版〕』＝園部厚『書式支払督促の実務〔全訂八版〕』（民事法研究会）

序　章

　誰しも、お金を貸したり、あるいは、お金を借りたりすることにかかわったことはあると思われる。友人に少しの間お金を貸したり、あるいは借りたりすること、車を買うのにお金を借りることなどはあると思われる。また、家を建てるのに銀行などからお金を借りることもあると思われる。そして、また、他の者がお金を借りるときなどに、保証人になることもある。

　また、最近では、サラ金会社からお金を借りた借主が、利息制限法（昭和29年法律第100号）を超える利率の利息を支払っており、その分を元本の支払いに充てたことにすると、本来の元利金を払いすぎているとして、サラ金会社に過払金の返還請求をする事例が増えている。

　本書では、その貸金とはどのようなものであり、保証とはどのようなものであるかについて、基本的な知識についてまとめ、そのような貸金・保証関係について紛争が生じた場合に、当該紛争を解決するための手続について解説したものである。

　本書では、第1章として貸金について説明し、その中で、第1節として本来の意味での貸金返還請求について説明し、第2節として、過払金返還請求権について説明をする。

　第2章では、保証について説明をする。

　第3章では、貸金・保証関係紛争解決のための手続について説明し、第1節で行政官庁相談窓口、第2節で民事保全手続、第3節で民事調停手続、第4節で訴訟手続について説明をする。

　第4節の訴訟手続については、Ⅰとして訴訟手続一般の説明をしたうえで、Ⅱで貸金返還請求訴訟、Ⅲで過払金返還請求訴訟、Ⅳとして取引履歴開示義務違反に基づく損害賠償請求訴訟、Ⅴとして保証関係訴訟、Ⅵとして債務不存在確認訴訟について、それぞれ説明する。

第1章　貸金について

第1節　貸金返還請求について

第1　金銭消費貸借

　貸金とは、借主が借りたお金と同額のお金を返還することを貸主に約束してお金を受け取ることである。これは、法律的にいうと、貸主と借主間の契約であり、金銭に関する消費貸借ということになる。消費貸借とは、当事者の一方である借主が、種類、品質および数量の同じものをもって返還することを約して、相手方である貸主から金銭その他の物を受け取ることによって成立する契約である（民587条）。たとえば、借主が貸主から100万円を借りたとすれば、借主はその1万円等の紙幣を、物を買うためなど何らかの形で使用・消費して、一定期間経過した後に、それと同額の100万円を借りたときとは別の1万円等の紙幣で返還する約束を、金銭消費貸借契約というのである。

　民法における消費貸借は、「当事者の一方が……相手方から金銭その他の物を受け取ることによって、その効力を生ずる」（民587条）とされており、貸そう・借りようという合意だけで成立する諾成契約ではなく、金銭その他の代替物を受け取ることによって成立する要物契約とされている。そのため、貸主には、契約成立時には貸す義務（貸す金銭その他の代替物を引き渡す債務）を負っていないことになる〔片務契約〕。

　また、民法における消費貸借は、借りたお金等に利息を付さないものを原則としており〔無償契約〕、利息を支払う場合〔有償契約〕にはその旨の合意が必要となる。

第2　元本について

1　元本とは

元本とは、広い意味では、使用の対価として収益を生ずる財産であるが、普通は、法定果実を生ずる元物（げんぶつ）をいい、貸金においては、法定果実である利息・損害金を生ずる元金をいう。

2　振込貸付けにおける振込手数料と元本額

消費貸借契約は要物契約であり、契約の目的物が現実に交付されて初めて、交付金額について借主に経済的利益が移動し、借主において上記金額の利用が可能となる。したがって、振込貸付けにおける貸金の振込手数料は借入元本には含まれず、現実に振込送金された金額を借入元本とすべきである（大阪高判平18・12・28消費者法ニュース71号100頁）。

第3　利息・損害金等について

1　利　息

(1)　利息の請求

第1で述べたように、消費貸借契約である貸金においては、借りたお金に利息を付さないものを原則としており〔無償契約〕、貸主が借主に利息を請求する場合には、利息の約定について主張立証する必要がある。

(2)　利息の生ずる期間

金銭消費貸借契約の利息は、元本利用の対価であり、借主は元本を受け取った日からこれを利用しうるのであるから、特約のない限り、消費貸借契約成立の日（貸付日）から利息を支払うべき義務がある（最判昭33・6・6民集12巻9号1373頁、東京高判平12・9・27金商1116号43頁）。そして、利息は、元本使用期間である元本の返還をすべき日まで（弁済期までに元本の返済がない場合は弁済期まで）生ずると解される（『改訂紛争類型別の要件事実』30頁、加藤ほか『要件事実の考え方と実務〔2版〕』226頁、岡口『要件事実マニュアル2

第1章　貸金について

巻〔3版〕』146頁カ)。

(3) 約定利率による利息の請求

貸主が、法定利率を超える約定利率による利息を請求する場合には、民法404条の「別段の意思表示」として、「原告が被告との間で法定利率を超える利率の合意をしたこと」を主張立証する必要がある(『改訂紛争類型別の要件事実』30頁、加藤ほか『要件事実の考え方と実務〔2版〕』224頁、岡口『要件事実マニュアル2巻〔3版〕』146頁c)。

(4) 法定利率による利息の請求

利息支払いの合意があっても、約定利率の主張立証がないときは、利率は民法404条により年5分となる(『改訂紛争類型別の要件事実』30頁)。

債権者または債務者のいずれか一方にとって商行為である消費貸借契約によって生じた債権は、商法514条の「商行為によって生じた債権」〔商事債権〕に当たると解されている(最判昭30・9・8民集9巻10号1222頁)。

債権者が消費貸借契約締結当時商人であった場合、その消費貸借契約は、債権者にとって商行為であったと推定されるから(商503条2項・1項。債権者が会社の場合は、会社法5条によって商行為とされる)、債権者が消費貸借契約締結当時商人であったとの事実を主張立証すれば、元本債権が債権者にとって商行為である消費貸借によって生じた債権であることが基礎づけられ、その元本債権は商事債権であることになるから、商法514条により、商事法定利率である年6分が適用される(『改訂紛争類型別の要件事実』30頁、金『要件事実の理解』88頁)。

商人間の金銭消費貸借契約の場合、利息支払いの合意がなくとも、当然に、商事法定利率(年6分)による利息を請求することができる(商513条1項)(金『要件事実の理解』89頁)。

2　遅延損害金

(1) 遅延損害金の生ずる期間

遅延損害金の生ずる期間は、元本を返済すべき日の翌日から元本が完済さ

れた日までである（加藤ほか『要件事実の考え方と実務〔2版〕』229頁、村田ほか『要件事実論30講〔2版〕』277頁）。

(2) 法定利率による遅延損害金の請求

金銭債務の不履行の場合、特約がなくとも、当然に法定利率5分（民404条）の割合による遅延損害金を請求することができる（民419条1項本文）（『改訂紛争類型別の要件事実』31頁、加藤ほか『要件事実の考え方と実務〔2版〕』228頁、岡口『要件事実マニュアル2巻〔3版〕』146頁、村田ほか『要件事実論30講〔2版〕』277頁）。

(3) 約定利率による遅延損害金の請求

約定利率で遅延損害金を請求する場合は、利率の約定を主張する必要がある（民419条1項但書）。約定利息の利率の定めはあるが、遅延損害金の利率の定めがない場合は、遅延損害金も約定利率による。利息制限法の制限を超える利息の約定はあるが遅延損害金の利率の約定がない場合、遅延損害金の利率は、利息制限法1条1項の利率になる（最判昭43・7・17民集22巻7号1505頁）（『改訂紛争類型別の要件事実』31頁・32頁、加藤ほか『要件事実の考え方と実務〔2版〕』228頁、岡口『要件事実マニュアル2巻〔3版〕』146頁、村田ほか『要件事実論30講〔2版〕』277頁）。

3 制限利率（上限利率）

(1) 利息・損害金について

ア 利息・損害金についての原則

利息制限法および出資法（昭和29年法律第195号）における制限利率は、〔表1〕のとおりである。

〔表1〕 利息制限法および出資法における制限利率

		改　正　前	平成11年法律第155号（平12・6・1施行）および平成12年法律第112号（平13・1・1施行）改正後	平成18年法律第115号改正後（平22・6・18施行）
利息制限法（民事上無効）	利息（利限1条）	①元本10万円未満　　　　　　　年20% ②元本10万円以上100万円未満　年18% ③元本100万円以上　　　　　　年15%		
	損害額の予定〔遅延損害金〕（利限4条）	利息の2倍 ①一年40% ②一年36% ③一年30%	〔平11法155改正後〕 利息の1.46倍 ①一年29.2% ②一年26.28% ③一年21.9%	
	営業的金銭消費貸借（利限7条）			年20%
出資法（処罰）	金銭貸付け（出資5条1項）	年109.5%（2月29日を含む1年については109.8%）〔1日当たり0.3%〕		
	業として行う金銭貸付け（出資5条2項）	年40.004%（2月29日を含む1年については40.1136%）〔1日当たり0.1096%〕	〔平11法155改正後〕 年29.2%（2月29日を含む1年については29.28%）〔1日当たり0.08%〕	年20%

第1節　貸金返還請求について

日賦貸金業者の金銭貸付け（昭和58年法律第33号附則8項）	年109.5％（2月29日を含む1年については109.8％）〔1日当たり0.3％〕	〔平12法112改正後〕年54.75％（2月29日を含む1年については54.9％）〔1日当たり0.15％〕	（日賦貸金業者の金銭貸付けの特則廃止）
電話担保金融（昭和58年法律第33号附則14項）			（電話担保金融の特則廃止）

※　名古屋簡判平15・12・22最高裁HP（閏年であっても上記制限金利である）。
※　園部『書式支払督促の実務〔全訂八版〕』217頁、大森ほか『Q&A新貸金業法の解説〔改訂版〕』114頁Q88参照。

イ　営業的金銭消費貸借の遅延損害金の特則

「貸金業の規制等に関する法律等の一部を改正する法律」（平成18年法律第115号、平22・6・18施行。以下、「平成18年改正法」という）で、業として貸付けを行う場合〔営業的金銭消費貸借〕の遅延損害金〔賠償額の予定〕について、民事上は年利2割（20％）を超える部分を無効として（利限7条）、刑事上は年利20％を超える遅延損害金の契約をした場合は当該遅延損害金の支払要求または受領をした場合を刑事罰の対象とした（出資5条2項（1項参照））（『消費者関係法執務資料〔改訂版〕』177頁、大森ほか『Q&A新貸金業法の解説〔改訂版〕』13頁・114頁）。

そして、上記改正法施行日前にされた貸付けに係る契約に基づく遅延損害金の支払いは、なお従前の例によるとされており（平成18年改正法附則26条・27条）、上記アの原則の遅延損害金の範囲内で有効となる（『消費者関係法執務資料〔改訂版〕』203頁2、大森ほか『Q&A新貸金業法の解説〔改訂版〕』115頁）。

ウ　営業的金銭消費貸借の複数の貸付けの上限利率

平成18年改正法によって、営業的金銭消費貸借（債権者が業として行う金銭を目的津する消費貸借）の場合に、同一当事者間の複数債務が存在するときは、その業者からの既存の貸付残高と新たな貸付元本額との合計額に応じ

7

て、新たな貸付けの上限金利が定まることになる（利限5条）（大森ほか『Q&A新貸金業法の解説〔改訂版〕』13頁・115頁Q89、高橋洋明「『貸金業の規制等に関する法律等の一部を改正する法律』の解説」金法1796号11頁）。

　これにより、同一の債権者債務者間に、異なる時に複数の営業的金銭消費貸借がされる場合には、過去の営業的金銭消費貸借の残元本の額と新たにされる営業的金銭消費貸借の元本の合計額によって、適用される元本額区分を決し（利限5条1号）、同時に複数の営業的金銭消費貸借がされる場合には、そのすべての元本の額の合計額によって、適用される元本額区分を決する（同条2号）ことになる（『消費者関係法執務資料〔改訂版〕』175頁2）。

　この改正法の利息制限法5条の営業的金銭消費貸借における同一の債権者債務者間の重ねての借入れの場合の合計額に対応する利息制限法1条の利率適用の特則の規定については、立法担当者は、継続的金銭消費貸借を想定したものではなく、それ以外の債権者債務者間の重ねての営業的金銭の借入れにおいて、新たな借入れについてのみ合計額に対応する利息制限法1条の金利を適用する規定であると想定したものと解しているようである。そうすると、たとえば、ある貸金業者が、同一の債務者に対し、当初7万円を貸し付けて、その後6万円を貸し付けた場合、当初の7万円については10万円未満の利息制限法1条の金利年2割が適用されるが、その後の6万円については10万円以上の同条の金利年1割8分が適用されることになる（大森ほか『Q&A新貸金業法の解説〔改訂版〕』115頁Q89）。

　　エ　継続的金銭消費貸借の上限金利

　これに対し、継続的金銭消費貸借の場合は、最高裁判例が出され（最判平22・4・20民集64巻3号921頁・判タ1326号115頁）、従前の借入金残額と新たな借入金の合計額全体に対し、その合計額に対応する利息制限法1条1項の利率が適用され、新たな借入れによって、10万円以上となり、あるいは100万円以上となった場合、従前、10万円未満、あるいは100万円未満だった従前の借入金部分についても、10万円以上の、あるいは100万円以上の、利息制

限法1条の利率が適用され、同法5条は適用されないと解されている（前記最判平22・4・20）。そして、弁済により借入金合計額が同法1条1項所定の区分における下限額を下回ったときでも、一度適用された多額の元本に対する利息制限法の制限利率が変更されることはないとされた[*1]。

オ　みなし利息

(ｱ)　契約締結費用および債務弁済費用

　従前、利息制限法3条には、金銭消費貸借に関し債権者の受ける元本以外の金銭は、礼金、割引金、手数料、調査料その他何らの名義を問わず、利息とみなすが、契約締結費用および債務弁済費用は、この限りでないと規定されていたが、出資法5条7項の規定は、金銭消費貸借に関し債権者の受ける元本以外の金銭は、礼金、割引金、手数料、調査料その他何らの名義を問わず、利息とみなすとのみ規定するのみで、契約締結費用および債務弁済費用を除外する規定がなかったため、金銭の貸付けを行う者が受ける元本以外の金銭は当該貸付けに関するものと認められる限り利息の実質を有すると否とを問わずすべて利息とみなし、契約の締結および債務の弁済の費用といえどもその例外とはしない趣旨であるとする裁判例があった（最決昭57・12・21

＊1　最判平22・4・20民集64巻3号921頁・判タ1326号115頁は、「継続的な金銭消費貸借取引に関する基本契約に基づいて金銭の借入れと弁済が繰り返され、同契約に基づく債務の弁済がその借入金全体に対して行われる場合には、各借入れの時点における従前の借入金残元本と新たな借入金との合計額が利息制限法1条1項にいう『元本』の額に当たると解するのが相当であり、同契約における利息の約定は、その利息が上記の『元本』の額に応じて定まる同項所定の制限を超えるときは、その超過部分が無効となる。この場合、従前の借入金残元本の額は、有効に存在する利息の約定を前提に算定すべきことは明らかであって、弁済金のうち制限超過部分があるときは、これを上記基本契約に基づく借入金債務の元本に充当して計算することになる。

　そして、上記取引の過程で、ある借入れがされたことによって従前の借入金残元本と新たな借入金との合計額が利息制限法1条1項所定の各区分における上限額を超えることになったとき、すなわち、上記の合計額が10万円未満から10万円以上に、あるいは100万円未満から100万円以上に増加したときは、上記取引に適用される制限利率が変更され、新たな制限を超える利息の約定が無効となるが、ある借入れの時点で上記の合計額が同項所定の各区分における下限額を下回るに至ったとしても、いったん無効となった利息の約定が有効になることはなく、上記取引に適用される制限利率が変更されることはない」と判示している。

刑集36巻2号1037頁・判時1065号191頁、同旨判決として、大阪高判平18・8・9消費者法ニュース69号92頁がある）（大森ほか『Q&A新貸金業法の解説〔改訂版〕』13頁・14頁・117頁、高橋洋明「『貸金業の規制等に関する法律等の一部を改正する法律』の解説」金法1796号11頁）。

　(ｲ)　平成18年改正法による改正

　平成18年改正法によって、業として貸付けを行う場合の出資法の上限金利を利息制限法の水準に合わせること（出資5条2項）を踏まえ、利息制限法（業として貸付けを行う場合に限る）および出資法ともに、債務弁済費用または契約締結費用のうち、ATM手数料、公租公課、執行費用（公の機関に払うもの）、ローンカード再発行手数料等をみなし利息から除外し、あわせて借手の要請により貸手が行う事務費用として政令で定めるものについてもみなし利息から除外することとしている（利限6条、出資5条の4第4項・5項）（大森ほか『Q&A新貸金業法の解説〔改訂版〕』13頁・14頁・117頁Q90・119頁Q91、高橋洋明「『貸金業の規制等に関する法律等の一部を改正する法律』の解説」金法1796号11頁）。

　上記みなし利息の改正については、経過措置が設けられており、平成18年改正法施行前にした貸付けに係る契約に関する利息以外の金銭の取扱いについては、なお従前の例によるとされている（平成18年改正法附則26条2項・27条2項）（『消費者関係法執務資料〔改訂版〕』203頁2、大森ほか『Q&A新貸金業法の解説〔改訂版〕』118頁）。

　カ　利息制限法の制限を超過する利息・損害金
　　(ｱ)　利息制限法の制限を超過する利息・損害金の無効

　利息制限法の制限を超過する利息・損害金の請求は、その超過部分は無効であり（利限1条・4条）（最大判昭39・11・18民集18巻9号1868頁・判時390号8頁・判タ168号179頁）、これは法律の適用であって、事実の主張ではないので、当事者の主張を要しない（最大判昭43・10・29民集22巻10号2257頁・判時538号40頁）（『改訂紛争類型別の要件事実』30頁、岡口『要件事実マニュアル2巻

〔3版〕』146頁オ・147頁)。

　(ｲ)　利息制限法の制限を超過する利息・損害金の支払い

　債務者が利息制限法の制限を超過する部分の利息・損害金について弁済の充当の指定がないときは、その支払った金員は、債権者が超過部分の利息・損害金に充当すると指定しても、利息制限法の制限内の利息・損害金および元金に充当される（園部『書式支払督促の実務〔全訂八版〕』197頁②)。

　債務者が利息制限法の制限を超過する部分の利息・損害金として任意に支払ったとしても、元本に充当される（前記最大判昭39・11・18）(岡口『要件事実マニュアル2巻〔3版〕』151頁1、園部『書式支払督促の実務〔全訂八版〕』197頁③)[2]。

　貸金業法43条の「みなし弁済」の規定（平成18年改正法により廃止。平22・6・18施行）は、上記判例理論に例外を設けたものであった（本節第6（29頁）参照)（園部『書式支払督促の実務〔全訂八版〕』197頁(3))。

　(ｳ)　利息制限法の制限超過部分の利息・損害金を元本に充当した結果
　　　元本が完済となった後の支払い

　利息制限法の制限を超過する部分の利息・損害金の元本充当により、計算上元本が完済となった後に、債務者が任意に支払った金員は、不当利得として返還請求できる（最判昭43・11・13民集22巻12号2526頁・判時535号3頁、最判昭44・11・25民集23巻11号2137頁・判時580号54頁・判タ242号174頁（利息・損害金を元本とともに支払った事例))（岡口『要件事実マニュアル4巻〔3版〕』2頁1、園部『書式支払督促の実務〔全訂八版〕』197頁④)。

---

[2]　債権譲渡についての債務者の異議をとどめない承諾と利息制限法の制限超過利息の支払いについて、名古屋地判昭47・7・22判時681号66頁・判タ285号273頁は、「債務者が異議をとどめない承諾をしても、利息制限法超過部分の支払については、譲受人の善意悪意の如何にかかわらず、債務者は譲受人に超過部分の元本充当によって債権が消滅していることをもって、対抗することができるものと解すべきである。蓋し、そう解さないと、利息制限法の制限を超過する利息を受領している債権者が、その債権を第三者に譲渡し本件と同様の法律関係が形成された場合、債権者は同法違反の利益を合法的に確保することができ、同法の立法精神に反する結果を招くからである」と判示している。

(エ)　利息制限法の制限を超える利息の約定のみがある場合の遅延損害金

　利息制限法の限度を超える利息の約定のみがある場合、遅延損害金の利率も、利息制限法の利息の制限利率による（最判昭43・7・17民集22巻7号1505頁・判時522号3頁・判タ225号75頁、最判昭48・9・18金法701号32頁、最判昭50・2・25集民114号221頁・金法748号27頁）（滝澤『民事法の論点』58頁・59頁、岡口『要件事実マニュアル2巻〔3版〕』146頁、園部『書式支払督促の実務〔全訂八版〕』196頁）。

　(オ)　利息の天引きの場合

　利息の天引きをした場合、天引額が債務者の受領額を元本として利息制限法1条の利息の制限利率により計算した金額を超えるときは、その超過部分は、元本に充当したものとみなされる（利限2条）。たとえば、元本100万円の金銭消費貸借契約締結に際して、利息の天引きをした場合、現実の受領額を元本とみると元本が10万円以上100万円未満となるので制限利率を1割8分として計算し、それを超える分を元本100万円に充当するが、その後の利息の計算については、100万円を元本として金銭消費貸借が成立しているのであるから、残元本が100万円未満となっても、年1割5分の制限利率で計算することになり、それを超える部分は残元本に充当することになる（東京高判昭57・12・23判タ490号67頁）（滝澤『民事法の論点』96頁・97頁）。

キ　日賦貸金業者の特例の廃止

　①貸付けの相手方が従業員5人以下の飲食店等の小規模である者、②返済期間が100日以上である者、③返済期間の半分以上を集金により取り立てる者のすべての要件を満たす者は、日賦貸金業者として、出資法の特例により年利54.75％の高金利が例外的に認められていた（出資取締昭和58年法律第33号改正附則8項～10項）。平成18年改正法では、日賦貸金業者について多くの潜脱事例が報告されていることや、借手の金利負担の軽減を目的に金利を引き下げることを多重債務問題の解決の重要な柱とする今回の改正の趣旨にかんがみ、上記日賦貸金業者の特例を廃した（大森ほか『Q&A新貸金業法の解

説〔改訂版〕』14頁・15頁・133頁、高橋洋明「『貸金業の規制等に関する法律等の一部を改正する法律』の解説」金法1796号13頁・14頁)。

　上記改正法については、経過措置が設けられており、完全施行日前になされた利息の契約に基づいて、当該施行日後に受ける金銭に関しては、なお従前の例によることとされており、完全施行日以降に特例金利で利息を要求しまたは受領しても刑事罰の対象とならない(平成18年改正法附則31条2項)(大森ほか『Q&A新貸金業法の解説〔改訂版〕』133頁・134頁)。

　　ク　電話担保金融の特例の廃止
　電話担保金融は、電話加入権に質権を設定する貸付けについて6万8000円を上限として年利54.75%での貸付けが認められていた(出資法昭和58年法律第33号改正附則14項〜16項)。しかし、施設設置負担金が大幅に引き下げられ、すでに電話加入権に担保を設定する価値がないものとなっている中で、借手の金利負担の軽減を目的に金利を引き下げることを多重債務問題解決の重要な柱とする今回の改正の趣旨にかんがみ、上記電話担保金融の特例についても廃止した(大森ほか『Q&A新貸金業法の解説〔改訂版〕』15頁・133頁、高橋洋明「『貸金業の規制等に関する法律等の一部を改正する法律』の解説」金法1796号13頁・14頁)。

　上記改正法については、経過措置が設けられており、改正法施行日前になされた利息の契約に基づいて、当該施行日後に受ける金銭に関しては、なお従前の例によることとされており、改正法施行日以降に特例金利で利息を要求または受領しても刑事罰の対象とならない(平成18年改正法附則31条2項)(大森ほか『Q&A新貸金業法の解説〔改訂版〕』133頁・134頁)。

　(2)　業として保証を行う者の保証料等
　　ア　業として保証を行う者の保証料等の制限
　営業的金銭消費貸借上の債務を主たる債務とする、業として保証を行う者の保証については、本来貸手が負うべき借手の信用リスクの一部を、保証会社に転嫁しているものと考えられることから、平成18年改正法によって、貸

付利息と借手が保証業者に支払う保証料を合計して上限金利を超えた場合には、超過部分については、原則として、保証料を無効とし（利限8条）、保証業者に刑事罰を科すこととした（出資5条の2）（『消費者関係法執務資料〔改訂版〕』178頁(1)・180頁(2)、大森ほか『Q&A新貸金業法の解説〔改訂版〕』14頁・121頁Q93、高橋洋明「『貸金業の規制等に関する法律等の一部を改正する法律』の解説」金法1796号11頁・12頁）。

  イ　利息の増加の場合

　保証料の契約が成立した後に、貸付業者が主債務者との合意により利息を増加した場合、結果的に当該貸付けに係る契約の利息制限法の法定上限額から既存の保証料を引いた差額分を超過したときは、当該超過部分の利息の契約を無効とする（利限9条1項）。そして、保証料の契約成立後に利息を増加した結果、増加後の利息と保証料を合算して年利20％を超える場合には、利息を増加した貸付業者を刑事罰の対象とした（出資5条の3第1項）（『消費者関係法執務資料〔改訂版〕』199頁(1)・200頁〔例9〕、大森ほか『Q&A新貸金業法の解説〔改訂版〕』123頁）。

  ウ　貸付金利が変動利率である場合の保証料等

　　(ｱ)　貸付業者が主債務者から支払いを受けることができる特約上限利率を定めこれを主債務者に通知した場合

　貸付業者と保証業者との間で、貸付業者が主債務者から支払いを受けることができる利息の利率の上限を定め〔特約上限利率〕（貸付業者が主債務者に対して貸付けを行う際の利息の上限）、かつ、この特約上限利率の定めを主債務者に通知した場合には、法定上限額からその特約上限利率に基づく利息の額〔特約上限利息額〕を引いた差額分に相当する額が、保証業者が主債務者から収受できる保証料の上限となる（利限8条2項1号）（『消費者関係法執務資料〔改訂版〕』182頁、大森ほか『Q&A新貸金業法の解説〔改訂版〕』124頁）。

　そして、この特約上限利率の定めがあり、かつ、特約上限利率の定めを主債務者に通知した場合において、保証業者の取得する保証料の額が法定上限

額から特約上限利息額を減じて得た金額を超えるときは、その超過部分について保証料の契約が無効となる（利限8条2項1号）。この場合、貸付業者が特約上限利息額を超える利息の契約を行ったときは、その超過部分が無効となる（同法9条2項1号）(『消費者関係法執務資料〔改訂版〕』182頁・183頁〔例2〕・199頁・201頁〔例10〕、大森ほか『Q&A新貸金業法の解説〔改訂版〕』124頁)。

　上記の場合、特約上限利率と保証料の貸付元本に対する割合を合算したものが年20％を超えるときは、当該保証料の契約を行った保証業者が刑事罰の対象となり（出資5条の2第2項1号）、利息の契約が特約上限利率を超えるときは、貸付業者が刑事罰の対象となる（同法5条の3第2項）(大森ほか『Q&A新貸金業法の解説〔改訂版〕』124頁)。

　　(イ)　貸付業者が主債務者から支払いを受けることができる特約上限利率の
　　　　定めがない場合または特約上限利率の定めを主債務者に通知しない場合
　貸付業者と保証業者の間で特約上限利率の定めがない場合、または特約上限利率の定めを主債務者に通知をしない場合、利息と保証料の最高限度額は、それぞれ法定上限額の2分の1に相当する額となる（利限8条2項2号）(『消費者関係法執務資料〔改訂版〕』182頁、大森ほか『Q&A新貸金業法の解説〔改訂版〕』125頁)。

　この場合、保証料の額が法定上限額の2分の1の額を超えるときは、その超過部分について保証料の契約は無効となる（利限8条2項2号）。また、この場合、貸付業者が法定上限額の2分の1を超える利息の契約を行ったときは、その超過部分が無効となる（同法9条2項2号）(『消費者関係法執務資料〔改訂版〕』182頁・184頁〔例3〕・199頁・202頁〔例11〕、大森ほか『Q&A新貸金業法の解説〔改訂版〕』125頁)。

　この場合、保証料の貸付元本に対する割合が年利10％を超える場合は、当該保証料の契約を行った保証業者が刑事罰の対象となり（出資5条の2第2項2号）、利息の契約が年利10％を超える場合は、貸付業者が刑事罰の対象

第1章　貸金について

となる（同法5条の3第2項2号）（大森ほか『Q&A新貸金業法の解説〔改訂版〕』125頁）。

　エ　根保証の場合の保証料等

　　(ア)　根保証とは

「根保証」とは、一定の範囲に属する不特定の債務を主債務とする保証である（利限8条3項、出資5条の2第3項）（大森ほか『Q&A新貸金業法の解説〔改訂版〕』126頁）。

　　(イ)　根保証における法定上限額の算出

根保証においては、元本極度額を通常の保証における主債務の貸付元本額、元本確定日を通常の保証における主債務の弁済期と見立てて、法定上限額を算出する（利限8条4項1号）。たとえば、元本極度額100万円、元本確定期日が1年後である場合、法定上限額は、15万円となる（100万円×年利15％×1年＝15万円）（大森ほか『Q&A新貸金業法の解説〔改訂版〕』127頁）。

　　(ウ)　特約上限利率の定めがある場合

特約上限利率（貸付業者が主債務者に対して貸付けを行う際の利息の上限）の定めがあり、かつ、主たる債務者にこれを通知した場合において、保証業者の取得する根保証料の額が法定上限額から特約上限利息額を減じて得た金額を超えるときは、その超過部分について根保証料の契約が無効となる（利限8条4項1号）。また、この場合、貸付業者が実際に行った貸付けについて特約上限利息額を超える利息の契約を行ったときは、その超過部分が無効となる（同法9条3項1号）（『消費者関係法執務資料〔改訂版〕』190頁・192頁〔例6〕・199頁、大森ほか『Q&A新貸金業法の解説〔改訂版〕』129頁）。

上記の場合、特約上限利率と根保証料の貸付元本に対する割合が年利20％を超えるときは、当該根保証料の契約を行った保証業者が刑事罰の対象となり（出資5条の2第3項1号）、利息の契約が特約上限利率を超えるときは、貸付業者が刑事罰の対象となる（同号）（大森ほか『Q&A新貸金業法の解説〔改訂版〕』129頁）。

㈑　特約上限利率の定めがない場合

　上記㈐以外の場合においては、利息と根保証料の最高限度額は、元本極度額を貸付元本額と、元本確定日を弁済期と、それぞれみなした場合の法定上限額の2分の1ずつとなる（利限8条4項2号・9条3項2号）（『消費者関係法執務資料〔改訂版〕』190頁・193頁〔例7〕、大森ほか『Q&A新貸金業法の解説〔改訂版〕』129頁・120頁）。

　この場合、保証料の額が法定上限額の2分の1の額を超えるときは、その超過部分について保証料の契約が無効となる（利限8条4項2号）。また、この場合、貸付業者が法定上限額の2分の1を超える利息の契約を行ったときは、その超過部分が無効となる（同法9条3項2号）（『消費者関係法執務資料〔改訂版〕』199頁、大森ほか『Q&A新貸金業法の解説〔改訂版〕』129頁）。

　上記の場合、根保証料の貸付元本に対する割合が年利10％を超えるときは、当該保証料の契約を行った保証業者が刑事罰の対象となり（出資5条の2第3項2号）、利息の契約が年利10％を超えるときは、貸付業者が刑事罰の対象となる（同法5条の3第3項2号）（大森ほか『Q&A新貸金業法の解説〔改訂版〕』129頁・130頁）。

オ　平成18年改正法施行前の保証料等の契約の効力

　上記保証料等の改正法についても、経過措置が設けられており、平成18年改正法施行前になされた保証料等の契約は、なお従前の例によるとされる（改正法施行附則26条1項・28条2項）（『消費者関係法執務資料〔改訂版〕』203頁2、大森ほか『Q&A新貸金業法の解説〔改訂版〕』123頁）。

(3)　媒介手数料

　媒介手数料については、媒介を行う者は、金銭の貸借の媒介を行うたびに5％の媒介手数料を徴収できるとされていたが、同じ借手と貸手の間で短期間に借換えを行うたびに5％の媒介手数料を徴収するといった同条の趣旨を逸脱する事例がみられることから、平成18年改正法により、媒介を行う金銭の貸借の契約が1年未満のものである場合には、その期間に応じて、年利5

％の割合を媒介手数料の上限とすることとした（出資4条）（大森ほか『Q&A新貸金業法の解説〔改訂版〕』14頁・131頁、髙橋洋明「『貸金業の規制等に関する法律等の一部を改正する法律』の解説」金法1796号12頁）。

　上記改正法については、経過措置が設けられており、完全施行日前にした媒介の契約に基づいて、当該媒介を行う者がその媒介に関し当該完全施行日以降に受ける金銭については、なお従前の例によることになる（平成18年改正法附則27条）（大森ほか『Q&A新貸金業法の解説〔改訂版〕』132頁）。

(4)　制限利率を超える貸付けの期限前弁済における違約金の定めと消費者契約法10条

　利息制限法所定の制限利率を超える貸付けにおいて、借主が弁済期前に貸付金の全額を返済する場合に、借主が利息および遅延損害金以外の違約金を貸主に交付する旨の契約条項は、最高裁判例（最判平15・7・18民集57巻7号895頁）に反して充当されるべき元本に対する期限までの利息の取得を認めるのと等しい内容の合意をしたことになり、民法の規定による消費者の義務を加重するものとして機能し、消費者契約法（平成12年法律第61号）10条に該当し無効であるとした裁判例（京都地判平21・4・23判時2055号123頁・判タ1310号169頁）がある。

第4　債権の消滅等（弁済期、期限の利益、時効）[*3]

1　弁済期

(1)　弁済期の合意の主張

　金銭消費貸借契約である貸金契約は、一定の価値をある期間借主に利用させることに特色があり、契約の目的物を受け取るや否やこれを直ちに返還すべき貸借は無意味であるから、返還時期（弁済期）の合意は、売買契約のよ

---

　*3　和解・調停・決定等後の過払金返還請求については、本章第2節第10（84頁）参照。

うに法律の附款となるのではなく、その契約に不可欠の要素であり、貸金返還請求をする貸主としては、成立要件として必ずその摘示を要すると解されている〔貸借型理論〕(『改訂紛争類型別の要件事実』27頁ア、岡口『要件事実マニュアル2巻〔3版〕』141頁ア、村田ほか『要件事実論30講〔2版〕』175頁)。

(2) 弁済期の定めがない場合の催告

貸主が貸金返還請求をする場合、返還時期の定めがないときは、貸主が借主に対し相当の期間を定めて返還の催告をしなければならない(民591条1項)。

この場合の相当の期間とは、その消費貸借の目的となっているその種類物を返還するのに、取引上一般に必要だと認められる期間であり、契約の目的や金額その他の具体的な事情により、客観的に決められる(『新版注釈民法⒂』46頁、村田ほか『要件事実論30講〔2版〕』176頁)。

催告は、催告期間を定めなくとも、客観的相当期間が経過すれば、その効力を生ずる(大判昭5・1・29民集9巻97頁)(岡口『要件事実マニュアル2巻〔3版〕』150頁)。

訴状送達による催告によって遅延損害金を請求する場合、訴状送達から相当期間経過した日からの請求となる(『増補民事訴訟における要件事実1巻』278頁、岡口『要件事実マニュアル2巻〔3版〕』150頁)。

2 期限の利益の放棄──期限前弁済と期限までの利息

(1) 期限の利益の放棄の意義

期限の利益は放棄することができるとされており(民136条2項本文)、たとえば、無利息の貸金であれば、債務者は期限前にいつでも元本を返済することができる。その期限の利益の放棄により、相手方の利益を害することはできないとされており(民136条2項ただし書)、利息付きの貸金であれば、期限前に返済する場合でも、期限までの利息を付して返済することを要することになる(大判昭9・9・15民集13巻1839頁)(内田『民法Ⅰ〔4版〕』306頁)。

第1章　貸金について

(2) 期限の利益の放棄と利息制限法

　利息制限法1条（利息の制限）、2条（利息の天引き）の規定は、金銭消費貸借上の貸主には、借主が実際に利用することが可能な貸付額とその利用期間とを基礎とする同法所定の制限内の利息の取得のみを認め、上記各規定が適用される限りにおいて、民法136条2項ただし書の規定を排除する趣旨と解される（最判平15・7・18民集57巻7号895頁・判時1834号3頁・判タ1133号89頁）。そのため、同一の貸主と借主との間で基本契約に基づき継続的に貸付けが繰り返される金銭消費貸借取引において、借主がそのうち一つの借入金債務につき利息制限法所定の制限を超える利息を任意に支払い、その制限超過部分を元本に充当してもなお過払金が存する場合、この過払金は、当事者間に充当に関する特約が存在するなどの特段の事情のない限り、民法489条および491条の規定に従って、弁済当時存在する他の借入金債務に充当され、当該他の借入金債務の利率が利息制限法所定の制限を超える場合には、貸主は充当されるべき元本に対する約定の期限までの利息を取得することはできないと解される（前記最判平15・7・18）。

3　期限の利益喪失の宥恕

(1) 期限の利益喪失の宥恕

　債務者が何度か支払いを怠った後も、債権者が、残元金の返済を求めたり、遅延損害金を請求しなかったことを証拠により認定し、過払金請求の訴訟になった段階で期限の利益喪失日以降遅延損害金として請求してきた債権者に対し、債務者について期限の利益喪失に当たる事由があったとしても、債権者はこれを宥恕したと認めるのが相当であるとして、この場合、債権者は、債務者に対して、改めて期限の利益を喪失させる旨の意思表示をしない限り遅延損害金は発生しないとした裁判例（東京高判平13・1・25判時1756号85頁・判タ1085号228頁）があるが、最高裁の事例（最判平21・4・14判時2047号118頁・判タ1300号99頁）では、当該期限の利益喪失の宥恕を否定した（下記4参照）。

(2) 期限の利益喪失宥恕の事実の主張立証責任

　期限の利益喪失宥恕の事実は、債務者の主張立証責任に属するが、債務者において、期限経過後も利息相当額を支払っていた事実を主張立証すれば、宥恕は事実上推定され、債権者側で残元本や遅延損害金の請求をしたこと（したがって受領した金員は損害金または元本の趣旨である）などの反証を要することになると考えられる（嶋田佳子・判タ1096号67頁）。

4　期限の利益の再度付与

　借主の側から、期限の利益を喪失した後の貸主の一括返済を求めない態度等から、期限の利益の再度付与を主張することがある。これについては、貸金業者が、貸金の支払いを怠ったときは通知催告なしに期限の利益を失い債務全額および残元金に対する遅延損害金を即時に支払う旨の特約に基づき、期限の利益喪失後弁済において損害金へ充当した旨の領収証兼利用明細書を多数交付した事例において、貸金業者が、借主に対し、このような、期限の利益を喪失したことを前提とする記載がなされた書面を交付していたとすれば、上告人が同書面の記載内容とは異なる内容の請求をしていたなどの特段の事情のない限り、貸金業者が同書面の記載内容と矛盾する宥恕や期限の利益の再度付与の意思表示をしたとは認められないというべきであり、貸金業者が残元利金の一括請求をしていないなどの事情は、上記特段の事情に当たるものではないとして、期限の利益の再度付与を否定した裁判例（前記最判平21・4・14）がある。

5　期限の利益喪失

(1) 期限の利益喪失と信義則違反

ア　貸主の対応と期限の利益喪失主張の信義則違反

　上記3・4と同様に、借主側から、期限の利益を喪失した後の貸主の一括返済を求めない態度等から、期限の利益喪失主張の信義則違反を主張されることがある。

　これについては、貸主の対応等の違いから、期限の利益喪失主張の信義則

第1章　貸金について

違反を否定した裁判例（最判平21・9・11（平19㊤1128）判時2059号55頁・判タ1308号99頁、最判平21・11・17判タ1313号108頁）*4 と期限の利益喪失主張の信義則違反を肯定した裁判例（最判平21・9・11（平21㊤138）判時2059号55頁・

*4　借主が期限の利益喪失後、約定の返済期日までに弁済したことがほとんどなく、1カ月以上遅滞したこともあり、貸主が借主から弁済を受ける都度遅延損害金や元金に充当した旨記載された領収書兼利用明細書を交付していた事例（最判平21・9・11（平19㊤1128）判時2059号55頁・判タ1308号99頁）において、以下のように判示して、貸主が元利金の支払いを怠ったときは当然に期限の利益を失い、残債務および残元金に対する遅延損害金を即時に支払う旨の特約により、期限の利益を喪失したと主張することは、信義則に反し許されないということはできないとした。
　　金銭の借主が期限の利益を喪失した場合、貸主において、借主に対して元利金の一括返済を求めるか、元利金および遅延損害金の一部弁済を受領し続けるかは、基本的に貸主が自由に決められることであるから、貸主が期限の利益喪失後も元利金の一括弁済を求めず、借主からの一部弁済を受領し続けたことだけで貸主が借主に対して期限の利益喪失の効果を主張しないものと思わせる行為をしたということはできない。また、約定の利息と遅延得損害金の利率が同一ないし近似していることは、貸主の対応次第では、借主に対し、期限の利益喪失後の弁済金が、遅延損害金ではなく利息に充当されたのではないかとの誤解を生じさせる可能性があるものであることは否定できないが、貸主において、借主が期限の利益喪失後は、領収書兼利用明細書に弁済金を遅延損害金や元金に充当する旨記載して借主に交付することは、借主に対し期限の利益喪失の効果を主張することを明らかにしたというべきである。
　　同旨裁判例として、最判平21・11・17判タ1313号108頁がある。
　　また、借主が5回目の支払期日における支払いを遅滞して期限の利益を喪失した後も約6年間にわたって、残元金全額およびこれに対する遅延損害金の一括返済を求めたことなく、借主からの弁済を受領し続け、5回目の返済は貸主担当者の指示金額に従って支払ったものであり、当該領収書兼利用明細書には利息および元本に充当したことのみ記載され、9回目の支払期日に支払いが翌日になることを貸主担当者に告げたところ、1日分余計に金利を支払うことを求められ、利息の利率に対応する金額を告げられたというような貸主の対応について、以下のように判示した（最判平21・9・11（平21㊤138）判時2059号55頁・判タ1308号99頁）。
　　貸主の上記の対応は、借主に期限の利益を喪失していないとの誤信を生じさせかねないものであって、借主において、約定の支払期日より支払いが遅れることがあっても期限の利益を喪失することはないと誤信したことには無理からぬものがある。
　　貸主は、借主が期限の利益を喪失していないと誤信していることを知りながら、この誤信を解くことなく、5回目の支払期日の翌日以降約6年にわたり、借主が経過利息と誤信して支払った利息制限法所定の制限利率を超える約定利息の利率に対応する割合による金員等を受領し続けたにもかかわらず、借主から過払金の返還を求められると、借主は5回目の支払期日における支払いが遅れたことによりすでに期限の利益を喪失しており、その後に発生したのはすべて利息ではなくそれより高率の遅延損害金であるとして、利息の利息制限法上の制限利率ではなく遅延損害金の制限利率によって過払金の元本への充当計算をすべきである

判タ1308号99頁）がある。貸金業者が、期限の利益喪失後、分割弁済金を「損害金」として受領する旨記載した領収証を発行していたなどの事実があれば、貸金業者は、借主に対し期限の利益喪失の効果を主張することを明らかにしたといえ、期限の利益喪失を主張することが信義則に反するとはいえないであろう（前記最判平21・9・11（平19受1128）、前記最判平21・11・17）。

イ　約定支払日前の支払いと期限の利益喪失主張の信義則違反

貸金業者には、約定支払日より一定の期間前の支払いについては当該期日の支払いとは認めず、当該一定の期間内の約定支払日までにもう一度支払いをしないと期限の利益を喪失することになる約定のもとに貸付けをする者もいる。この約定に基づいて、貸金業者が、約定支払日より一定の期間前の支払いについて当該期日の支払いとは認めずに期限の利益喪失を主張することを信義則上許されないとした裁判例がある（名古屋簡判平22・3・23判タ1336号187頁）*5。

(2)　利息制限法の制限超過利息の支払いと期限の利益喪失

貸金業者が、支払期日に支払いがないとして期限の利益喪失による一括支払いの請求をした事例において、支払期日において、約定の元本および利息の制限額の支払いがなかった場合においても、同支払期日までに支払った約定の元本および制限超過部分の利息を利息制限法所定の利率において充当計算し、同支払期日までの約定元本および利息の制限額をすでに支払っているのであれば、期限の利益は喪失しないと解すべきであり、同期日に支払いがないとして期限の利益喪失特約を適用して期限の利益を喪失させることは、

と主張し、借主の期限の利益喪失を主張することは、誤信を招くような貸主の対応のために期限の利益を喪失していないものと信じて支払いを継続してきた借主の信頼を裏切るものであり、信義則に反し許されないものというべきである。

＊5　名古屋簡判平22・3・23判タ1336号187頁　①元利金の支払いを怠ったときは期限の利益を喪失する、②約定支払日より15日以上前に支払った場合は、約定支払日は次回に繰り越されないので、支払日に再度残期間分の利息金を支払わなければならない等の約定がある貸金における、貸金業者の約定支払日の16日前の支払いを当該約定支払日の支払いと認めず、期限の利益喪失を主張する旨の主張は、信義則上許されないとした。

結果として制限超過部分の利息の支払いを強制することになり、利息制限法1条1項の趣旨に反し、最高裁判例（最判平18・1・13民集60巻1号1頁）の趣旨に照らしても、そのように解すべきであるとした裁判例（松山地西条支判平19・3・9兵庫県弁護士会HP、横浜地判平22・11・5消費者法ニュース87号54頁）がある。

　これに対し、制限利率を超過する利息の弁済は、民法491条により当然に残存元本に充当されるものであり（最大判昭39・11・18民集18巻9号1868頁）、元本に充当されることなく来るべき後の弁済期日のために貸金業者に留保されるものではなく、期限の利益喪失特約は、制限超過部分の限度で無効であるが、債務者が支払期日に約定の元本および利息の制限額の支払いを怠ったときは、期限の利益を喪失するものと解され、そのことは、事後に制限利率に引き直して計算された元利金を債務者が当該期日までに支払っていたとしても同様であるとした裁判例がある（高松高判平19・11・29兵庫県弁護士会HP（前記松山地西条支判平19・3・9の控訴審判決））。

6　貸金と時効

(1)　弁済期の定めのない貸金と時効の起算点

　期限の定めのない貸金債務の場合、催告から相当の期間経過後に期限が到来することになるので、債務成立から相当期間が経過した時から時効が進行すると解すべきである（村田ほか『要件事実論30講〔2版〕』317頁、岡口『要件事実マニュアル1巻〔3版〕』240頁）。

(2)　分割弁済と消滅時効期間

ア　当然喪失型の残債務全額についての消滅時効期間

　割賦金弁済契約において、たとえば、1回でも割賦払いを遅滞したときは、債務者は、償還期限にかかわらず、当然に期限の利益を失い、直ちに残債務全額を弁済すべき約定が存する場合〔当然喪失型〕は、当該事由が生じた時が権利を行使しうる時であるから、期限の利益喪失事由が生じた時（1回の分割弁済を怠った時）から当然に時効が進行することになる（期間計算

は、翌日から）（東京地判昭62・3・26金商775号38頁）（『改訂紛争類型別の要件事実』35頁）。

イ　請求喪失型の残債務全額についての消滅時効期間

割賦金弁済契約において、たとえば、1回でも割賦払いを遅滞したときは、債務者は、債権者の請求により、償還期限にかかわらず直ちに残債務全額を弁済すべき約定が存する場合〔請求喪失型〕は、1回の不履行があっても、債権者が特に残債務全額の弁済を求める意思表示をしたときに限り、その時から全額について消滅時効が進行する（大判昭15・3・13民集19巻544頁、最判昭42・6・23民集21巻6号1492頁）（『改訂紛争類型別の要件事実』35頁、金『要件事実論の理解』103頁・104頁）。

(3) 時効援用権の喪失

債権につき消滅時効が完成した後に、債務者が債務の承認をした以上、時効完成の事実を知らなかったときでも、以後その完成した消滅時効の援用をすることは許されないと解するのが信義則に照らし相当であるとされている（最大判昭41・4・20民集20巻4号702頁）（『改訂紛争類型別の要件事実』37頁、加藤ほか『要件事実の考え方と実務〔2版〕』240頁・241頁）。

ただ、これについては、時効完成後の貸主の借主への対応等により、借主の貸金債権の消滅時効の援用が信義則に反しないとされた裁判例がある[*6]。

---

*6　時効完成後に債務の承認をした後の時効の援用が信義則に反しないとされた裁判例として、以下のものがある。

①　東京地判平7・7・26金商1011号38頁　　時効完成後、当初少額の請求をして、「これが全額である」と言っていながら、債務者がその額を支払うと態度を一変させて多額の残部請求をした事例について、時効の援用を認めた。

②　札幌簡判平10・12・22判タ1040号211頁　　貸金業者である原告が、時効が完成した債権について、被告に対し、「遅延損害金の請求は今日までに発生した分に限制する。被告に対して債権を有する同業他社には所在を黙っていてやる」などと言って、かつて厳しい取立てのために失業・家族離散の悲劇を経験した債務者の恐怖心を利用して、債務の一部弁済をさせ、その後遅延損害金全額を含めた多額の貸金債権を請求した事案において、以下のように判示した。

時効完成後に債務者が債務の一部弁済等債務の承認とみられる行為をした後債務者が時効を援用することは信義則に照らし許されないとする判例（最大判昭41・4・20民集20巻

第1章　貸金について

第5　過剰与信、過剰貸付け

1　過剰貸付け等の禁止

　平成18年改正法以前の「貸金業の規制等に関する法律」13条1項（過剰貸付け等の禁止）は、貸金業者は、資金需要者である顧客または保証人となろうとする者の資力または信用、借入れの状況、返済計画等について調査をし、その者の返済能力を超えると認められる貸付けの契約を締結してはならないと定めていた。この規定は、意思の弱い債務者が安易に多重債務者に転落するのを防ぐために貸金業者に自制を求める訓示規定である。債務者のほ

　　4号702頁）の信義則は、両当事者それぞれの取引経験や法的知識の有無・程度、債務者が債務承認に至った事情などを検討したうえで適用を決すべきであり、取引経験、法的知識において圧倒的に勝る債権者が時効の完成を知りつつ、法的に無知な債務者にあえてこれを告げないまま債務の一部の弁済をさせたような場合や、債権者が債務者の時効援用の主張を封じるために時効完成後甘言を弄して少額の弁済をさせたうえで態度を一変させて残元金および多額に上る遅延損害金を請求するような場合は、信義則を適用して債務者の時効援用権を制限するよりも、本来の時効の効果をそのまま維持することが時効制度の趣旨からも、公平の観点からも合理的といえる。
③　東京簡判平11・3・19判タ1045号169頁　　債権者が欺瞞的方法を用いて債務者に一部弁済を促したり、債権の取立てが法令や各種通達などに抵触する場合には、債務者は消滅時効の援用権を失わないとした。
④　福岡地判平3・3・13判タ1129号148頁　　債権者の欺瞞的な方法、威圧的態度等に起因して一部弁済がなされたときは、時効の援用権が失われないとした。
⑤　福岡地判平14・9・9判タ1152号229頁　　債権者が、債務者に対し40万円を貸し付けた後、債務者の最後の支払日から16年後に残元金および遅延損害金約166万円を請求し、債務者が分割支払いを求めたところ、債権者からいくらかでも払えば上司と相談するとの回答があったので、債権者に対し5000円を支払ったという事例について、債務者が債権者に対し5000円を支払った経緯やその支払いが1回にとどまっていること、支払額5000円が当時の貸金債務元金・遅延損害金の合計額に占める割合が著しく小さいことなどを考慮して、上記支払いが貸金債務全体を支払う意思のもとに債務を承認したものと認めることはできないとし、債務者が時効完成を知らないまま行動していること、債権者の従業員は貸金債務の消滅時効期間を経過していることを知りながら債務者と交渉しており、債務者に一部弁済を求めたのも債務者の消滅時効の主張を阻止するためであったと認められること、債務者が弁済をした日から本件貸金の請求をするまで約16年が経過している事情等を考慮して、債務者の行為は、信義則上、債務者に消滅時効の援用権を喪失させる事情には当たらないとした。

うも当該貸付けによって利得を得ているのであるから、この返済請求を否定するには、たとえば、貸金業者側に押し付け行為のような積極的違法性が認められるような、貸金業者の側に不法原因給付（民708条）に匹敵する程度の違法性があることが必要であろう（加藤『簡裁民事事件の考え方と実務〔3版〕』152頁・153頁、大森ほか『Q&A新貸金業法の解説〔改訂版〕』85頁・91頁、岡口『要件事実マニュアル2巻〔3版〕』152頁4）*7。

---

*7　平成18年改正法施行前の過剰貸付け等に関する裁判例として、以下のものがある。
　①　釧路簡判平6・3・16判タ842号89頁　　信販会社の主婦に対する貸金などは過剰与信であるとして信義則により債務額を約4分の3に制限した。
　②　札幌簡判平7・3・17判時1555号117頁　　信用調査などが杜撰な貸金業者の過剰貸付けであり、信義則、権利の濫用により貸金残元金の7割のみを認め、残元金と遅延損害金の請求を制限した。判示は、以下のとおり。
　　「一般論としては貸金業法13条は効力規定ではないと解されるものの、原告主張のように、同条は訓示規定であるから何らの意味ももたないと解することも当該規定が設けられた趣旨をないがしろにするものであって相当ではなく、特に同条を遵守しようという姿勢のみられない貸金業者が、同条の性格を楯に債権全額の回収を図るというのは信義則の観点からみて容認できない。
　　すなわち、たとえ債務者について弁護士が介入した任意整理中であっても、当該弁護士から提示された和解条件に合意できず、これを拒否する形で訴えを提起すること自体は正当な権利行使ではあるが、貸金業法13条を遵守する姿勢が全く窺えない業務姿勢のもと、自ら右禁止規定に違反する貸付を敢えて実行するという責められるべ事情を有しながら、その全額の返還を求めるのは右権利の濫用形態であるというべきであるから、貸金業者側の右事情と貸付成立当時の資金需要者側の事情とを総合勘案したうえで、その請求につき、信義則上全部無効とし、あるいは、一部無効として相当な限度まで減縮することができると解するのが相当である（事案を異にするがその精神につき、最一小判昭和51年7月8日民集30巻7号689頁参照）」。
　③　大分簡判平7・7・18消費者法ニュース25号32頁　　8割を超える部分の請求は権利の濫用であるとした。
　④　大阪地判平10・1・29判時1643号166頁・判タ974号159頁　　不法行為まで認めた。
　⑤　大分簡判平10・2・6消費者法ニュース38号37頁　　過失相殺の法理を類推して遅延損害金の請求を否定した。
　⑥　東京簡判平13・8・14消費者法ニュース49号92頁　　免責決定直後であることを知りながら融資したことは過剰融資であるとして、信義則上利息および遅延損害金の請求を制限した。
　⑦　大宮簡判平14・10・31判タ1124号192頁

2　平成18年改正法による改正

　平成18年改正法によって、貸金業者に対し、貸付けの契約を締結しようとする場合（極度方式基本契約を締結する場合も含む）には、顧客等（資金需要者である顧客または保証人となろうとする者（貸金2条4項））の返済能力の調査を義務づけ（貸金13条1項。極度方式基本契約の極度額を増額する場合も含む（同条5項））、個人向けの貸付けに係る契約を締結しようとする場合（極度方式基本契約を締結する場合を除く）には、貸金業者の上記調査において、指定信用情報機関が保有する信用情報を使用した調査を義務づけるとともに（同条2項）、締結しようとする個人向け貸付けの契約が一定の場合に該当する場合（①貸付けの金額（極度方式基本契約にあっては「極度額」）が既存の契約の貸付けの残高（極度方式基本契約にあっては「極度額」）と合算して50万円を超える貸付けに係る契約（同条3項1号）、②貸付けの金額（極度方式基本契約にあっては「極度額」）が既存の契約の貸付けの残高（極度方式基本契約にあっては「極度額」）と指定信用情報機関から提供を受けた他の貸金業者の貸付けの残高と合算して100万円を超える貸付けに係る契約（同条3項2号））には、年収等を明らかにする書類を徴収した調査を義務づけ（同条3項）、当該調査に関する記録の保存を義務づけた（同条4項）。また、極度方式基本契約締結後、当該極度方式基本契約の極度額を増額する場合にも、上記の調査を義務づけた（同条5項）（大森ほか『Q&A新貸金業法の解説〔改訂版〕』85頁～90頁・101頁・102頁・104頁）。

　また、上記改正法で、貸金業者は、貸付けの契約を締結しようとする場合において、上記調査により、当該貸付けの契約が個人過剰貸付契約その他顧客等の返済能力を超える貸付けの契約と認められるときは、当該貸付けの契約を締結してはならないとされ（貸金13条の2第1項）、「返済能力を超える貸付け」に当たるか否かを判断する基準の一つとして、借手の総借入残高が、その年間の給与およびこれに類する定期的な収入の金額として内閣府令で定めるものを合算した額の3分の1を超える貸付けを原則として禁止した

（同条2項。保証契約はこの総量規制の適用を受けない）。この総量規制の対象となる貸付けは、指定信用情報機関に登録されている貸金業者の貸付けであり、銀行等のローン・住宅ローンや信販会社の販売信用は含まれないが、総量規制とは別の一般的な規制としての返済能力を超える貸付けは禁止される（同条1項）（大森ほか『Q&A新貸金業法の解説〔改訂版〕』91頁〜103頁・106頁）。

第6 貸金業法旧43条

1 みなし弁済制度

(1) みなし弁済の要件

　平成18年改正前貸金業法43条（以下、「貸金業法旧43条」という）のみなし弁済は、利息制限法の制限を超過する部分の利息・損害金の元本充当により、計算上元本が完済となった後に、債務者が任意に支払った金員は、不当利得として返還請求できるとする判例理論（最判昭43・11・13民集22巻12号2568頁）に例外を設けたものであり、以下の旧43条1項の要件を満たした場合に限って、本来無効な利息制限法の制限を超過する部分の利息・損害金の債務の弁済を有効な債務の弁済とみなすものである（本節第3・3(1)カ（10頁）参照）（『消費者関係法執務資料〔改訂版〕』137頁1、加藤ほか『要件事実の考え方と実務〔2版〕』332頁・333頁、園部『書式支払督促の実務〔全訂八版〕』197頁(2)・(3)）。

① 金銭消費貸借契約の締結のときに貸主が貸金業者として有効な登録を受けていたこと
② 業として行う金銭消費貸借上の利息または損害金の契約に基づく支払いであること
③ 利息制限法に定める制限額を超える金銭を
　a 債務者が
　b 利息または損害金と指定して

c　任意に

　　　d　支払ったこと

　　④　改正前貸金業法17条の規定により法定の書面を交付している者に対する貸付けの契約に基づく支払いであること

　　⑤　改正前貸金業法18条の規定により法定の受領書を交付した場合における支払いであること

　　(2)　みなし弁済制度の廃止

　平成18年改正法によって、貸金業法旧43条のみなし弁済制度は廃止された。そして、出資法の業として行う高金利の罪の刑罰金利は年利20％に引き下げられた（出資5条2項）。金利引下げ後の利息制限法の上限金利（元本10万円未満－年利20％、元本10万円以上100万円未満－年利18％、元本100万円以上－年利15％）と出資法の業として行う高金利の罪の刑罰金利（年利20％）の間の金利での貸付けについては、行政処分の対象としている（貸金12条の8）（大森ほか『Q&A新貸金業法の解説〔改訂版〕』13頁・113頁Q87、高橋洋明「『貸金業の規制等に関する法律等の一部を改正する法律』の解説」金法1796号11頁）。

　上記改正後は、業として貸付けを行う場合の債務不履行による賠償額の予定も、一律年利20％を上限とすることとしている（利限7条、出資5条2項）（大森ほか『Q&A新貸金業法の解説〔改訂版〕』13頁・114頁、高橋洋明「『貸金業の規制等に関する法律等の一部を改正する法律』の解説」金法1796号11頁）。

　また、上記改正後は、業として貸付けを行う場合に、同一当事者間の複数債務が存在する場合については、その業者からの既存の貸付残高と新たな貸付元本額との合計額に応じて、新たな貸付けの上限金利が定まることになる（利限5条）（この意味について本節第3・3(1)ウ・エ（7頁）参照）（大森ほか『Q&A新貸金業法の解説〔改訂版〕』13頁・115頁Q89、高橋洋明「『貸金業の規制等に関する法律等の一部を改正する法律』の解説」金法1796号11頁）。

　したがって、上記改正法施行日前に締結した貸付けに係る契約に基づく利息に関しては、改正法施行日後もなお従前の例によること、すなわち、改正

法施行日前の貸付けに係る契約に基づき、利息制限法の制限金利を超過する利息の支払いがあっても、貸金業法旧43条のみなし弁済の要件を満たせば、当該弁済は引き続き有効なものとみなされることになる（平成18年改正法附則15条・25条）（『消費者関係法執務資料〔改訂版〕』173頁(2)、大森ほか『Q&A新貸金業法の解説〔改訂版〕』112頁）。

　これらの改正法の施行前においては、みなし弁済制度の問題がある。

　(3)　**貸金業法の題名について**

　「貸金業の規制等に関する法律」は、平成18年改正法により、「貸金業法」に改称された（平19・12・19施行）（『消費者関係法執務資料〔改訂版〕』170頁(1)・172頁(1)、大森ほか『Q&A新貸金業法の解説〔改訂版〕』16頁・17頁）。

　(4)　**貸金業法旧43条の解釈**

　貸金業法旧43条１項は、貸金業者が業として行う金銭消費貸借上の利息の契約につき、債務者が利息として任意に支払った金銭の額が利息の制限額を超え、利息制限法上、その超過部分につき、その契約が無効とされる場合において、貸金業者が、貸金業に係る業務規制として定められた改正前の同法17条（以下、「貸金業法旧17条」という）１項および18条（以下、「貸金業法旧18条」という）１項所定の各要件を具備した各書面を交付する義務を遵守したときには、利息制限法１条１項の規定にかかわらず、その支払いを有効な利息の債務の弁済とみなす旨定めている（上記(1)参照）。貸金業者の業務の適正な運営を確保し、資金需要者等の利益の保護を図ること等を目的として、貸金業に対する必要な規制等を定める貸金業法の趣旨、目的（貸金１条）と、上記業務規制に違反した場合の罰則（平成15年法律第136号改正前貸金49条３号、同改正後貸金48条４号）が設けられていたこと等にかんがみると、貸金業法旧43条１項の規定の適用要件については、これを厳格に解釈すべきである（最判平16・２・20民集58巻２号475頁・判時1853号32頁・判タ1147号101頁、最判平18・１・13民集60巻１号１頁・判時1926号17頁・判タ1205号99頁）。

2 債務者の利息・損害金の支払いの任意性

(1) 債務者の利息・損害金の支払いの任意性の意味

　貸金業法旧43条の利息・損害金として任意に支払ったことの意味は、債務者が利息の契約に基づく利息・損害金の支払いに充当されることを認識したうえ、自己の意思によってこれらを支払ったことをいい、債務者において、その支払った金銭の額が利息制限法に定める利息・損害金の制限額を超えることあるいは当該超過部分の契約が無効であることまで認識していることを要しない（最判平2・1・22民集44巻1号332頁・判時1349号58頁・判タ736号105頁）（加藤ほか『要件事実の考え方と実務〔2版〕』333頁、岡口『要件事実マニュアル4巻〔3版〕』11頁(1)）。

(2) 期限の利益喪失特約と債務者の利息・損害金の支払いの任意性

ア　期限の利益喪失特約と債務者の利息・損害金の支払いの任意性

　利息制限法の制限利率を超える利息の約定がある場合、債務者は、元金または利息の支払いを遅滞したときには、当然に期限の利益を失い、貸金業者に対して直ちに元利金を一時に支払うとの期限の利益喪失特約は、利息制限法の趣旨に反して無効だが、上記特約の存在は、通常、債務者に対し、約定利息を支払わない限り、期限の利益を喪失するとの誤解を与え、制限超過部分を支払うことを債務者に事実上強制することになるものというべきであり、そのような誤解が生じなかったといえるような特段の事情のない限り、債務者が自己の自由な意思によって制限超過部分を支払ったものということはできない（前記最判平18・1・13、最判平18・1・19判時1926号17頁・判タ1205号99頁、最判平18・1・24（平16(受)424）判時1926号28頁・判タ1205号85頁、最判平18・3・17判時1937号87頁・判タ1217号113頁）（『消費者関係法執務資料〔改訂版〕』139頁(2)、加藤ほか『要件事実の考え方と実務〔2版〕』334頁～336頁、岡口『要件事実マニュアル4巻〔3版〕』11頁(2)）*8。

＊8　最判平18・1・24（平16(受)424）判時1926号28頁・判タ1205号85頁（上田豊三の意見）　多数意見は、貸金業者が17条書面および18条書面を交付する義務を遵守するほかに、「制限利

イ　約定利息を支払わない限り期限の利益を喪失するとの誤解が生じなかったといえるような特段の事情

　㈠　主張立証責任

　みなし弁済規定の適用要件については、貸金業者に主張立証責任があることから、前記最判平18・1・13等のいう「約定利息を支払わない限り期限の利益を喪失するとの誤解が生じなかったといえるような特段の事情」の存在については、貸金業者に主張立証責任がある（『最高裁判所判例解説民事篇平成18年度(上)』29頁）。

　㈡　特段の事情に当たる例

　債務者が、期限の利益喪失特約が存在しても、支払期日に約定の元本および利息の制限額を支払いさえすれば、期限の利益を喪失することはないことを十分に理解していた場合が考えられる（『最高裁判所判例解説民事篇平成18年度(上)』29頁）。

　㈢　特段の事情の認定

　裁判所は、元金または利息の支払いを遅滞したときには、当然に期限の利益を失うという期限の利益喪失特約の下では、債務者は、制限超過部分を支払わないと期限の利益を喪失し、残元本を一括して支払わなければならなくなると誤解するのが通常であることを前提としたうえで、たとえば、貸金業法旧17条書面等の文言が上記誤解を招くおそれのない書きぶりになっており、貸金業者が債務者に対して上記誤解を生じさせないように十分な説明をしたなどの外形的事実の主張立証に基づいて、債務者が制限超過部分の支払いを怠ったとしても期限の利益を喪失しないことを十分に理解していたかどうかという債務者の主観的事情を認定〔推認〕することになる（『最高裁判所判例解説民事篇平成18年度(上)』29頁・30頁）。

息を超える約定利息につき、期限の利益喪失条項を締結していないこと」あるいは「元本及び制限利息の支払を怠った場合にのみ期限の利益を失う旨の条項を明記すること」という要件を、貸金業法旧43条1項のみなし弁済の規定を適用するための要件として要求する結果となる。

(エ) 事実上の強制に当たる例

　　a　期限の利益喪失約款の下での約定の元本および利息制限法の利息の制限額の合計は超え約定の元本および約定利息の合計額には満たない金額の支払いと一括払いの猶予

　債務者が、期限の利益喪失約款の下で、支払期日に約定の元本および利息制限法の利息の制限額の合計は超えているが約定の元本および約定利息の合計額には満たない金額を支払った場合、期限の利益を喪失することはない。それにもかかわらず、貸金業者が、債務者に対し、期限の利益喪失約款に基づく期限の利益喪失を前提として、債務者が当該支払期日以降も元本の分割払いと既経過分の遅延損害金の支払いを続けるのであれば一括払いの請求を控えるなどと話し、そのため、債務者が、「すでに期限の利益を喪失したので本来は残元本全額および遅延損害金の一括払いをしなければならないところ、元本の分割払いと既経過分の遅延損害金の支払いをすれば一括払いを猶予してもらえる」と誤解し、一括払いを回避するため、利息制限法の利息の制限額を超える金額を支払い続けることがある。このような場合、期限の利益喪失約款自体による事実上の強制が働くわけではないが、債務者が制限超過部分の支払いを余儀なくされるという事態が生じていることに変わりはないので、制限超過部分の支払いは、事実上の強制による支払いとして、任意性を欠くと判断されることになると思われる（『最高裁判所判例解説民事篇平成18年度(上)』32頁ア）。

　　b　各支払期日に支払うべき約定の元本および利息制限法の利息の制限額を超える約定利息の合計額を額面金額とする各支払期日を満期日とする約束手形の差入れ

　貸金業者が、貸付け時に、債務者（事業者）に、各支払期日に支払うべき約定の元本および利息制限法の利息の制限額を超える約定利息の合計額を額面金額として、各支払期日を満期日とする約束手形をあらかじめ差し入れさせておいて、各約束手形が各支払期日に決済されることによって弁済がされ

る約定で貸付けがされることがある。この場合、債務者は、手形不渡りを出すと経済的信用がなくなり、事業継続にとって致命傷となることから、手形不渡りの不利益を回避するため、利息制限法の制限超過部分を含む額面金額の支払いを余儀なくされるものと考えられる。貸金業者のほうも、債務者がこのように行動することを前提として、制限超過部分の支払いを確保ないし担保するために、債務者に対し、上記約束手形の差入れを要求しているものと考えられる。このような手形決済の方法による利息制限法の制限超過部分の支払いは、事実上の強制による支払いとして、任意性を欠くと判断されることになると思われる(『最高裁判所判例解説民事篇平成18年度(上)』32頁イ)。

ウ　利息制限法制限超過の約定利率の利息等支払遅滞による当然期限の利益喪失約款に基づきみなし弁済を前提に提起された貸金返還請求訴訟で被告が欠席または争わない場合の取扱い

　貸主が、借主に対し、借主が債務の約定利息等として利息制限法の制限利率を超える金員を支払ったこと、および、消費貸借契約に利息制限法制限超過の約定利率の利息等支払遅滞による当然期限の利益喪失約款が含まれていることを自認したうえで、貸金業法旧43条のみなし弁済が成立することを前提に計算して、貸金返還請求訴訟を提起し、借主(被告)が第1回口頭弁論期日に欠席をするか、あるいは、貸主の主張を争わず、他方、貸主(原告)が借主(被告)の「任意」に支払ったことの「特段の事情」を具体的に主張しない場合、貸主(原告)が自認している借主(被告)の利息制限法の制限利率を超える金員の支払いにつき、みなし弁済が適用されないとして、利息制限法の制限利率を超える金員の支払部分につき元本への充当を前提にし、貸主(原告)の請求の〔一部〕棄却判決をすることができるかが問題となる(加藤ほか『要件事実の考え方と実務〔2版〕』336頁)。

　この点については、以下の考え方がある。

① 「任意に」支払ったことが主要事実であり、期限の利益喪失約款の存在は「任意に」支払ったこと自体を疑わせる間接事実であり、「特段の

事情」が「任意に」支払ったことを推認させる間接事実であるとする考え方　この考え方に従えば、上記の例では、「任意に」支払ったことについて、〔擬制〕自白が成立し、貸主（原告）の請求の〔一部〕棄却判決をすることはできないことになると思われる。

② 「任意に」支払ったこと自体は規範的要件であり、期限の利益喪失約款の存在が評価障害事実、「特段の事情」が評価根拠事実であるとする考え方　この考え方に従えば、上記の例では、「任意に」支払ったことについて、〔擬制〕自白が成立せず、期限の利益喪失約款の存在の評価障害事実が認められ、「特段の事情」の評価根拠事実が認められなければ、貸主（原告）の請求の〔一部〕棄却判決をすることはできることになると思われる。

利息制限法の制限超過の利息の成立を認める自白については慎重に判断すべきであり、借主が任意性を争わない場合でもその点について直ちに自白を認めない②の立場をとるのが妥当であると思われる（加藤ほか『要件事実の考え方と実務〔2版〕』336頁・337頁）。

3　貸金業法旧17条書面について

(1)　貸金業法旧17条 1 項の所定の記載事項

貸金業法旧43条 1 項の規定の適用要件として、同法旧17条 1 項所定の事項を記載した書面〔17条書面〕をその相手方に交付しなければならないものとされているが、17条書面には、同法旧17条 1 項所定の事項のすべてが記載されていることを要するものであり、その一部が記載されていないときは、同法旧43条 1 項適用の要件を欠くというべきであって、有効な利息の債務の弁済とみなすことはできない（前記最判平16・2・20）（『消費者関係法執務資料〔改訂版〕』142頁・143頁、加藤ほか『要件事実の考え方と実務〔2版〕』337頁、岡口『要件事実マニュアル 4 巻〔3版〕』12頁(1)）。

(2) 「期限の利益の喪失の定めがあるときは、その旨及びその内容」

ア　期限の利益喪失約款の無効と期限の利益喪失約款の記載

　最高裁は、貸金業法旧17条1項・同施行規則13条1項は、あくまでも当事者が合意した内容を正確に記載することを要求しているものと解するのが相当であり、当該合意が法律の解釈適用によって無効または一部無効となる場合についても同様と解され、本件期限の利益喪失特約の内容を正確に記載している貸付けおよび保証契約説明書は、貸金業法旧17条1項9号、施行規則13条1項1号ヌ所定の「期限の利益の喪失の定めがあるときは、その旨及びその内容」の記載に欠けるところはないというべきであるとした（前記最判平18・1・13、最判平18・1・24（平15㈷1653）民集60巻1号319頁・判時1626号28頁、前記最判平18・1・24（平16㈷424））（加藤ほか『要件事実の考え方と実務〔2版〕』339頁・340頁）。

イ　期限の利益喪失約款が付されている場合の貸金業法旧17条書面の記載事項の改正

　前記最判平18・1・13の後、平成18年内閣府令第39号により、貸金業法施行規則13条1項1号ヌが、「期限の利益の喪失の定めがあるときは、その旨及び内容（利息制限法（昭和29年法律第100号）第1条第1項に規定する利率を超えない範囲においてのみ効力を有する旨を含む。）」と改正される（かっこ書部分が追加された）など、貸付けに係る契約に期限の利益喪失特約が付されている場合、貸金業者に対し、貸金業法旧17条書面として交付する書面に、同特約は利息制限法1条1項所定の制限利率を超えない範囲においてのみ効力を有する旨記載することを義務づけたことを内容とする改正が行われた（平18・7・1施行）。したがって、同改正規則施行後は、期限の利益喪失特約に関し、利息制限法1条1項に規定する利率を超えない範囲においてのみ効力を有する旨の記載がない書面では、貸金業法旧17条書面の記載要件を満たさないことになる（『最高裁判所判例解説民事篇平成18年度㈳』34頁(2)）。

(3) 「返済期間及び返済回数」および「各回の返済金額」の記載

ア　リボルビング方式の貸付けと「返済期間及び返済回数」および「各回の返済金額」の記載

　貸付けに係る契約の性質上、貸金業法旧17条1項所定の事項のうち、確定的な記載が不可能な事項があったとしても、貸金業者は、その事項の記載義務を免れるものではなく、その場合には、当該事項に準じた事項を記載すべき義務があり、同義務を尽くせば、当該事項を記載したものと解すべきであって、旧17条書面として交付された書面に当該事項に準じた事項の記載がないときは、旧17条書面の交付があったとは認められず、貸金業法旧43条1項の規定の適用要件を欠くというべきである（最判平17・12・15民集59巻10号2899頁・判時1921号3頁・判タ1203号69頁）。

　そして、基本契約の下で、借入限度額の範囲内で借入れと返済を繰り返すことを予定して行われたリボルビング方式の貸付けについて、確定的な返済期間、返済金額等を旧17条書面に記載することが不可能であるとしても、貸金業者は、個々の貸付けの時点での残元利金について、最低返済額および経過利息を毎月の返済期日に返済する場合の「返済期間及び返済回数」および「返済金額」を旧17条書面に記載することは可能であるから、貸金業者は、これを確定的な返済期間、返済金額等の記載に準ずるものとして、旧17条書面として交付する書面に記載すべき義務があったというべきである（前記最判平17・12・15）（『消費者関係法執務資料〔改訂版〕』143頁・144頁、加藤ほか『要件事実の考え方と実務〔2版〕』338頁・339頁）。

イ　償還表の記載と「各回の返済金額」の記載

　最高裁は、契約書面の「各回の支払金額」欄には「別紙償還表記載のとおりとします」との記載があり、償還表は契約書面とあわせて一体の書面をなすものとされ、各回の返済金額はそれによって明らかにすることとされ、「各回の支払金額」欄に各回に支払うべき元利金が記載されている場合に、最終回の返済金額はそれと一致しないことが多く、現に当該金額が相違して

いるとして、その記載によって各回の返済金額が正確に表示されているものとはいえないとして、当該契約書面の交付をもって、旧17条書面の交付があったものと認めることはできないとした（最判平19・7・13（平17㈷1970）民集61巻5号1980頁・判時1984号26頁）。

4　貸金業法旧18条書面について

(1)　領収書の金額の記載の間違いと貸金業法旧18条1項4号の要件

貸金業者が貸付けの弁済を受けた際に債務者に交付した領収書において、受領金額の記載が間違っていた場合、この領収書の記載内容は正確でないというべきであり、この領収書の交付をもって、貸付けの弁済についての旧18条書面の交付がされたものとみることはできない（『消費者関係法執務資料〔改訂版〕』154頁・155頁）[*9]。

(2)　貸金業法施行規則15条2項による貸金業法旧18条1項1号から3号までの記載に代わる契約番号その他の明示について

貸金業法施行規則15条2項の規定のうち、当該弁済を受けた債権に係る貸付けの契約を契約番号その他により明示することをもって、貸金業法旧18条1項1号から3号までに掲げる事項の記載に代えることができる旨定めた部分は、他の事項の記載をもって法定事項の一部の記載に代えることを定めたものであるから、内閣府令に対する法の委任の範囲を逸脱した違法な規定として無効と解すべきである（前記最判平18・1・13）（『消費者関係法執務資料〔改訂版〕』153頁・154頁、加藤ほか『要件事実の考え方と実務〔2版〕』343頁）[*10]。

[*9]　前記最判平18・1・24（平16㈷424）では、貸金業者は債務者から貸付けの弁済として「3257円」を受領したにもかかわらず、貸金業者が債務者に交付した領収書には、受領金額が「2303円」と記載されていた。
　また、東京高判平16・3・16判時1849号44頁は、みなし弁済の規定が適用される要件が守られておらず、みなし弁済の効果が発生しないのに、これが発生しているかのように弁済充当の内容を記載した不正確な領収書兼残高証明書の交付をもって18条書面の交付があったものとすることはできないとした。

[*10]　貸金業法施行規則15条2項は、「貸金業者は、法第18条第1項の規定により交付すべき書面を作成するときは、当該弁済を受けた債権に係る貸付けの契約を契約番号その他により明示することをもって、同項第1号から第3号まで並びに前項第2号及び第3号に掲げる事

第1章　貸金について

(3) 銀行振込みと貸金業法旧18条書面の交付

ア　銀行振込みと貸金業法旧18条書面の交付の要否

　貸金業法旧43条1項2号は、受取証書の交付について何らの除外事由を設けておらず、債務者は、受取証書の交付を受けることによって、払い込んだ金銭の利息、元本等への充当関係を初めて具体的に把握することができるのであるから、貸金業者との間の金銭消費貸借上の利息の契約に基づき、債務者が利息として任意に支払った金銭の額が、利息制限法1条1項に定める制限額を超える場合において、その超過部分の支払いが貸金業法旧43条1項によって有効な利息の弁済とされるためには、その支払いが貸金業者の預金または貯金の口座に対する払込みによってなされたときであっても、特段の事情がない限り、貸金業者は、その払込みを受けたことを確認した都度、直ちに、同法18条1項に規定する書面を債務者に交付しなければならない（最判平11・1・21民集53巻1号98頁・判時1667号68頁・判タ995号71頁）（『消費者関係法執務資料〔改訂版〕』151頁、岡口『要件事実マニュアル4巻〔3版〕』12頁）。

イ　貸金業法旧18条1項所定の事項が記載された振込用紙と一体となった書面の事前交付

　返済期日の弁済があった場合の貸金業法旧18条1項所定の事項が記載されている書面で貸金業者の銀行口座への振込用紙と一体となったものが返済期日前に債務者に交付され、債務者がこの書面を利用して貸金業者の銀行口座に対する払込みの方法によって利息を支払ったとしても、同法旧18条1項所定の要件を具備した書面の交付があって同法旧43条1項の規定の適用要件を満たすものということはできないし、同項の適用を肯定すべき特段の事情があるということもできない（最判平16・2・20（平14(受)912）民集58巻2号380頁・判時1853号28頁・判タ1147号107頁）（『消費者関係法執務資料〔改訂版〕』151

項の記載に代えることができる」としていたが、前記最判平18・1・13に伴う平成18年内閣府令第39号（平成18年4月11日公布、同日施行）によって、「前項第2号及び第3号に掲げる事項については、弁済を受けた債権に係る貸付の契約を契約番号その他により明示することをもって、当該事項の記載に代えることができる」と改正された。

頁・152頁、加藤ほか『要件事実の考え方と実務〔2版〕』340頁〜342頁）。

ウ　銀行振込みと貸金業法旧18条1項柱書の「その都度、直ちに」の要件

旧18条書面の交付は弁済の直後にしなければならないものと解すべきである（『消費者関係法執務資料〔改訂版〕』152頁・153頁、加藤ほか『要件事実の考え方と実務〔2版〕』342頁、岡口『要件事実マニュアル4巻〔3版〕』12頁）[11]・[12]。

エ　債務者の旧18条書面交付不要申出

債務者があらかじめ受取証書の送付を要しない旨の申出をし、債務者が受取証書の交付を積極的に拒否していた場合にも、貸金業者が貸金業法旧18条書面交付義務を負うとすることは不当であるとする貸金業者の主張に対し、貸金業法旧43条は、同条所定の要件をすべて厳格に履践することによって初めて適用されるものであって、当事者の合意やその一方の申出により、この要件を緩和することはできないと解すべきであり、債務者の申出に合理的な理由があり、その申入れが真摯な意思に基づく場合で、貸金業者も同法旧18条1項所定の書面の交付のために尽くすべき手段を尽くしたにもかかわらず、これを交付できなかった等の場合であれば格別、本件のように、単に債務者からあらかじめ受取証書の送付を要しない旨の申出がされたため、これを交付しなかったにすぎない場合は、同法旧43条1項の適用の余地はないというべきであると判示した裁判例がある（東京高判平9・11・13判タ995号171頁）。

---

[11] ①　最判平16・2・20（平15(受)390）民集58巻2号475頁・判時1853号32頁・判タ1147号101頁　　支払いから20日余り経過した後になされた取引明細書の交付を、弁済の直後に旧18条書面の交付がなされたものとみることができないとした。
　　②　最判平16・7・9判時1870号12頁・判タ1163号113頁　　弁済から7ないし10日以降に領収書の交付をしても、各弁済の直後に旧18条書面を交付したものとみることはできないとした。
[12]　貸金業者の監督官庁またはその関係団体の発行した解説書（財団法人大蔵財務協会『図解貸金業法』123頁、『新訂〈実例問答式〉貸金業法のすべて』114頁、大蔵省銀行局内貸金業関係法令研究会編『一問一答貸金業規制法の解説』63頁等）には、貸金業者が弁済金を直接受領した場合を念頭に置いたものと考えられるが、旧18条書面の交付は弁済と引換えでなければならないと記載されている（判時1870号13頁）。

5　利息の天引きと貸金業法旧43条

貸金業法旧43条は利息制限法1条（利息の制限）1項についての特則規定であり、同法2条（利息の天引き）の特則ではないので、貸金業者との間の金銭消費貸借上の約定に基づき利息の天引きがされた場合における天引利息については、貸金業法旧43条1項の規定の適用はない（前記最判平16・2・20（平15㊤390）、前記最判平16・7・9）（『消費者関係法執務資料〔改訂版〕』155頁(1)、加藤ほか『要件事実の考え方と実務〔2版〕』334頁、岡口『要件事実マニュアル4巻〔3版〕』11頁）。

6　利息制限法所定の制限を超える利息の請求と不法行為

貸金業者の利息制限法所定の制限を超える利息の支払請求について、架空請求であるとして不法行為を構成するとし、債務者が貸金業者からの請求額全額を支払わなければならないと誤信し、苦しい生活を強いられ、それによる精神的苦痛に対する慰謝料は15万円であり、その慰謝料請求訴訟を弁護士に委任したことによる弁護士費用5万円は、貸金業者の不法行為と相当因果関係があるとした事例がある（本件訴訟では過払金元金280万467円も認容）（札幌高判平19・4・26判時1976号60頁）。

第7　取立行為の規制

1　取立行為規制法規

貸金業法21条では、取立行為に規制がなされており、貸金業を営む者または取立てについて委託された者は、取立てにあたって、人を威迫し、または人の私生活もしくは業務の平穏を害するような言動をしてはならないとし、同条1項各号で具体的言動を定めている。

規制されている行為には、以下のようなものがある。

① 　正当な理由がないのに、社会通念に照らし不適当と認められる午後9時から午前8時までの時間帯に、債務者等に電話をかけ、もしくはファクシミリ送信し、または債務者等の居宅を訪問すること（貸金21条1項

1号、貸金規19条1項）

② 債務者等が弁済し、または連絡し、もしくは連絡を受ける時期を申し出た場合において、その申出が社会通念に照らし相当であると認められないことその他の正当な理由がないのに、午後9時から午前8時までの時間帯以外の時間帯に、債務者等に電話をかけ、もしくはファクシミリ送信し、または債務者等の居宅を訪問すること（貸金21条1項2号、貸金規19条1項）

③ 正当な理由がないのに、債務者等の勤務先その他の居宅以外の場所に電話をかけ、電報を送達し、もしくはファクシミリ送信し、または債務者等の勤務先その他の居宅以外の場所を訪問すること（貸金21条1項3号）

④ 債務者等に対し、債務者等以外の者から金銭の借入れその他これに類する方法により債務の弁済を要求すること（同項6号）

⑤ 債務者等以外の者に対し、債務者等に代わって債務を弁済することを要求すること（同項7号）

⑥ 債務者等が、貸付債務の処理を弁護士・司法書士等に委託し、またはその処理のため必要な裁判所における民事事件に関する手続をとり、弁護士等または裁判所から書面によりその旨の通知があった場合において、正当な理由がないのに、債務者等に対し、電話をかけ、電報を送達し、もしくはファクシミリ送信し、または訪問する方法により、当該債務を弁済することを要求し、これに対し債務者等から直接要求しないように求められたにもかかわらず、さらにこれらの方法で当該債務を弁済することを要求すること（同項9号）

2　取立行為規制に関する裁判例

取立行為規制については、以下の裁判例がある。

(1) 自宅への訪問等

自宅への訪問等の事例として、債務者の意向を無視した自宅への押しか

け、妻・母親を巻き込む暴力的言動での取立てや暗に第三者からの借入れを要求した行為等について、貸金業法21条違反・民法715条の使用者責任に基づく不法行為による慰謝料30万円および弁護士費用3万円を認めた事例（松山地判平19・9・21消費者法ニュース74号118頁）がある。

(2) 弁護士等受任後の債務者本人等への接触等

弁護士等の受任後の債務者本人等への接触等の事例として、以下のものがある。

① 多額の債務を負担し、その弁済が困難となった債務者が、経済的再生を図るために弁護士に債務の整理を依頼し、その依頼を受けた弁護士が債務の整理に着手した場合に、その弁護士に連絡をとることなく、財産の差押え等の強制執行を行うことは、特段の事情のない限り、法に従った手続で経済的再生を図ろうとする債務者の利益を害するものということができ、貸金業者は、債務者との関係においても、当該債務者が依頼した弁護士から受任通知および協力依頼に対しては、正当な理由のない限り、これに誠実対応し、合理的な期間は強制執行等の行動に出ることを自制すべき注意義務を負担しているものであり、故意または過失によりこの注意義務に違反し、債務者に損害を被らせたときは、不法行為責任を負うものと解するのが相当であるとして、債務者の給料差押えをした貸金業者に対し、精神的損害30万円、弁護士費用10万円の支払いを命じた（東京高判平9・8・10判時1636号52頁・判タ966号243頁）。

② 弁護士が債務整理の受任通知書を債権者に送付した翌日と翌々日2回、債権者が債務者本人に直接電話をして支払いを求めたことについて、債務者本人および弁護士に対する不法行為を構成するとして、貸金業者の使用者責任を認め、70万円の損害賠償を認めた（東京地判平13・6・13判タ1087号212頁）。

③ 債務の任意整理を受任した弁護士は、直接取立てが行われないことにより職務を円滑に遂行することができる法的利益を有するとして、直接

取立てを中止しなかった貸金業者に対し、従業員の使用者責任としての弁護士への慰謝料45万円の損害賠償責任を認めた（福岡地判平12・9・25判タ1060号191頁）。

第8　貸金業者の取引履歴等開示義務[*13]

1　貸金業者の取引履歴等開示義務違反に基づく損害賠償請求

　貸金業法は、罰則をもって貸金業者に業務帳簿の作成・備付け義務を課すことによって、貸金業の適正な運営を確保して貸金業者から貸付けを受ける債務者の利益の保護を図るとともに、債務内容に疑義が生じた場合は、これを業務帳簿によって明らかにし、平成18年改正法施行前の貸金業法旧43条のみなし弁済をめぐる紛争を含めて、資金業者と債務者との間の貸付けに関する紛争の発生を未然に防止しまたは生じた紛争を速やかに解決することを図ったものと解される。このような貸金業法の趣旨に加えて、一般的に、債務者は、債務内容を正確に把握できない場合には、弁済計画を立てることが困難となったり、過払金があるのにその返済を請求できないばかりか、さらに弁済を求められてこれに応ずることを余儀なくされるなど、大きな不利益を被る可能性があるのに対して、貸金業者が保存している業務帳簿に基づいて債務内容を開示することは容易であり、貸金業者に特段の負担は生じないことにかんがみると、貸金業者は、債務者から取引履歴の開示を求められた場合には、その開示要求が濫用にわたると認められるなど特段の事情のない限り、貸金業法の適用を受ける金銭消費貸借契約の付随義務として、信義則上、保存している業務帳簿（保存期間を経過して保存しているものを含む）に基づいて取引履歴を開示すべき義務を負うものと解すべきである。そして、貸金業者がこの義務に違反して取引履歴の開示を拒絶したときは、その行為

---

*13　取引履歴開示義務違反に基づく損害賠償請求訴訟については、第3章第4節Ⅳ（181頁）参照。

は、違法性を有し、不法行為を構成するものというべきである（最判平17・7・19民集59巻6号1783頁・判時1906号3頁・判タ1188号213頁）。

前記最判平17・7・19では、債務者は、債務整理を弁護士に依頼し、貸金業者に対し、弁護士を通じて、半年近く、繰り返し取引履歴の開示を求めたが、貸金業者がこれを拒絶し続けたので、債務者は、その間債務整理ができず、結局、本件訴訟を提起するに至ったというのであるから、貸金業者の上記開示拒否行為は違法性を有し、これによって債務者が被った精神的損害については、過払金返還請求が認められることにより損害がてん補される関係には立たず、不法行為による損害賠償が認められなければならないとした。

貸金業法19条（帳簿の備付け）の趣旨等から開示請求を受けた貸金業者は開示のための事務処理に必要な時間経過後速やかに開示すべき義務があり、当該貸金業者が開示を遅らせた行為は特段の事情がない限り借主・受任弁護士に対し不法行為を構成すると解され、債務者ごとに帳簿の作成が義務づけられていること等に照らすと、開示事務処理のために1カ月以上必要であるとは考えがたい（東京地判平13・6・11判タ1087号212頁）。そして、取引履歴は、コンピュータによって管理・保管されているのが実情であるから、特段の事情がない限り、開示請求を受けてから1週間から10日程度が経過すれば、不開示として不法行為が成立すると考えてもいいのではないかと思われる（須藤典明・判タ1306号19頁）*14。

---

*14① 大阪高判平19・6・8消費者法ニュース73号53頁　連帯保証人は直接の利害関係があるとして、連帯保証人になる前の貸金業者と主債務者との取引履歴について開示請求でき、その開示請求が濫用にわたるなどの特段の事情がない限り、開示拒否は違法性を有するとして、それによる精神的苦痛による不法行為に基づく損害賠償（慰謝料）として弁護士費用を含め15万円を認めた。
　② 名古屋簡判平19・8・17消費者法ニュース74号112頁　取引履歴の文書提出命令に対する貸金業者の廃棄の主張を認める証拠はないとして過払金元金156万1494円の場合において取引履歴不開示による不法行為に基づく慰謝料30万円を認めた。
　③ 東京地判平13・6・11判タ1087号212頁　借主の受任弁護士から取引経過の開示請求を10月16日に受けて貸金業者が11月20日に開示した事例において、貸金業法19条の趣旨等から開示請求を受けた貸金業者は開示のための事務処理に必要な時間経過後速やかに開示

以上のことから、貸金業者が契約上の付随義務である取引履歴開示義務に違反すると、不法行為責任を負う（前記最判平17・7・19）ほか、債務不履行責任を負う場合もあると解されている（『最高裁判所判例解説民事篇平成17年度(下)』481頁、岡口『要件事実マニュアル4巻〔3版〕』18頁）。

2　帳簿の閲覧・謄写

前記最判平17・7・19を踏まえ、平成18年改正法により、貸金業法19条の2が新設され、同法19条により保存が義務づけられている帳簿について、貸金業者が債務者等から閲覧・謄写の請求を受けた場合、当該請求者が当該請求を行った者の権利の行使に関する調査を目的とするものでないことが明らかであるときを除き、当該請求を拒むことができないと規定された。この貸金業者の閲覧・謄写に応じる義務は、法定の保存期間の経過に関係なく、保存されている帳簿は閲覧・謄写の対象となる。この規定は、平成19年12月19日から施行されている（平成18年改正法附則1条本文）（大森ほか『Q&A新貸金業法の解説〔改訂版〕』50頁Q31）。

なお、債務者等は、個人情報保護に関する法律25条1項によって、取引履歴等の開示を求めることもできると解される（『最高裁判所判例解説民事篇平成17年度(下)』482頁、岡口『要件事実マニュアル4巻〔3版〕』18頁）。

3　帳簿の閲覧・謄写請求の拒絶

貸金業法19条の2は、帳簿の閲覧・謄写を拒否できる理由を、「当該請求が当該請求を行った者の権利の行使に関する調査を目的とするものでないことが明らかであるとき」としている。これに当たるものとして、以下のものが想定される（大森ほか『Q&A新貸金業法の解説〔改訂版〕』52頁Q33）。

① 請求者に対し過去に過払金の返還が行われ、かつ、過払金債務が存在

すべき義務があり、当該貸金業者が開示を遅らせた行為は特段の事情がない限り借主・受任弁護士に対し不法行為を構成するとし、債務者ごとに帳簿の作成が義務づけられていること等に照らすと、開示事務処理のために1カ月以上必要であるとは考えがたく、貸金業者が約1カ月以上も開示を遅らせたことは、借主・受任弁護士に対し不法行為を構成するとして、10万円の損害賠償を認めた。

していないことについて争いがなく、他に特段の事情がない場合
② 同一の請求者が同じ内容の請求を何度も繰り返すような場合

第2節　過払金返還請求（不当利得返還請求）について

第1　過払金返還請求権（不当利得返還請求権）[*15]

1　過払金返還請求権（不当利得返還請求権）の意義

　債務者が任意に支払った利息制限法の制限超過の利息・損害金は、当然に残存元本に充当され（最大判昭39・11・18民集18巻9号1868頁）、利息制限法所定の制限を超える利息・損害金を任意に支払った場合において、制限超過部分の元本充当により計算上元本が完済となったときは、債務者はその後に債務の不存在を知らないで支払った金額につき返還を請求することができる（前記最判昭43・11・13民集22巻12号2526頁）。これに基づいてなされるのが、不当利得返還請求としての過払金返還請求訴訟である（岡久ほか『簡易裁判所民事手続法』294頁、加藤ほか『要件事実の考え方と実務〔2版〕』326頁）。

　本章第1節第6（29頁）で述べたように、貸金業法旧43条のみなし弁済制度により、本来無効である利息制限法の制限を超過する利息・損害金の債務の弁済が同法の範囲内で有効な債務の弁済とみなされていたが、その要件を満たさない弁済は無効なものとなり、利息制限法の制限利率を超える利息・損害金の弁済については元本に充当され、それによって元本がなくなった後の弁済は不当利得となる（本章第1節第3・3(1)カ（10頁）および第6（29頁）参照）。みなし弁済制度の要件を厳格に解する一連の最高裁判例（本章第1節第6・2（32頁）～5（42頁）参照）、特に約定の元金・利息の支払いを遅滞したときは当然に期限の利益を失うとする期限の利益喪失特約は、利息制限法の制限超過部分の支払いを債務者に事実上強制し、特段の事情がない限

　[*15]　当初貸付残高の主張・立証責任については、第3章第4節Ⅲ第3・2（171頁）参照。また、取引履歴不開示部分の立証については、第3章第4節Ⅲ第3・3（173頁）参照。

り、債務者の利息の支払いに任意性はないとして、同条の任意性の要件を満たさないとした最高裁判例（前記最判平18・1・13等）によって、事実上みなし弁済の成立が認められないようになり、それに基づく過払金返還請求権が急増した。平成22年6月18日の改正法施行日以降は、みなし弁済制度そのものが廃止となり、それによる過払金返還請求ということはなくなったが、それ以前の借入返済については過払金が発生している可能性があり、その分については、平成22年6月18日以降も過払金返還請求訴訟が提起されている。

2　過払金返還請求権の帰属主体——保証人の弁済による過払金返還請求権の帰属

　貸金が存在している間に保証人が弁済し、最終的に過払金が発生した段階では主債務者が弁済していた場合は、その弁済によって生じた過払金についての不当利得返還請求権は主債務者に帰属することになる。しかし、最終的に、保証人の弁済によって生じた過払金が発生した場合の不当利得返還請求権は、当該保証人に帰属し、主債務者にその返還を求める権利はないと考えられる（大阪高判平20・1・29金商1285号22頁）。

第2　受益者の返還義務の範囲

1　受益者の利益返還義務

(1)　受益者の返還義務の範囲

　不当利得である過払金の受益者（貸金業者）は、その受けた利益である過払金をその限度で返還しなければならない（民703条）。これに対し、受益者が悪意である場合には、その受けた利益である過払金に利息を付して返還しなければならないとされている（民704条）。

(2)　悪意の受益者の主張立証責任[*16]

　金銭を目的とする消費貸借において利息制限法1条1項所定の制限利率を超過する利息の契約は、その超過部分につき無効であって、この理は、貸金業者についても同様であるところ、貸金業者については、貸金業法旧43条1

第 2 節　過払金返還請求（不当利得返還請求）について

項が適用される場合に限り、当該制限超過部分を有効な利息の債務の弁済として受領することができるとされているにとどまる。このような法の趣旨からすれば、貸金業者は、同項の適用がない場合には、当該制限超過部分は、貸付金の残元本があればこれに充当され、残元本が完済になった後の過払金は不当利得として借主に返還すべきものであることを十分に認識しているものというべきである。そうすると、貸金業者が制限超過部分を利息の債務の弁済として受領したが、その受領につき貸金業法旧43条1項の適用が認められない場合には、当該貸金業者は、同項の適用があるとの認識を有しており、かつ、そのような認識を有するに至ったことについてやむを得ないといえる特段の事情があるときでない限り、法律上の原因がないことを知りながら過払金を取得した者、すなわち民法704条の「悪意の受益者」であると推定されるものというべきである（最判平19・7・13（平17㊕1970）民集61巻5号1980頁・判時1984号26頁・判タ1252号110頁、最判平19・7・13（平18㊕276）判時1984号26頁・判タ1252号110頁、最判平19・7・17判時1984号26頁・判タ1252号110頁）（『消費者関係法執務資料〔改訂版〕』164頁2、山下寛ほか「過払金返還請求訴訟をめぐる諸問題(下)」判タ1209号13頁、加藤ほか『要件事実の考え方と実務〔2版〕』330頁）。

　　(3)　**貸金業法旧43条1項の適用が認められない場合の悪意の受益者の推定を覆す、貸金業者が同項の適用があるとの認識を有しており、かつ、そのような認識を有するに至ったことについてやむを得ないといえる特段の事情**[*17]

　　　ア　支払いの任意性の要件について

債務者が利息制限法の制限を超える約定利息の支払いを遅滞したときは当然に期限の利益を喪失する旨の特約の下で制限超過部分を支払った場合、貸金業法旧43条1項の「任意に支払った」とはいえないとする前記最判平18・

---

*16　第3章第4節III3・4(1)（177頁）参照。
*17　第3章第4節III3・4(2)（178頁）参照。

51

第1章 賃金について

1・13が言い渡されるまでは、貸金業者において、期限の利益喪失特約下の支払いであることから直ちに貸金業法旧43条1項の適用が否定されるものではないとの認識を有していたとしてもやむを得ないというべきであり、貸金業者が上記認識を有していたことについては、貸金業者の利息制限法の制限超過部分の利息の弁済としての受領につき貸金業法旧43条1項の適用が認められない場合には、当該貸金業者は、同項の適用があるとの認識を有しており、かつ、そのような認識を有するに至ったことについてやむを得ないといえる特段の事情があるときでない限り、悪意の受益者と推定されるとする前記最判平19・7・13（平17(受)1970）の判示する特段の事情があると認めるのが相当である。したがって、前記最判平18・1・13の言渡し日以前の期限の利益喪失特約下の支払いについては、任意性がないとして、これを受領したことのみを理由として当該貸金業者を悪意の受益者であると推定することはできないとするのが判例である（最判平21・7・10民集63巻6号1170頁・判時2069号22頁・判タ1317号117頁。同旨裁判例として、最判平21・7・14最高裁HPがある（差戻審判決（東京高判平21・11・26消費者法ニュース82号85頁）では、貸金業法旧17条・旧18条書面交付の要件を欠くとして、貸金業者が貸金業法旧43条1項の適用があると認識していたとしても、そのような認識を有するに至ったことがやむを得ないといえる特段の事情があるということはできないとして、貸金業者を悪意の受益者と認めた（下記＊19②参照））[18]。

---

[18] 期限の利益喪失特約において、元金または利息制限法所定の制限利息の支払いを遅滞したときは、債務者は期限の利益を喪失する旨定めるともに、弁済充当は、約定利息・損害金・元金の順にする旨定め、償還表には弁済予定額として各弁済期における約定の元金額と約定利息額とが記載されている場合、利息制限法1条1項の趣旨にかんがみれば、支払期日に約定の元本額と利息の制限額の合計額を支払えば、期限の利益を失うものではなく、弁済充当特約は、みなし弁済が成立した場合の充当関係を定めたものと解すべきであるが、当該期限の利益喪失特約と弁済充当特約および償還表の記載と総合的に判断すると、支払期日に約定の元本額と利息の制限額の合計額を支払ったとしても、弁済金がまず約定利息に充当され、弁済額中利息の制限額を超える約定利息に充当された額だけ元本の弁済が少なくなり、約定の元本中上記約定利息充当額の弁済を欠くものとして、期限の利益を喪失し、残元本全額

第2節　過払金返還請求（不当利得返還請求）について

イ　旧17条書面の要件について

　貸金業法旧17条書面交付の要件を満たさない場合、同旧43条1項の適用が認められず、同項の適用があるとの認識を有するに至ったことについてやむを得ないといえる特段の事情のない限り、過払金の取得について悪意の受益者であると推定されるというべきである（前記最判平19・7・13（平17(受)1970））*19。

　　を直ちに一括して支払い、これに対する遅延損害金を支払うべき義務を負うことになるとの誤解を与えるものとなっていることなどから、法律専門家でない債務者に対し、制限超過部分を支払うことを事実上強制することになっているとした裁判例がある（東京高判平22・6・30消費者法ニュース85号46頁。同旨裁判例として、京都簡判平22・5・26消費者法ニュース85号49頁がある）
*19①　前記最判平19・7・13（平17(受)1970）　契約書面の「各回の支払金額」欄には「別紙償還表記載のとおりとします」との記載があり、償還表は契約書面と併せて一体の書面をなすものとされ、各回の返済金額はそれによって明らかにすることとされ、「各回の支払金額」欄に各回に支払うべき元利金が記載されており、最終回の返済金額はそれと一致しないことが多く、現に当該金額が相違しているのであり、その記載によって貸金業法17条1項9号、同施行規則13条1項1号チの各回の返済金額が正確に表示されているものとはいえないというべきであり、同法43条1項の適用が認められないのであるから、同項の適用があるとの認識を有するに至ったことについてやむを得ないといえる特段の事情のない限り、過払金の取得について悪意の受益者であると推定されるというべきであるとした。
②　東京高判平21・11・26判タ1329号254頁（前記最判平21・7・14の差戻審判決（上記ア参照）　交付されている借用証書の「各回の支払金額」欄に「別紙償還表記載のとおりとします」とあるが、その償還表が交付されたことを認める証拠がなく、この借用証は貸金業法17条書面の記載要件を欠き、弁済の一部について同法18条書面を交付したことを認めるに足りる証拠がなく、同法43条の適用がないことが明らかであり、18条書面の記載と客観的に正しい額が大幅に乖離することは明らかであり、そのような書面の交付は18条書面交付の要件を満たさず、同法43条1項の適用はないとして、以下のように判示した。
　「17条書面及び18条書面の各交付要件の欠缺については、控訴人〔貸金業者〕は当然に認識し得たものであるし、仮に、控訴人が貸金業法43条1項の適用があると認識していたとしても、上記認定した交付要件の欠缺の性質及び態様に照らせば、そのような認識を有するに至ったことがやむを得ないといえる特段の事情があるということはできない。なお、弁論の全趣旨によれば、18条書面が交付されていない支払は、振込の方法によるものと認められるが、振込返済の場合であっても18条書面の交付を要すると判示した最高裁平成11年1月21日判決の公刊前であっても、交付必要説が学説上、下級審裁判例条の圧倒的多数説であったこと（当裁判所に顕著である）、借用証書と一体をなす償還表の交付がない場合に17条書面交付の要件を否定した最高裁平成19年7月13日判決の公刊前であっても、かような償還表が18条書面の記載要件の一部をなすことはその性質に照らし容易に認識可能であったと認められることからすれば、被控訴人〔借主〕Y₁の弁済の一部が上記

53

リボルビング払いの場合、最低返済額・経過利息を毎月の返済期日に返済する場合の返済期間・返済金額等を旧17条書面に記載することは可能であり、みなし弁済が成立するためには、確定的な返済期間・返済金額等の記載に準ずるものとして記載すべき義務があるとした前記最判平成17・12・15以前においても、取引期間中において、返済期間・返済金額等について、元金返済額の記載や、その算出方法を記載しただけで足りるとか、次回の返済金額の記載だけで足りるとの説が通説とされていて、これと異なる解釈をすることを期待することができなかったというような事情が存在したことはなく、支払期間等の記載について、裁判例・学説ともに結論が分かれていたのであり、リボルビング払いの場合に、最低返済額・経過利息を毎月の返済期日に返済する場合の返済期間・返済金額等を旧17条書面に記載していない場合は、貸金業法旧43条1項の適用があるとの認識を有しており、かつ、そのような認識を有するに至ったことについてやむを得ないといえる特段の事情があると認めることはできないとする裁判例がある（名古屋地判平22・11・30消費者法ニュース87号57頁）。

ウ　旧18条書面の要件について

貸金業法旧18条書面交付の要件を満たさない場合、同旧43条1項の適用が認められず、同項の適用があるとの認識を有するに至ったことについてやむを得ないといえる特段の事情のない限り、過払金の取得について悪意の受益者であると推定されるというべきである（前記最判平19・7・13（平18受276））。

前記最判平19・7・13（平18受276）は、制限超過部分の支払いが貸金業者の預金等の口座に対する払込みによってされた場合、上記支払いが貸金業法旧43条1項によって有効な利息の債務の弁済とみなされるためには、特段の事情がない限り貸金業者は上記の払込みを受けたことを確認した都度、直ち

　最高裁判所の各判決の公刊前であることをもって、上記特段の事情の判断を動かすに足りないというべきである。

　したがって、被上告人Y₁の制限超過部分の支払について、控訴人において民法704条の悪意があったと認められる」。

第2節　過払金返還請求（不当利得返還請求）について

に、貸金業法旧18条書面を債務者に交付しなければならないと判示した最判平11・1・21（民集53巻1号98頁）以降において、貸金業者が、事前に債務者に、本件各貸付けの都度債務者に交付されるもので、約定の各回の返済期日および返済金額等を記載した償還表を交付していれば貸金業法旧18条書面を交付しなくても貸金業法旧43条1項の適用があるとの認識を有するに至ったことについてやむを得ないとする特段の事情があるというためには、前記最判平11・1・21以降、上記認識に一致する解釈を示す裁判例が相当数あったとか、上記認識に一致する解釈を示す学説が有力であったというような合理的な根拠があって上記認識を有するに至ったことが必要であり、上記認識に一致する見解があったというだけで上記特段の事情があると解することはできず、債務者が貸金業者から各回の返済期日の前に貸金業法旧18条1項所定の事項が記載されている書面で振込用紙と一体となったものを交付されている場合であっても、同項所定の要件を具備した書面の交付があったということはできないとした最判平16・2・20（民集58巻2号380頁）までは、貸金業法旧18条書面の交付がなくても他の方法で元金・利息の内訳を債務者に了知させているなどの場合には貸金業法旧43条1項が適用されるとの見解も主張され、これに基づく貸金業者の取扱いも少なからずみられたというだけで貸金業者が悪意の受益者であることを否定した原審の判断には、判決に影響を及ぼすことが明らかな法令の違反があるとした。

　これについては、①前記最判平11・1・21以前においては、口座振込みの場合に受領証書を交付しなかった貸金業者について、銀行振込みまたは提携CDによる支払いについて、利用明細書の交付がなくとも貸金業法旧43条1項の適用があると認識していたことについて、やむを得ない特段の事情があったとすることが可能であるとする考え方（東京高判平22・1・15判タ1322号196頁）と、②前記最判平19・7・13は、「少なくとも」と述べており、必ずしも前記最判11・1・21以前において口座振込みの場合に受領証書を交付しなくても当該特段の事情があるとの認定に直結せず、そのように解釈する裁

エ　旧17条・旧18条書面を交付する業務態勢の整備

　貸金業者側から、貸金業法旧17条および旧18条書面を交付する一般的業務態勢を整備していたとして、悪意の受益者の推定を覆す、貸金業者が貸金業法旧43条1項の適用があるとの認識を有しており、かつ、そのような認識を有するに至ったことについてやむを得ないといえる特段の事情を主張立証することがある。しかし、この特段の事情については、貸金業者が、借主に対して貸金業法旧17条書面および旧18条書面を交付したことなどの具体的事実を主張立証する必要があり、貸金業者においてこれらの書面を交付する一般的態勢を整備していたという業務態勢についての主張立証では足りないと解すべきである（名古屋地判平23・3・17消費者法ニュース88号145頁）。

2　過払金返還請求権（不当利得返還請求権）の付帯請求の起算日

(1)　悪意の受益者でない者の遅延損害金の起算日

　過払金を受領している貸金業者が悪意の受益者でない場合（民703条）も、不当利得返還請求権は履行期を定めない債権と解されるから（民412条3項）、過払金返還の請求があった時から遅滞に陥り、請求（たとえば、訴状送達）の日の翌日から遅延損害金の請求ができる（加藤ほか『要件事実の考え方と実務〔2版〕』326頁、加藤『簡裁民事事件の考え方と実務〔2版〕』219頁）。

(2)　悪意の受益者の場合の利息の起算日

　過払金を受領している貸金業者が悪意の受益者である場合は、その受けた利益に利息を付して返還しなければならないとされており（民704条）、利得の日（金銭交付日当日）から利息を請求できる（加藤ほか『要件事実の考え方と実務〔2版〕』326頁、岡口『要件事実マニュアル4巻〔3版〕』3頁(1))[20]。

---

[20]① 最判平21・9・4最高裁HP　「金銭消費貸借の借主が利息制限法1条1項所定の制限を超えて利息の支払を継続し、その制限超過部分を元本に充当すると過払金が発生した

第2節　過払金返還請求（不当利得返還請求）について

3　過払金返還請求権（不当利得返還請求権）の付帯請求の利率

　貸金業者が行う商行為である貸付けに係る債務の弁済金のうち利息の制限額を超えて利息として支払われた部分を元本に充当することにより発生する過払金を不当利得として返還する場合において、悪意の受益者が付すべき民法704条前段所定の利息の利率は、民法所定の年5分と解するのが相当である。これは、商法514条の適用または類推適用されるべき債権は、商行為によって生じたものまたはこれに準ずるものでなければならないところ、上記過払金についての不当利得返還請求権は、高利を制限して借主を保護する目的で設けられた利息制限法の規定によって発生する債権であって、営利性を考慮すべき債権ではないので、商行為によって生じたものまたはこれに準ずるものと解することはできないからである（最判平19・2・13民集61巻1号182頁・判時1962号67頁・判タ1236号99頁）。

　この点は、悪意の受益者ではない者の遅延損害金の利率についても同様に考えることができると思われる。

　　　場合において、貸主が悪意の受益者であるときは、貸主は、民法704条前段の規定に基づき、過払金発生の時から同条前段所定の利息を支払わなければならない（大審院昭和2年㈹第195号同年12月26日判決・法律新聞2806号15頁参照）。このことは、金銭消費貸借が、貸主と借主との間で継続的に金銭の借入れとその弁済が繰り返される旨の基本契約に基づくものであって、当該基本契約が過払金が発生した当時他の借入金債務が存在しなければ過払金をその後に発生する新たな借入金債務に充当する旨の合意を含むものであった場合でも、異なるところはないと解するのが相当である」。

　②　最判平21・7・17判時2048号9頁・判タ1301号116頁　過払金充当合意を含む基本契約に基づく継続的金銭消費貸借取引により発生した過払金返還請求権の消滅時効は、特段の事情がない限り、同取引が終了した時点から進行するとしながら、「貸主が悪意の受益者である場合における民法704条所定の利息は、過払金発生時から発生する」とした。

　③　福岡高判平18・12・20判タ1255号264頁　悪意の受益者の民法704条前段の利息について、期間の初日は算入しない旨の民法140条に従って、初日は算入しないで算定すべきであるとした。

第3　過払金の貸金への充当

1　過払金の貸金への充当

　同一の貸主と借主の間で基本契約に基づき継続的に貸付けが繰り返される金銭消費貸借取引（限度額を定めてその範囲内で繰り返し借入れができるもの）において、借主がそのうちの一つの借入金債務につき利息制限法所定の制限の超える利息を任意に支払い、その制限超過部分を元本に充当してもなお過払金が存する場合、この過払金は、当事者間に充当に関する特約が存在するなど特段の事情のない限り、民法489条および民法491条の規定に従って、弁済当時存在する他の借入金債務に充当され、当該他の借入金債務の利率が法所定の制限を超える場合には、貸主は充当されるべき元本に対する約定の期限までの利息を取得することができないと解するのが相当であるとされている（前記最判平15・7・18、最判平15・9・11判時1841号95頁・判タ1139号65頁、最判平15・9・16判時1841号95頁・判タ1139号65頁）(『消費者関係法執務資料〔改訂版〕』159頁1、加藤ほか『要件事実の考え方と実務〔2版〕』328頁・329頁)。

　借主は期限の利益を放棄して期限前に元本を返済することができる（民136条2項本文）が、それにより相手方の利益を害することはできないとされており（同項ただし書）、利息付貸金において期限前に返済する場合には、期限までの利息を付して返済することを要するとされている（前記大判昭9・9・15）。このことと上記の処理との関係が問題となる。これについては、利息制限法1条（利息の制限）、2条（利息の天引き）の規定は、金銭消費貸借上の貸主には、借主が実際に利用することが可能な貸付額とその利用期間とを基礎とする同法所定の制限内の利息の取得のみを認め、上記各規定が適用される限りにおいて、民法136条2項ただし書の規定を排除する趣旨と解される（前記最判平15・7・18）[21]。

---

　[21]　期限の利益の放棄と利息制限法については、第1節第4・2(2)(20頁)参照。

2 過払金発生後の貸金への充当

(1) 一体取引の場合

ア 一体取引の場合

(ア) 一体取引の場合の解釈

ここでの問題は、利息制限法の制限利息を超える利息の支払分を元本に充当した結果元本が完済となり、過払金が生じ、その段階でその過払金を充当すべき元本がない場合、その後の借り入れた貸付元本に充当することができるかということである。この問題について、継続した貸金業者・借主間の取引を、一体のものとみることができれば、いったん過払金が発生したとしても、契約の性質上、当事者間の意思解釈として、当初の貸付け時に、当該過払金はその後の貸付けに当然充当されるとする相殺処理の包括的な合意があったと解することができると思われる（山下寛ほか「過払金返還請求訴訟をめぐる諸問題(上)」判タ1208号21頁、加藤ほか『要件事実の考え方と実務〔2版〕』329頁）。

(イ) カードローンの基本契約に基づく借入金債務の場合

これについては、判例は、いわゆるカードローンの基本契約に基づく借入金債務につき利息制限法所定の制限を超える利息の弁済により過払金が発生した場合には、他の借入金債務が存在しなければ、これをその後に発生する新たな借入金債務に充当する旨の合意を含むものと解するのが相当であるとして、その合意に従った過払金のその後に発生する新たな借入金債務への充当がされることを認めた（最判平19・6・7民集61巻4号1537頁・判時1977号77頁・判タ1248号113頁）[*22]。

[*22] 前記最判平19・6・7　債務者に交付したクレジットカードに基づく複数返済方法の選択ができる貸金に伴う過払金請求事件である。判示は以下のとおり。
「弁済によって過払金が発生しても、その当時他の借入金債務が存在しなかった場合には、上記過払金は、その後に発生した新たな借入金債務に当然に充当されるものということはできない。しかし、この場合においても、少なくとも、当事者間に上記過払金を新たな借入金債務に充当する旨の合意が存在するときは、その合意に従った充当がされるものというべきである。

第 1 章　賃金について

　(ウ)　基本契約に基づかない切替えおよび借増しの繰り返しの場合

　また、利息制限法 1 条 1 項所定の制限利率を超える利率の利息を付して毎月数回に分けて返済する約定が付され、当初の貸付け後、従前の貸付金残額と追加貸付金額の合計額を貸付金額とする合意に基づいて、当該貸付金額から従前の貸付金残額を控除した金員〔追加貸付金〕を交付し、従前の貸付金残金が返済されたものとして取り扱うことを繰り返し、途中一度完済したがその約 3 カ月後から、借入れとその後の従前の貸付けの切替えおよび借増しを繰り返してきた事例について、最高裁は、本件各貸付けのような 1 個の連続した貸付取引においては、当事者は、一つの貸付けを行う際に、切替えおよび貸増しのための次の貸付けを行うことを想定しているのであり、複数の権利関係が発生するような事態が生ずることを望まないのが通常であることに照らしても、制限超過部分を元本に充当した結果、過払金が発生した場合には、その後に発生する新たな借入金債務に充当することを合意しているものと解するのが合理的であると判示した（最判平19・7・19民集61巻 5 号2175頁・判時1981号15頁・判タ1251号145頁（借主は破産し、破産管財人が不当利得〔過払金〕返還請求をした事例））。

　　　これを本件についてみるに、前記事実関係等によれば、上告人と被上告人との間で締結された本件各基本契約において、被上告人は借入限度額の範囲内において 1 万円単位で繰り返し上告人から金員を借り入れることができ、借入金の返済の方式は毎月一定の支払日に借主である被上告人の指定口座からの口座振替の方法によることとされ、毎月の返済額は前月における借入金債務の残額の合計を基準とする一定額に定められ、利息は前月の支払日の返済後の残元金の合計に対する当該支払日の翌日から当月の支払日までの期間に応じて計算するとされていたというのである。これによれば、本件各基本契約に基づく債務の弁済は、各貸付けごとに個別的な対応関係をもって行われることが予定されているものではなく、本件各基本契約に基づく借入金の全体に対して行われるものと解されるのであり、充当の対象となるのはこのような全体としての借入金債務であると解することができる。そうすると、本件各基本契約は、同契約に基づく各借入金債務に対する各弁済金のうち制限超過部分を元本に充当した結果、過払金が発生した場合には、上記過払金を、弁済当時存在する他の借入金債務に充当することはもとより、弁済当時他の借入金債務が存在しないときでもその後に発生する新たな借入金債務に充当する旨の合意を含んでいるものと解するのが相当である」。

㈤　別個の基本契約に基づく取引を一連として計算することの可否
　　a　別個の基本契約に基づく取引を一連として計算することの可否
　貸金業者といわゆるリボルビング式の金銭消費貸借に関する基本契約を締結して借入返済を繰り返した後、一定期間経過後に、同じ貸金業者と、同様のリボルビング式の金銭消費貸借に関する基本契約を締結して借入返済を繰り返したときに、当初の基本契約に基づく借入れについて過払いが生じている場合、それを、その一定期間経過後に基本契約に基づく借入返済と一体計算することができるかどうかが問題となる。

　これについては、当初の基本契約に基づく借入返済について過払いが生じており、当初の基本契約に基づく借入返済についての完済後、約3年後に同一の貸金業者の同一支店で同様のリボルビング式の金銭消費貸借に関する基本契約を締結して借入返済を繰り返した事案において、最高裁は、第1の基本契約に基づく貸付けおよび弁済が反復継続して行われた期間の長さやこれに基づく最終の弁済から第2の基本契約に基づく最初の貸付けまでの期間、第1の基本契約についての契約書の返還の有無、借入れ等に際し使用されるカードが発行されている場合にはその失効手続の有無、第1の基本契約に基づく最終の弁済から第2の基本契約が締結されるまでの間における貸主と借主との接触の状況、第2の基本契約が締結されるに至る経緯、第1と第2の各基本契約における利率等の契約条件の異同等の事情を考慮して、第1の基本契約に基づく債務が完済されてもこれを終了せず、第1の基本契約に基づく取引と第2の基本契約に基づく取引とが事実上1個の連続した貸付取引であると評価することができる場合には、第1の基本契約に基づく取引により発生した過払金を新たな借入金債務に充当する旨の合意が存在するものと解するのが相当であるとした（最判平20・1・18民集62巻1号28頁・判時1998号37頁・判タ1264号115頁。同旨判例として、最判平23・7・14（平23㈷332）最高裁HPがある）。

　そして、第1の基本契約に基づく過払金発生後、貸金業者と借主の間に他

の借入金債務は存在せず、その約3年後に第2の基本契約が締結された場合、第1の基本契約に基づく取引と第2の基本契約に基づく取引が事実上1個の連続した取引であると評価できる場合に当たるなど特段の事情のない限り、第1の基本契約に基づく取引により生じた過払金は、第2の基本契約に基づく取引に係る債務には充当されないとして、第1の基本契約に基づく最終の弁済から約3年が経過した後に第2の基本契約が締結されたこと、第1の基本契約と第2の基本契約は利息、遅延損害金の利率を異にすることなどの事実関係を前提にすれば、上記特段の事情も存在しないとして、第1の基本契約に基づく取引により発生した過払金を第2の基本契約に基づく取引に係る債務に充当することはできないとした（前記最判平20・1・18）。

　　　b　その他の別個の基本契約に基づく取引を一連として計算すべき特段の事情
　　　　(a)　会員番号と与信
　貸金業者は、借主に会員番号を付しており、その番号が同一であり、基本契約を締結し直したとしても従前の債務者の情報を前提として貸付けをし、債務者に対して新たな与信をしたとは認められないことも、一連の取引とみる根拠ともなるのではないかと思われる。
　　　　(b)　貸金契約の約定
　貸金業者の貸金契約には、「契約期間満了後は、当事者からの申出がない限り、契約を○年間継続し、その後も同様とする」、「残債務を全額返済してから、○年を経過しても借入れがないときは、貸主は裁量により契約を解除することができる」等の約定がある場合があり、これは、一定の期間貸金の取引がない場合でも、一連の取引とみる根拠ともなるのではないかとも思われる。ただ、これについては、このような自動更新条項があるとして各取引の期間（約1年6カ月から約2年4カ月）を考慮することなく、1個の連続した取引であると判断した原審の判断には判決に影響を及ぼすことが明らかな法令違反があるとして、上記aで述べた特段の事情の有無等について審理

をするために、原審に差し戻した最高裁判例がある（最判平23・7・14最高裁 HP)*23。

(2) 個別取引の場合

これに対し、個々の貸付けが別個の独立のものと認められる場合は、当事者間に、当然充当を認める特約ないし合意の存在が認められない限り、過払金発生後に新規貸付けがあったとしても、既発生の過払金が他の貸金に当然

---

*23① 第１貸金取引による過払金があるのに第２貸金取引における借入れをしたことに動機の錯誤を認めて結果的に一連計算と同様の過払金返還請求を認めた事例（岐阜地多治見支判平20・3・31消費者法ニュース76号167頁）　借主は過払金発生の事実を知っていれば、当該過払金の返還を求め、新たな借入れを行わないのが通常の意思に合致し、継続的金銭消費貸借取引における過払金返還請求権の存否は、借主にとって当該取引を継続するか否かの判断をするにあたり、重要な要素であり、過払金があるのに新たな借入れをすることには、重大な動機の錯誤があり、貸金業者はその動機を十分知りうる立場にあり、貸金業者にその動機の表示の有無を争わせることは、信義則および民法130条の趣旨に照らし不相当といわざるを得ないので、その動機は黙示的に貸金業者に対し表示されているといえ、借入れの要素となっていたと認められ、当該借主の錯誤によって無効となった貸金業者の借主に対する第２貸金取引の貸金債権と、借主の貸金業者に対する第１貸金取引の過払金返還請求債権および第２取引における弁済金返還請求債権とについて、消滅時効が完成していない第２貸金取引の最初の借入れ時に相殺適状が生じているとして、民法508条に基づき、債務者の不当利得返還請求権（第１貸金取引の過払金返還債務および第２取引における弁済金返還債務）を自働債権とし、貸金業者の第２貸金取引の貸金債権を受働債権として相殺ができるとし、結果として、第１取引と第２取引の一連計算と同じ額の過払金返還請求を認めた事例である。ただ、本判決でいう錯誤は、貸金業者・借主間での一般的事情に基づくもので、その事情は前記最判平20・1・18（62頁参照）にもいえることであり、この理屈によれば、当該最高裁判例の事例でも錯誤となってしまう可能性があり、当該最高裁判例に従う限り、当該錯誤の主張はできないのではないかと思われる。

② 貸主からの勧誘による取引の開始、与信審査の欠如等を理由とする空白期間のある第１ないし第３取引の一連計算を認め、消滅時効を否定した事例（東京高判平21・5・26消費者法ニュース81号122頁）　第１取引と第２取引との間に約３年、第２取引と第３取引の間に約１年８カ月の各取引中断期間のある自動更新条項付き元本極度額付き手形貸付取引について、貸主の営業マンからの借入勧誘が継続的に行われていて、取引開始時に改めて与信審査がされていない等の理由から、実質的に同一の基本契約に基づく１個の連続した貸付取引であると評価することができ、第１、第２取引に係る貸付けが完済された際に生じた過払金は、その後に再開された第２、第３取引に係る借入金債務に当然に充当され、第１ないし第３取引を通じて一連計算すべきであり、第１取引に係る過払金債権は、独立して消滅時効の対象とならず、一連計算した結果の過払金債権について第３取引終了時から時効期間が進行するとした。

第1章　賃金について

に充当されると解することはできないと思われる。この場合、既発生の過払金とその後に発生した貸金債権については、相殺の問題となり、民法の相殺の規定に従い、過払金元本およびこれに対する相殺適状までの利息とその後の貸付元本および相殺適状（弁済期）までの利息について、相手方に対する相殺の意思表示をして（民506条）、相殺処理をすることになる（山下寛ほか「過払金返還請求訴訟をめぐる諸問題(上)」判タ1208号21頁、加藤ほか『要件事実の考え方と実務〔2版〕』329頁）。

これについては、基本契約が締結されていない個別貸付けの事例について、特段の事情がない限り、既発生の過払金は他の貸金に充当されないとする最高裁判例が出された（前記最判平19・2・13）[24・25]。

第4　過払金返還請求権（不当利得返還請求権）の消滅時効

1　過払金返還請求権（不当利得返還請求権）の消滅時効期間

不当利得返還請求権である過払金返還請求権の消滅時効期間については、商法522条により5年となるとの考え方もあった。しかし、商法522条の適用または類推適用されるべき債権は商行為に属する法律行為から生じたものまたはこれに準ずるものでなければならないところ、利息制限法所定の制限を

---

[24] 前記最判平19・2・13は、「貸主と借主との間で基本契約が締結されていない場合において、第1の貸付けに係る債務の各弁済金のうち利息の制限額を超えて利息として支払われた部分を元本に充当すると過払金が発生し（以下、この過払金を『第1貸付け過払金』という。）、その後、同一の貸主と借主との間に第2の貸付けに係る債務が発生したときには、その貸主と借主との間で、基本契約が締結されているのと同様の貸付けが繰り返されており、第1の貸付けの際にも第2の貸付けが想定されていたとか、その貸主と借主との間に第1貸付け過払金の充当に関する特約が存在するなどの特段の事情がない限り、第1貸付け過払金は、第1の貸付けに係る債務の各弁済が第2の貸付けの前にされたものであるか否かにかかわらず、第2の貸付けに係る債務には充当されないと解するのが相当である」と判示した。

[25] 時効完成後の過払金返還請求権を自働債権とし貸金債権を受働債権とする相殺については、本章本節第4・4（67頁）参照。

超えて支払われた利息・損害金についての不当利得返還請求権は、法律の規定によって発生する債権であり、しかも、商取引関係の迅速な解決のための短期消滅時効を定めた立法趣旨からみて、商行為によって生じた債権に準ずるものと解することもできないから、その消滅時効の期間は民事上の一般債権として民法167条1項により10年と解するのが相当であるとの最高裁判例が出された（最判昭55・1・24民集34巻1号61頁・判時955号52頁・判タ409号73頁）（加藤ほか『要件事実の考え方と実務〔2版〕』331頁）。

2 過払金返還請求権（不当利得返還請求権）の消滅時効の起算点

不当利得返還請求権の消滅時効の起算点については、権利発生日とされており、不当利得の債権者が当該不当利得金の発生を知らなくとも消滅時効が進行すると解されている（大判昭12・9・17民集16巻1435頁）。

これに対し、不当利得返還請求権である過払金返還請求権の消滅時効の起算点については、①個々の取引による不当利得が生じた各時点を起算点とするもの、②取引終了日を起算点とするもの等の考え方があったが、継続的な金銭消費貸借取引に関する基本契約が、利息制限法所定の制限を超える利息の弁済により発生した過払金をその後に発生する新たな借入金債務に充当する旨の合意を含む場合（前記最判平19・6・7）（本章本節第3・2(1)ア(イ)（59頁）参照）には、同取引継続中は過払金充当合意が法律上の障害となり、過払金返還請求権の行使を妨げ、上記取引により生じた過払金返還請求権の消滅時効は、過払金返還請求権の行使について上記内容と異なる合意が存在するなど特段の事情がない限り、取引終了時から進行するとする最高裁判例が示された（最判平21・1・22民集63巻1号247頁・判時2033号12頁・判タ1289号77頁、最判平21・3・3判時2048号9頁・判タ1301号116頁、最判平21・3・6判時2048号9頁・判タ1301号116頁、最判平21・7・17判時2048号9頁・判タ1301号116頁）[26]。

3　過払金発生可能性通知と時効中断

　弁護士等を代理人とする債務整理手続着手通知、過払金発生可能性告知、利息制限法所定利率による引き直し計算のための取引履歴等送付申請の通知書の貸金業者に対する送付について、それを受けた貸金業者としては、取引履歴の開示を行うと、当然、通知書を送付した借主から過払金返還請求がなされるであろうことは、通常、十分に予測ができるといえるから、同通知書は過払金を請求するという原告の意思を被告に対し告知しているものと解するのが相当であり、同通知書は、民法153条の「催告」に該当し、時効中断

---

*26　前記最判平21・1・22は、いわゆるカードローンの基本契約に基づく借入金債務につき利息制限法所定の制限を超える利息の弁済により過払金が発生した場合には、他の借入金債務が存在しなければ、これをその後に発生する新たな借入金債務に充当する旨の合意を含むと解されている（前記最判平19・6・7）が、そのような基本契約に基づく継続的金銭消費貸借取引における過払金返還請求権の消滅時効に関して、以下のように判示した。

　「このような過払金充当合意においては、新たな借入金債務の発生が見込まれる限り、過払金を同債務に充当することとし、借主が過払金に係る不当利得返還請求権（以下「過払金返還請求権」という。）を行使することは通常想定されていないものというべきである。したがって、一般に、過払金充当合意には、借主は基本契約に基づく新たな借入金債務の発生が見込まれなくなった時点で、すなわち、基本契約に基づく継続的な金銭消費貸借取引が終了した時点で過払金が存在していればその返還請求権を行使することとし、それまでは過払金が発生してもその都度その返還を請求することはせず、これをそのままその後に発生する新たな借入金債務への充当の用に供するという趣旨が含まれているものと解するのが相当である。そうすると、過払金充当合意を含む基本契約に基づく継続的な金銭消費貸借取引においては、同取引継続中は過払金充当合意が法律上の障害となるというべきであり、過払金返還請求権の行使を妨げるものと解するのが相当である。

　借主は、基本契約に基づく借入れを継続する義務を負うものではないので、一方的に基本契約に基づく継続的な金銭消費貸借取引を終了させ、その時点において存在する過払金の返還を請求することができるが、それをもって過払金発生時からその返還請求権の消滅時効が進行すると解することは、借主に対し、過払金が発生すればその返還請求権の消滅時効期間経過前に貸主との間の継続的金銭消費貸借取引を終了させることを求めるに等しく、過払金充当合意を含む基本契約の趣旨に反することとなるから、そのように解することはできない（最高裁平成17年㊤第844号同19年4月24日第三小法廷判決・民集61巻3号1073頁、最高裁平成17年㊤第1519号同19年6月7日第一小法廷判決・裁判集民事224号479頁参照）。

　したがって、過払金充当合意を含む基本契約に基づく継続的な金銭消費貸借取引においては、同取引により発生した過払金返還請求権の消滅時効は、過払金返還請求権の行使について上記内容と異なる合意が存在するなど特段の事情がない限り、同取引が終了した時点から進行するものと解するのが相当である」。

の効力が生じていると解されるとした裁判例がある（大阪簡判平21・6・24消費者法ニュース81号134頁）。

4　時効完成後の過払金返還請求権を自働債権とし貸金債権を受働債権とする相殺

民法508条（時効に消滅した債権を自働債権とする相殺）による相殺にあたっては、債権（過払金返還請求権）の時効消滅前にいったんは過払金返還請求権と貸金返還請求権が相殺適状にあったことを要し、過払金返還請求権と、その消滅時効（利息制限法所定の制限を超える利息の弁済による過払金をその後に発生する新たな借入金債務に充当する合意を含む継続的金銭消費貸借に基づく貸金返還請求権の消滅時効）は取引終了時から進行する（最判平21・1・22民集63巻1号247頁等。上記2（65頁）参照）。期間10年経過後に生じた貸金返還請求権とは、過払金返還請求権の消滅時効前に相殺適状にあったことはないことになるから、同条による相殺はできないことになる。

また、時効が成立した過払金返還請求権を自働債権とし、他の貸金債権を受働債権として相殺するには、受働債権である貸金債権が、過払金返還請求権の消滅時効が完成する前に発生し、時効が完成する前に弁済期が到来し、相殺の意思表示時点で、弁済等により消滅せずに存在している必要があると考えられる[27]。

そして、当初の貸金取引について過払いが生じ（当該過払金返還請求権は期限の定めのない債権として弁済期にあることになる）、その後に継続的貸金取引が生じた場合、①当該貸付け当初の時点を相殺適状とする見解と、②継続的貸金取引は、金額が変動し確定しないので、相殺適状時は当該取引終了時まで繰り下がり、相殺の意思表示の遡及効は当該取引終了時までしか遡及しな

---

[27] 最判昭54・7・10民集33巻5号533頁・判時942号42頁・判タ399号132頁は、「相殺適状は、原則として、相殺の意思表示がされたときに現存することを要するのであるから、いったん相殺適状が生じていたとしても、相殺の意思表示がされる前に一方の債権が弁済、代物弁済、更改、相殺等の事由によって消滅していた場合には相殺は許されない（民法508条はその例外規定である。）、と解するのが相当である」と判示した。

いとする見解（岡口『要件事実マニュアル4巻〔3版〕』11頁）がある[*28]。

5　貸金業者の過払金返還請求権の消滅時効援用と信義則違反

　過払金返還請求権の消滅時効期間経過の約4カ月前から借主が貸金業者に対し取引履歴開示請求をし、貸金業者が当該消滅時効期間経過後約1カ月してから取引履歴を開示し、借主からの過払金返還請求訴訟において、貸金業者が当該過払金返還請求権の消滅時効を援用したことについて、当該貸金業者としては取引履歴開示請求があったということは不当利得返還請求がされることは当然予想され、最終取引から10年が経過することは容易に認知でき、このような場合、貸金業者には借主に何らかの連絡をすべき義務があり、これをせずに消滅時効期間を経過させた貸金業者が消滅時効の援用をすることは信義則上許されないとした裁判例がある（八王子簡判平20・4・24消費者法ニュース77号82頁）。

第5　免責後の過払金返還請求

　借主が破産した場合、過払金返還請求を有していたのであれば、破産手続で過払金の回収がなされ、債権者に配当するのが原則となる。しかし、破産手続において、過払金返還請求権の存在が見逃されて手続が終了することもあり、過払金返還請求権を有する借主が破産をして免責決定を受けた後に、

---

*28① 　東京高判平12・7・24判時1747号104頁・判タ1071号197頁は、「控訴人は、債務者は期限の利益を放棄することができるから相殺の効果は別口の貸金債権発生の時まで遡及すると主張するが、期限の利益とは期限の到来までに債務者が受ける利益のことであるから、本件のように期限到来後にされた相殺について期限の利益の放棄を問題とする余地はない」と判示した。

② 　山形地酒田支判平20・2・14判時1998号101頁は、「原告について過払金返還請求権が生じた後、原告が被告から貸付を受けた時点において、過払金返還請求権と貸金債権について対当額において相殺適状が生じるが、その後の有効な弁済により貸金債権が消滅した部分に関しては、弁済により一旦生じた上記の相殺適状が消滅したということになるから、弁済により消滅した貸金債権部分については相殺そのものができないと解される」と判示した。

第2節　過払金返還請求（不当利得返還請求）について

当該借主が過払金返還請求権を行使することができるかが問題となった事例がある。これについては、以下のような裁判例がある。
① 　破産手続が終了し、借主が免責を受けた後に貸金業者が取引内容を開示した事例において、借主が破産申立てをした際に貸金業者に対し不当利得返還請求権を有していたと認識していたことがうかがわれないとして、破産免責後の過払金返還請求が信義則に反し、権利の濫用と認めることもできないとした（東京高判平15・4・14消費者法ニュース60号114頁）。
② 　破産手続において貸金債務のあることを自認し、過払金返還請求権の存在を申告しなかったことは、貸金業者に対する過払金返還請求権を行使する関係で禁反言に反するとはいえないとした（東京地判平15・5・21消費者法ニュース60号117頁）。
③ 　破産申立手続においては、申立人（借主）は破産手続開始決定を受けることにより法律上の不利益を受けるのであって、利息制限法所定の制限利率に基づいて計算すると、債務が消滅し、過払いの状態となっているかどうかまでの調査・申告を義務づけられていないこと、貸金業者は、借主が過払金の存在を申告しないまま、破産手続開始決定・免責決定を受けた行為を信頼したために、何らかの不利益を被ったというわけではないことなどの事情に照らすと、借主が不当利得返還請求権を行使することが、貸金業者に対する関係で信義則に反するとはいえないとした（東京地判平16・11・29消費者法ニュース62号63頁）。
④ 　約300万円の過払金返還請求訴訟提起後に代理人弁護士により申し立てられた破産において、破産裁判所に当該訴訟の存在を告知する必要があったのに告知をすることなく破産同時廃止、免責決定を受けたことは、財産のある場合には管財人を選任して換価・配当を行う破産法の立法趣旨に抵触することになるが、このような行為は、破産手続における破産裁判所に対する問題行動であり、免責取消事由に該当するというこ

とであれば破産債権者が免責決定取消申立てを破産裁判所にすれば足り、過払金返還請求訴訟の民事手続に何らの影響を与えるものではなく、過払金返還請求訴訟を維持したことは、信義則に反しないとした（札幌高判平17・6・29判タ1226号333頁）。

破産法では、99万円の金銭は、破産者の自由財産とされ、破産財団に属しないとされていること（破34条3項1号・民執131条3号・民執令1条）も、上記の判断に影響を与えると思われる。

また、これらの裁判例は、破産手続において、借主が貸金業者に対する貸金債務として届出をし、破産手続終了後に過払金返還請求権の存在が判明した事例が多いと思われる。最近では、一定期間サラ金業者との取引があれば、過払金返還請求権が存在する可能性が高いことが判明しているので、債権者に配当すべき過払金返還請求権の存在の可能性があれば、破産手続内で処理されているのが通常であると思われる。

第6　過払金返還請求と不法行為[29]

貸金の過払金返還請求において、10年の消滅時効（民167条）[30]により消滅した不当利得返還請求権について、貸金業法施行前の貸金についての資金業者の過払金となる弁済金の受領行為は、債務者である借主の無知に乗じ、適法に保持し得ない金員を収受するものであるから、社会的相当性を欠く違法な行為といわざるを得ないなどとして、民法709条の不法行為を構成するとして[31]、利息制限法所定の上限利率を超える弁済金相当の損害金とそれに対する損害発生の日（各弁済日）以降年5分の割合による遅延損害金の支払いを認めた裁判例があった（神戸地判平19・11・13判時1991号119頁・判タ

---

[29]　貸金業者の取引履歴等開示義務については、本章第1節第8（45頁）参照。
[30]　過払金返還請求権（不当利得返還請求権）の消滅時効については、本章本節第4（64頁）参照。
[31]　不法行為による損害賠償請求権の期間制限については、被害者等が損害および加害者を知った時から3年間、不法行為時から20年間とされている（民724条）。

1290号190頁)。

　これについては、貸金業者が、利息制限法の制限利率を超える利息として支払われた制限超過の弁済を受けたことにより結果的に過払金が多額になったことのみでは、直ちに不法行為を構成するということはできず、不法行為を構成するのは、貸金支払請求ないし受領が、暴行・脅迫等を伴うものであったり、貸金業者が、当該貸金債権が事実的・法律的根拠を欠くものであることを知りながら、または通常の貸金業者であれば容易にそのことを知り得たのに、あえてその請求をしたなど、その行為の態様が社会通念に照らして著しく相当性を欠く場合に限られ、そのことは、貸金業者が過払金の受領につき民法704条所定の悪意の受益者であると推定される場合も同様であるとする最高裁判例が出された（最判平21・9・4（平21受47）民集63巻7号1445頁・判時2058号59頁・判タ1308号111頁)。この事例では、平成9年1月13日最終取引の過払金について、平成18年改正法施行前の貸金業法旧43条1項により、利息制限法1条1項所定の制限利率を超える利息として支払われた制限超過部分について一定の要件の下にこれを有効な弁済とみなされていた状況下で、下級審の裁判例の見解が分かれていて、最高裁の判断も示されていなかったものについて、貸金業者が悪意の受益者であると推定されるとしても、貸金業者が過払金を受領し続ける行為は不法行為を構成しないとした。

第7　民法704条後段の損害

　不当利得制度は、ある人の財産的利得が法律上の原因ないし正当な理由を欠く場合に、法律が公平の観念に基づいて受益者にその利得の返還義務を負担させるものであり（最判昭49・9・26民集28巻6号1243頁参照）、不法行為に基づく損害賠償制度が、被害者に生じた現実の損害を金銭的に評価し、加害者にこれを賠償させることにより、被害者が被った不利益を補てんして、不法行為がなかった時の状態に回復させることを目的とするものである（最大判平5・3・24民集47巻4号3039頁参照）のとは、その趣旨を異にする。不当

第1章　賃金について

利得制度の下において受益者の受けた利益を超えて損失者の被った損害まで賠償させることは同制度の趣旨とするところとは解しがたいのである。

したがって、民法704条後段の規定は、悪意の受益者が不法行為の要件を充足する限りにおいて、不法行為責任を負うことを注意的に規定したものにすぎず、悪意の受益者に対して不法行為責任とは異なる特別の責任を負わせたものではないと解される（最判平21・11・9民集63巻9号1987頁・判時2064号56頁・判タ1313号112頁）ので、過払金返還請求訴訟における弁護士費用等の請求も、貸金業者の行為が不法行為に当たるかどうかで判断されることになる[32]。

第8　貸付金返還額全額についての返還請求

ヤミ金会社等から違法な金利で金銭の借入れをした借主が、不当利得返還請求または不法行為に基づく損害賠償請求により、当該ヤミ金会社等に支払った金員の返還を求めることがある。この場合、借主がヤミ金会社等から交付を受けた貸金額を差し引くことができるかが問題となる。

金銭の貸付けを行う者が、年109.5％（2月29日を含む1年については年109.8％。1日当たり0.3％）を超える割合による利息・損害金の契約をしたときは、5年以下の懲役もしくは1000万円以下の罰金に処され、またはこれを併科される（出資5条1項）（金銭の貸付けを行う者が業として金銭の貸付けを行う場合に、年20％を超える割合による利息の契約をし、当該割合による利息の受領をし、またはその支払いを要求した者は、5年以下の懲役もしくは1000万円以下の罰金に処され、またはこれを併科される（同条2項））。そして、貸金業を

---

[32]① 前記最判平21・11・9　民法704条後段に基づく過払金返還請求訴訟に係る弁護士費用相当額の損害賠償等の請求を棄却した。
　② 札幌高判平19・4・26判時1976号60頁　貸金業者の利息制限法所定の制限を超える利息の支払請求は架空請求であり不法行為を構成し、貸金業者が過払金返還に応じなかったことにより、弁護士に委任して過払金返還の不当利得返還請求訴訟を提起せざるを得なくなったとして、過払金280万467円の事例において弁護士費用30万円を民法704条後段の損害として認めた。

営む者が業として行う金銭消費貸借契約において、同様の契約をしたときは、当該消費貸借契約は無効であるとされる（貸金42条）。したがって、貸金業を営む者が業として行う金銭消費貸借契約においては、年109.5％（2月29日を含む1年については年109.8％。1日当たり0.3％）を超える割合を超える利息等の契約をした場合、利息等を一切請求することができないことになる。

これについては、「民法708条は、不法原因給付、すなわち、社会倫理、道徳に反する醜悪な行為（以下「反倫理的行為」という）に係る給付については不当利得返還請求を許さない旨を定め、これによって、反倫理的行為については、同条ただし書に定める場合を除き、法律上保護されないことを明らかにしたものと解すべきである。したがって、反倫理的行為に該当する不法行為の被害者が、これによって損害を被るとともに、当該反倫理的行為に係る給付を受けて利益を得た場合には、同利益については、加害者からの不当利得返還請求が許されないだけでなく、被害者からの不法行為に基づく損害賠償請求において損益相殺ないし損益相殺的な調整の対象として被害者の損害額から控除することも、上記のような民法708条の趣旨に反するものとして許されないものというべきである」として、年利数百％〜数千％のヤミ金融事件において、著しく高利の貸付けという形をとって借主らから元利金等の名目で違法に金員を取得し、多大の利益を得るという反倫理的行為に該当する不法行為の手段として、各店舗から借主らに対して貸付けとしての金員が交付されたというのであるから、当該金員の交付によって借主らが得た利益は、不法原因給付によって生じたものというべきであり、同利益を損益相殺ないし損益相殺的な調整の対象として借主らの損害額から控除することは許されないとした最高裁判例が出された（最判平20・6・10民集62巻6号1488頁・判時2011号3頁・判タ1273号130頁）[33]。

---

[33]① 札幌高判平17・2・23判時1916号39頁　利息が年利1200％となる金銭消費貸借契約における借主が、主位的に不法行為による損害賠償請求権に基づき、予備的に不当利得返還

第9　貸金の譲渡・貸金業者の倒産と過払金返還請求権

1　貸金業者の営業譲渡等と過払金返還請求権

(1)　営業譲渡・事業譲渡と過払金返還請求権

　営業譲渡や事業譲渡の場合、譲受人が譲渡人の商号を続用していれば、譲受人は営業によって生じた債務につき弁済の責めを負う（商17条1項、会社22条1項）から、貸金業者から貸金関係について営業譲渡を受けた譲受人に対し、当該貸金から生じた過払金返還請求をすることができる。

　これについては、貸金の譲渡会社が営業譲渡した後破産し、貸金の借主に対し債権譲渡の通知をした事例において、実質的に譲受会社が譲渡会社を吸収合併したに等しいとして、「貸金業者と消費者金融を利用する者との取引によって生じる貸金債権は、平成18年法律第115号改正法施行（平22・6・18施行）前の貸金業法旧43条1項の要件が満たされれば貸金業者に貸金債権が認められるが、その適用がない時には利息制限法による引き直し計算がされて過払金が生じ、貸金業者がその返還債務を負うという性質のものであるから、このような性質の債権はその債務と表裏一体の関係にあるというべきであり、本件において営業譲渡を受けたことにより、譲受会社は、原則として、このような消費貸借取引から生じている債権債務を一体として、このような契約上の地位を譲り受けたものと解するのが相当であり、譲受会社がいうように、既発生の過払金返還請求権は、独立の支分債権としての契約上の地位から離脱しているとの主張は、採用することができない」とし、「本件営業譲渡により、譲受会社は、原則として、譲渡会社から、このような取引

　　　請求権に基づき、貸主に支払った元利金全額の損害ないし返還を求めた事案において、貸主に対し、借主が支払った元利金全額の支払いを命じた。
　②　和歌山簡判平19・3・15消費者法ニュース72号142頁　年金受給権の譲渡・担保設定・差押えの禁止に反する年金担保貸付けが公序良俗に反するとして貸付返済額全額について返還請求を認めた。

から生じている契約上の地位を譲り受け、その債権債務を一体として引き継いだと解するのが相当であり、譲受会社が、このような地位から過払金返還請求債務を切り離して譲渡を受けるには、これを切り離すことに対する債務者の承認等、特別の理由が必要であると解される」と判示した事例がある（大阪高判平18・8・29消費者法ニュース69号92頁。同旨裁判例として、東京高判平18・5・17消費者法ニュース69号97頁がある（譲渡会社の営業が事実上不可能な状態に至り、営業譲渡から約3カ月後に解散し、それまでの貸付債権につき過払金債務の発生が予想しうるにもかかわらず、その返還の措置を何ら講じないまま、清算を結了した事例において、同様の判断を示した））。

　これについて、最高裁は、貸金業者間の貸金債権等の譲渡については契約実行時以降のものを承継し、金銭消費貸借契約上の義務・債務（支払利息返還請求権を含む）を承継しないなどとする営業譲渡契約等の事例において、貸金業者〔譲渡業者〕が貸金債権と一括して他の貸金業者〔譲受業者〕に譲渡する旨の合意をした場合において、譲渡業者の有する資産のうち何が譲渡の対象であるかは、上記合意の内容いかんによるというべきであり、それが営業譲渡の性質を有するときであっても、借主と譲渡業者との間の金銭消費貸借取引に係る契約上の地位が譲受業者に当然に移転すると解することはできないとした（最判平23・3・22最高裁HP、最判平23・7・7最高裁HP、最判平23・7・8最高裁HP）。そして、借主と譲渡業者との間の金銭消費貸借取引の係る基本契約が、過払金が発生した場合にはこれをその後に発生する新たな借入金債務に充当する旨の合意を含むものであったとしても、借主は当然の貸金債権の一括譲渡の前後を通算して弁済金の充当計算をして過払金の返還を請求する利益を有するものではなく、このような利益を喪失することを根拠に、譲受業者が上記取引に係る過払金返還債務を承継すると解することもできないとした（前記最判平23・7・7、前記最判平23・7・8）[34]。

[34]　ただ、これについては、貸金債権の資産譲渡契約が、譲渡人に対し、顧客（借主）との取引記録を譲受人への引渡し、顧客（借主）との取引の禁止、顧客（借主）の取引履歴等の破

(2) 免責登記と過払金返還請求権

　また、商法17条2項では、譲受人が譲渡人の商号を続用していれば譲受人は営業によって生じた債務につき弁済の責めを負う旨の同条1項の規定は、営業を譲渡した後、遅滞なく、譲受人が譲渡人の債務を弁済する責任を負わない旨を登記した場合には、適用しないとしており（事業譲渡における会社22条2項も同様）、免責の登記を行っていることを理由に、譲受会社が過払金返還を拒む場合もある。

　これについては、商号続用の場合に譲渡人の営業によって生じた債務について営業の譲受人もまたその弁済の責めに任ずる旨を規定した商法17条1項（会社22条1項）を前提としたうえで、過払金返還債務を含む譲渡人の債務について、営業譲渡の当事者間では、譲受人が引き受けないことを合意した営業譲渡契約について、譲受人は、消費者金融大手会社の100％子会社であり、利息制限法の制限利率を超える約定利息・遅延損害金のもとで貸付けを行っていたことから、営業譲渡の時点において、過払金返還債務が生じている可能性を十分に予想できていたといえ、譲受人の対応は、譲渡人における取引と譲受人における取引の一連性・継続性を前提としたうえで、譲受人としても、譲渡人から引き続いて、借主が利息制限法の制限利率を上回る約定利息・遅延損害金を弁済していたことに伴う利益を享受していたものといえ、それに対し、借主が、利息制限法に従い、元本充当計算をして、過払金を確定したうえ、円滑な債務整理を早期に行いたいと希望するのは、消費者金融の顧客として法律上認められた当然の権利行使といえるから、譲受人において、借主から過払金返還請求を受けた途端、譲渡人の過払金返還債務については免責登記をもって免責される旨主張することは、民法1条2項が定める信義に反する権利の行使といわざるを得ないとして、譲受人が、譲渡人の過

棄を命ずるものであり、それは、貸金業法19条に違反する取引履歴等の破棄をさせ、譲渡人との間での過払金返還に関する紛争解決を困難にするものであり、当該譲渡契約の過払金返還債務不承継条項の効力を主張することは、信義誠実の原則に反し、権利濫用であって、許されないとした裁判例がある（東京高判平23・1・19消費者法ニュース88号152頁）。

払金返還債務の支払義務を負うとした裁判例がある（津地判平18・8・17消費者法ニュース70号83頁）。ただ、この事例においても、前記最判平23・3・22（上記(1)参照）の趣旨から考えて、これだけの事情のみでは、譲受人が譲渡人の過払金返還債務の支払義務を負うとすることは難しいと思われる。

2 貸金債権譲渡と過払金返還請求権

貸金業者が貸金債権譲渡契約を結び、貸金債権を他の業者に譲渡することがある。これについては、不当利得である過払金返還請求権は、貸金債権を基に発生するものではあるが、法律の規定によって発生する債権であり、貸金債権とは別の、譲渡人にとっての債務であり、貸金債権譲渡契約により、貸金債権とともに、過払金返還債務も当然に譲受人に承継されると解することはできないと思われる。借主が譲受人に対し過払金返還請求権を行使した場合、譲受人が譲渡人との貸金取引で生じた過払金については承継していないと主張されることが多い。

借主の意識としては、旧・新業者の働きかけによる契約の切替えという方法で貸主が旧業者から新業者に代わった場合、特に新取引が始まったという認識はなく旧業者からの取引が続いているものと考え、旧業者の下で発生した過払金返還債務も新業者に引き継がれるものと考えている場合が多いと思われる。これについての裁判例では、新業者による債務の引受け（大阪高判平21・3・5消費者法ニュース79号99頁、東京高判平23・4・21判タ1345号175頁、東京高判平22・7・15判タ1340号173頁）や契約上の地位の承継（美馬簡判平22・2・25消費者法ニュース84号133頁、名古屋高判平22・4・15消費者法ニュース86号55頁、名古屋高判平22・7・22消費者法ニュース86号60頁）を認定したものがある。しかし、新たな業者との間での契約締結であれば、特段の事情のない限り、それは旧取引とは別個のものであり、旧業者の下で発生した過払金債務は承継することはないとも考えられる。新業者の併存的債務引受けにおける受益の意思表示（民527条2項）については、第三者（借主）が引受人（新業者）に対し請求その他債権者としての権利を行使したと認められる

ことが必要である。これについては、新業者の下で残高確認書兼振込代行申込書に署名したことなどの切替契約等における借主の行為をもって、借主が引受人である新業者に請求その他の権利を行使し、受益の意思表示をしたことを肯定した裁判例（前記東京高判平23・4・21、前記東京高判平22・7・15）と否定した裁判例（東京高判平22・9・29判タ1339号152頁）がある。訴え提起によって、受益の意思表示をすることは可能であろうが、現実の事例では、新業者が併存的債務引受契約を締結した後、訴え提起前に新業者が利息返還債務等の責任を負わない旨契約の切替えをしている事例が多い。また、これについての裁判例では、①金銭消費貸借の基本契約が締結され、過払金充当合意が認められるような場合は、みなし弁済が成立すれば貸金業者に貸金債権が認められ、みなし弁済が成立しなければ利息制限法の上限金利で引き直しされて貸金業者が過払金返還債務を負うものになる関係で密接に関連しており、同時に存在し得ないものであって、これらを切り離して別々に処分することは原則としてできない関係にあり、譲渡の時点で過払金返還債務を除外することは、借主は過払金総額が減少する不利益を受けるのであるから、借主の承諾がなければならず、借主の承諾を得たとは認められないとして、過払金返還債務の承継を否定できないとしたもの（名古屋高判平22・4・15消費者法ニュース86号55頁）や、②貸金債権と過払金返還債務は表裏一体の関係にあり、新業者による過払金返還債務を引き継いでいないとの主張を信義則に反し許されないとしたもの（高松簡判平22・3・23消費者法ニュース84号136頁）もある。

これについての裁判例は、以下のとおりである。

(1) **大阪高判平21・3・5消費者法ニュース79号99頁**

譲受人の債務者への督促状に譲渡人との契約関係を引き継いだような表示がされていること、債権の評価において過払金返還債務の負担を考慮したと考えられること、貸金基本取引契約の当事者の合意によらずに過払金債務のみを切り離すことは当事者の意思に反すること、譲渡人の解散・清算結了が

貸金債権等売買契約から3カ月で行われていたことからそれが貸金債権等売買契約の際には予定されていたことなどから、貸金債権等売買契約条項に明示されていなくとも、譲渡人と譲受人の間において、顧客の譲渡人に対する過払金返還債務を引き受ける旨の合意があったとして、貸金譲渡人の顧客の譲受人に対する過払金返還請求を認めた。

(2) 大手サラ金会社が子会社等から貸金債権譲渡を受けた事例

① 美馬簡判平22・2・25消費者法ニュース84号133頁

譲渡会社は譲受会社の子会社で貸金業を廃止しており、譲渡会社は譲受会社に契約を切り替えてもらわなければならないとの趣旨のことを言い、譲受会社と借主との間の金銭消費貸借契約における貸付金は、譲受会社の借主に対する指示で、残高確認書兼振込代行申込書に基づき譲渡人に対する残債務の弁済がされた事例において、譲受会社が譲渡会社から契約上の地位を承継して譲渡会社との取引を引き継いだものであり、信義則上、譲受会社は、借主に対し、借主と譲渡会社間の取引と借主と譲受会社間の取引が別個の取引であるといって、借主の請求を争うことは許されず、借主と譲渡会社間の取引と借主と譲受会社間の取引は一連一体のものであると評価でき、借主の譲渡会社および譲受会社との取引の一連の充当計算は理由があるとして、原告の請求を認めた。

② 高松簡判平22・3・23消費者法ニュース84号136頁

借主は譲渡会社担当者から「譲渡会社がなくなるので今後は譲受会社へ返済してくれ」と言われ、契約書の書き替えを指示され、譲受会社でその旨告げ、譲受会社従業員の言われるままに譲受会社カード基本契約を締結し、それに基づく貸付金について譲渡会社あての残高確認書兼振込代行申込書を譲受会社に交付し、同貸付金を譲渡会社口座に振り込み、譲渡会社は貸金業を廃業した事例において、譲渡会社の借主に対する過払金返還債務は引き継いでいないとの譲受会社の主張について、利息制限法の制限超過部分だけを廃業予定の譲渡会社に留保することによ

り、譲渡会社および譲受会社がともにその責任を免れることを企図したものとして、一般消費者の利益を一方的に害する不公正なものというべきであり、一連一体の取引であることを否定することは信義則に反するものであり、クリーンハンズの原則からも許されないとし、借主と譲渡会社との間の基本契約に基づく継続的金銭消費貸借取引に関する一切の債権債務が、譲受会社とのカード基本契約の締結により、被告（譲受会社）に承継されたものと評価すべきであるとして、借主の譲渡会社および譲受会社との取引の一連の充当計算による原告（借主）の請求を認めた。

③　名古屋高判平22・4・15消費者法ニュース86号55頁

譲受会社が、譲渡会社との資産譲渡契約では貸金債権の譲渡の合意はあるが、契約上の地位や借主に対する過払金返還債務の承継の合意はないとの主張をしたのに対し、以下のように判示した。

資産譲渡契約では、譲受会社は、貸金債権だけでなく、顧客データ等を包括的に承継し、譲渡会社は競業避止義務を負い、譲渡会社は融資業務を廃止していたこと等にかんがみれば、譲渡会社と譲受会社は営業譲渡契約を締結したものと解され、特段の事情のない限り、債権のみならず、契約上の地位も譲受人に移転したものというべきであり、貸金債権と過払金債務の表裏一体の密接な関係性にかんがみれば、借主の貸金債権譲渡についての異議なき承諾は、消費貸借契約上の地位の移転についての承諾の趣旨を含むものと解するのが相当である。

継続的金銭消費貸借取引においては、みなし弁済が成立すれば貸金業者に貸金債権が認められ、みなし弁済が成立しない場合は貸金業者が過払金返還債務を負うことになる関係にあり、貸金債権と過払金返還債務は表裏一体の関係で密接に関連しており、かつ同時に存在し得ないものであって、これらを切り離して別々に処分することは原則としてできない関係にあるというべきである。過払金返還債務を貸金債権と区別して

承継の対象から除外する場合は、借主は過払金返還請求の利益を失うのであるから、借主の承諾がなければならないというべきであり、その承諾を得ていなければ、譲受会社が譲渡会社の過払金返還債務の承継を否定することはできない。

④　東京高判平22・7・15判タ1340号173頁

　　譲受会社および譲渡会社間の業務提携契約において、譲渡会社の顧客に対し負担する利息返還債務等譲渡会社が顧客に対し負担する一切の債務について、譲受会社・譲渡会社双方が連帯してその責めを負うものとし、これにより生じた譲受会社と譲渡会社の連帯債務における負担割合は譲受会社０割、譲渡会社10割とする旨の条項が定められ、借主は譲渡会社と継続的な金銭消費貸借取引を行っていたが、譲受会社からの切替契約締結の勧誘により、切替契約をし、譲渡会社に対する約定債務を譲受会社が借主に代行して譲渡会社に振り込む旨の残高確認書兼振込代行申込書を作成し、譲受会社の借主に対する貸付金が譲渡会社の口座に振り込まれたことなどから、上記債務引受条項は、譲受会社が、譲渡会社が顧客に対して負担する過払金に係る不当利得返還債務等譲渡会社が顧客に対して負担する一切の債務について譲受会社が譲渡会社と連帯して重畳的に債務を引き受けることを約した顧客を第三者とする第三者のためにする契約と解すべきであり、借主は譲渡会社と切替契約を締結した顧客であり、当該条項における第三者に該当し、借主と譲受人との間の切替契約締結等における借主の行為をもって借主は民法537条所定の契約の利益を享受する意思を表示したものと認めることができるから、譲受会社は、借主との間で切替契約を締結した時点で、借主と譲渡会社との間の継続的金銭消費貸借取引により生じた過払金に係る不当利得返還債務等の重畳的債務引受をしたものと解すべきである。

⑤　名古屋高判平22・7・22消費者法ニュース86号60頁

　　譲受会社および譲渡会社間の業務提携契約において、譲渡会社の顧客

第1章　賃金について

に対し負担する利息返還債務等譲渡会社が顧客に対し負担する一切の債務について、譲受会社・譲渡会社双方が連帯してその責めを負うものとし、これにより生じた譲受会社と譲渡会社の連帯債務における負担割合は譲受会社0割、譲渡会社10割とする旨の条項が定められ、その後、譲渡会社が顧客と譲受会社との切替契約締結時までに顧客に負担していた利息返還債務等譲渡会社が顧客に対して負担する一切の債務は譲渡会社のみが負い、譲受会社は何らの債務・責任を負わないものと変更されたものについて、譲渡会社から譲受会社に対して一定の顧客情報が承継されており、切替えの対象とされた顧客については継続的な取引がなされることを当然の前提とし、譲受会社が借主に金銭を貸し付ける際、借主に関する実質的与信審査をした形跡がなく、借替手続の際借主は譲受会社から金銭を現実に受領しておらず、譲受会社から譲渡会社に直接振込送金がなされ、切替えに応じた借主としても、譲渡会社との間でなされていた取引と同様の継続的金銭消費貸借取引が、譲受会社との間でも維持されるとの認識を有していたことなどの事情を総合すると、本件の借替手続は、譲受会社が借主に対し、譲渡会社が借主に対し借入金返済資金を貸し付けたものではなく、譲渡会社から譲受会社に対して、契約内容の一部変更（約定利率の変更）を伴う契約上の地位の承継がなされたものと認めるのが相当である。そして、譲受会社において、借主が、譲渡会社・譲受会社間の譲渡会社が顧客に対して負担する利息返還債務等について譲受会社が譲渡会社と連帯してその責めを負うとする併存的債務引受条項の存在を知らないとか、その後譲受会社は譲渡会社が顧客に対して負担する利息返還債務等について何らの債務・責任を負わないと変更合意したとして当該併存的債務引受条項は消滅したと主張して、過払金返還債務の履行を拒否することは、信義則に反して許されない。

上記1(1)でも述べたように、これについて、最高裁は、貸金業者間の貸金債権等の義務については契約実行時以降のものを承継し、金銭消費貸借契約

上の義務・債務（支払利息返還請求権を含む）を承継しないなどとする資産譲渡契約事例において、貸金業者〔譲渡業者〕が貸金債権と一括して他の貸金業者〔譲受業者〕に譲渡する旨の合意をした場合において、譲渡業者の有する資産のうち何が譲渡の対象であるかは、上記合意の内容いかんによるというべきであり、それが営業譲渡の性質を有するときであっても、借主と譲渡業者との間の金銭消費貸借取引に係る契約上の地位が譲受業者に当然に移転すると解することはできないとした（前記最判平23・3・22、前記最判平23・7・7、前記最判平23・7・8）。

3　貸金業者の倒産手続と過払金返還請求権

　破産手続においては、債権者以外の者が破産手続開始の申立てをするときは、債権者一覧表を裁判所に提出しなければならず（破20条2項、破規14条1項・2項）、破産者が知りながら債権者名簿に記載しなかった請求権は非免責債権とされ（破253条1項6号）、民事再生手続においては、再生債務者等は、届出がされていない再生債権があることを知っている場合には、当該再生債権について、自認する内容等を認否書に記載しなければならず（民再101条3項、民再規38条2項）、再生債務者が届出のされていない再生債権があることを知りながら、これを認否書に記載しなかった債権や、再生債権者の責めに帰することができない事由により債権届出期間内に届出をすることができなかった債権について、再生計画認可の決定の確定後も失権しないとされている（民再181条）。これに対し、平成14年法律第154号による改正前の会社更生法では、失権についての例外規定を設けていない。

　これについては、平成14年法律第154号による改正前の会社更生法241条の更生債権等の免除等の規定の関係で、①継続的な金銭消費貸借取引において発生する過払金は取引終了時に発生した1個の債権として認識すべきであり、同条の適用によって自然債務化することはないとした裁判例（神戸地判平20・2・13判時2002号132頁）や、②更生手続前の過払金債権は更生債権であるが、保全管理人・管財人は、過払金債権者が多数存在することを認識し

ながら、過払金債権者を含むカード会員にカードがこれまでどおり使える旨の広告を新聞に掲載するなどして、手続をとる必要がない旨を黙示的に告知したということができ、債権届出がないことを理由とする失権主張は信義に反し許されないとした裁判例（大阪地判平20・8・27判時2021号85頁・判タ1278号326頁）があったが、同様の事案において、最高裁は、貸金業者である更生会社が、貸金債務者の過払金返還請求権が失権したと主張することは信義則に反するとも、権利濫用であるともいえないとした（最判平21・12・4判タ1323号92頁、最判平22・6・4判タ1330号85頁）。

　平成14年法律第154号による会社更生法の改正においては、民事再生法101条3項が採用した自認債権の制度と同様の制度について、その導入の是非が議論されたが、その制度は採用されなかった。そして、同改正の際に、会社更生規則42条が設けられ、管財人は、知れている更生債権者等であって、いまだ更生債権等の届出をしておらず、かつ、債権届出期間内に当該届出をしないおそれがあると認められる者に対し、当該債権届出期間の末日を通知しなければならないとした。この規定は、訓示規定であり、管財人が通知しなかったといっても失権の効果に直接影響するとはいえず、管財人が当該更生債権者等に対して当然に損害賠償責任を負うものとは解されない。ただ、当該会社更生規則42条の規定の存在は、更生会社が失権の主張をすることが信義則違反または権利濫用に当たるとする結論を採ることの一つの根拠とはなりうると思われる（髙橋讓・金法1906号22頁〜25頁）。

第10　和解・調停・決定等後の過払金返還請求

1　和解・調停の無効

　和解において、和解の前提となる事実に要素の錯誤がある場合には、民法95条により当該意思表示が無効となるとされている（最判昭33・6・14民集12巻9号1492頁）。たとえば、借主代理人弁護士等が、貸金業法旧43条のみなし弁済が成立しない可能性があることを十分に認識しながら貸金業者との間

でみなし弁済を前提とした和解をした場合、当該和解は原則として有効であると思われる（東京地判平17・10・21判タ1224号263頁、大阪高判平22・6・17判タ1343号144頁。これに対し、東京地判平11・9・28判タ1085号232頁は、債務整理を依頼され、利息制限法の制限利率で引き直し計算をすれば不当利得が生じている可能性を十分認識していたと認められる弁護士が、利息制限法の制限を超える内容の裁判外の和解による債務弁済契約を任意に締結したことについて、利息制限法1条1項に反する過払分の不当利得返還請求権を放棄することは、同法の趣旨にもとるものとして許されず、違法な約束であり、無効であるとした）。

　これに対し、貸金業者が取引履歴の一部を開示しないことによって成立した貸金債務についての準消費貸借契約について、利息制限法所定の利息制限を潜脱して、借主の損失により不正な利益を得るため、事情を知らない借主代理人弁護士を欺罔して締結させたものであるから、公序良俗に違反して無効であるとした裁判例がある（東京高判平18・10・25金商1254号12頁。同旨裁判例として、長野地判平20・11・19消費者法ニュース79号103頁がある）。

　また、貸金業者が取引履歴の一部を開示しないことなど貸金業者側に起因する事情によって、みなし弁済が成立しない場合に利息制限法所定の制限利率で引き直し計算をすることによる実際の貸金残債務等を正確に認識できないままに成立した調停について、要素の錯誤により成立したものであり、その動機は表示されているとして、無効であるとした裁判例がある（名古屋高判平22・10・28消費者法ニュース87号45頁）。

2　調停に代わる決定の無効

　民事調停において、当事者の一方が出頭しないが、当事者間で合意ができている場合等に、民事調停法17条の調停に代わる決定が行われることがある。そして、従前、利息制限法を超え、平成18年改正法施行前の貸金業法旧43条のみなし弁済が成立する範囲内の貸金について、利息制限法の制限利率に引き直し計算をすることなく、この決定が行われることもあったようである。このような決定について、貸金業法旧43条のみなし弁済が成立すること

はなかったのであり、そのような決定について、要素の錯誤あり無効であると主張されることがある。

　この決定の性質については、合意説と裁判説の両説がある。この17条決定に対して民法95条などの意思表示に関する規定が適用されるかどうかは、上記の法的性質論から直ちに導かれるものではないが、合意説は適用の結論に、裁判説は不適用の結論に結びつきやすい（大分地判平19・12・17判タ1270号320頁の解説参照）[*35]。

[*35](1)　調停に代わる決定について錯誤無効を認めた裁判例として、以下のものがある。
　① 　和歌山地新宮支判平18・5・25消費者法ニュース69号103頁　　民事調停法17条所定の調停に代わる決定が確定したときは、裁判上の和解と同一の効力として、調停と同様に原則として既判力を有するが、異議の申立てをしなかったことにつき、要素の錯誤等実体法上の瑕疵が認められる場合は、当事者は、再審によらずに当該決定の無効を主張することができると解するのが相当である。
　　　原告は、本件調停期日当時、すでに多重債務の状態にあったもので、自己の債務額が法律に従って処理され、その結果軽減されることを期待して本件調停を申し立てたのであって、その時点で過去の取引について通算して利息制限法所定の制限利率で引き直し計算をすれば、すでに過払いの状態にあったものと認められるところ、原告が、本件調停当時、そのような事実を認識していたのであれば、本件決定はなされず、あるいは本件決定につき異議の申立てをせずに確定させることはなかったものと認められ、本件決定は、その前提につき要素の錯誤があって無効であると解するのが相当であり、原告の被告に対する不当利得返還請求権としての過払金返還請求権は、本件決定の既判力による遮断を受けない。
　② 　那覇地判平19・5・9消費者法ニュース72号146頁　　借主の貸金業者に対する特定調停の17条決定における本件貸金取引に基づいて生じた債権債務関係が存しないことを相互に確認する清算条項は、貸金返還請求権のみならずそれを原因として生ずる借主の貸金業者に対する過払金を清算する趣旨で定められたものであるが、錯誤に基づいて17条決定に対する異議申立てをしなかった当事者は、その錯誤が要素に関するものと認められれば錯誤無効を主張をすることが可能であり、利息制限法に基づく引き直し計算をすれば過払金返還請求をすることができることを知らずに異議申立てをしなかったのは、錯誤に基づくものであり、50万円弱の過払金は少ない金額ではなく、一般人にとっても過払金を放棄するかどうかは重要な事項であるといえ、当該錯誤は要素に関するものといえ、借主に重過失もないとして、過払金返還請求を認めた。
　③ 　高松高判平21・9・10消費者法ニュース87号49頁　　17条決定に服するか否かを当事者から異議申立てがなされるか否かに係らしめていることに照らすと、私法上の契約と同様に要素の錯誤等による無効を主張することができ、一部の取引履歴しか開示されなかったために残債務を正確に把握することができなかった場合には、17条決定に異議を申し立てるか否かを判断する前提を欠き、債務者には残債務額に錯誤があり、重過失が

第2節　過払金返還請求（不当利得返還請求）について

あったともいえないとして、錯誤無効を認めた。
(2)　調停に代わる決定の錯誤無効を否定した裁判例として、大分地判平19・12・17判タ1270号320頁がある。判示は以下のとおり。
　「民法95条本文は、法律行為の要素に錯誤ある意思表示を無効とする規定であるところ、17条決定は裁判であり、裁判は裁判機関がその判断又は意思を法定の形式で表示する訴訟行為であって、当事者の意思表示を要素とする法律行為ではない。また、17条決定は当事者又は利害関係人の異議申立てによって失効するから（民事調停法18条2項）、その効力発生は当事者の意思に委ねられているということができるが、このことは、17条決定が当事者の意思表示を要素とすることを意味するものではない。
　そうすると、仮に、調停事件に関し当事者に何らかの錯誤があったとしても、当事者の意思表示を要素としない17条決定が、当該錯誤により無効となることは法的に見てあり得ないというべきである」。

87

第2章　保証について

第1　保証とは

1　保証契約

保証とは、債務者Ｂが、債権者Ａに対する債務の弁済ができないときに、ＣがＢに代わって弁済をする合意をすることである（民446条1項）。この場合のＢを主たる債務者〔主債務者〕といい、Ｃを保証人という。この保証は、債権者Ａと保証人Ｃとの間の契約である。

2　保証契約の書面性

(1)　保証契約の書面性

「民法の一部を改正する法律」（平成16年法律第147号。以下、「平成16年改正法」という）で、保証契約は、書面でしなければ、その効力を生じないとされた（民446条2項。平17・4・1施行）。保証人の保証意思が電磁的記録によるものである場合も、書面によるものとみなされる（同条3項）。

保証契約の書面性を要求する規定は、平成16年改正法施行前に締結された保証契約については、適用されない（平成16年改正法附則3条）。

(2)　保証契約の書面性の意味

保証契約の書面性は、保証人を保護するため、保証意思が外部的に明らかになっている場合に限り当該保証契約に法的拘束力を認めるという点にあるから、保証人の保証意思が書面によるものであれば足りるといえ、要件事実としては、保証契約における保証人の意思は、書面によるものである旨を示せばよいとされている。これに対し、保証契約の書面性は、保証契約書を作成するか、申込み・承諾ともに書面ですることを要求するものであるとの見解もある（『改訂紛争類型別の要件事実』39頁、村田ほか『要件事実論30講〔2版〕』277頁、岡口『要件事実マニュアル1巻〔3版〕』478頁、金『要件事実の理

解』119頁）*1。

3　保証契約の補充性──催告の抗弁権、検索の抗弁権

　保証債務は、主たる債務者が債務を履行できない場合に、これを補充するものである。これを保証債務の補充性という。このことから出てくるのが、催告の抗弁権と検索の抗弁権である。

　催告の抗弁権とは、保証人が、債権者から履行請求を受けたときに、主たる債務者が破産手続開始決定を受けているときまたは主たる債務者の行方が知れないときを除き、まず主たる債務者に催告をなすべき旨を請求することができる権利である（民452条）。

　また、検索の抗弁権とは、債権者が主たる債務者に対し催告をした後であっても、保証人が主たる債務者に弁済する資力があり、かつ、執行が容易であることを証明したときは、債権者はまず主たる債務者の財産に対して執行をしなければならないとするものである（民453条）。

　ただ、実務上出てくるのは、連帯保証人であり、この連帯保証人には、催告の抗弁権および検索の抗弁権が認められていない（民454条）。

第2　貸金等根保証契約

1　貸金等根保証契約とは

　実務上、貸金等において、一定の限度額の範囲内で、主たる債務者の一定の範囲の貸金等を保証する契約をすることがある。これについては、平成16年改正法で、貸金等根保証契約として条文ができ（民465条の2～465条の5）、同条文は、平成17年4月1日以降に成立した契約のみに適用される（平成16年改正法附則4条1項）。

　貸金等根保証契約とは、一定の範囲に属する不特定の債務を主たる債務と

---

*1　大阪地判平20・7・31判タ1288号97頁、控訴審大阪高判平20・12・10金法1870号53頁　名義貸しによって主債務者として署名押印した金銭消費貸借契約書は民法446条2項書面に該当するとした。

する保証契約であってその債務の範囲に金銭の貸渡しまたは手形の割引を受けることによって負担する債務〔貸金等債務〕が含まれるものをいい、当該保証人は、主たる債務の元本、利息、違約金、損害賠償その他の従たるものすべてのものおよびその保証債務について約定された違約金または損害賠償の額について、その全部に係る極度額を限度として、その履行をする責任を負うものである（民465条の2第1項）。当該貸金等根保証契約においては、当該極度額を定めなければ、その効力を生じないとされている（同条2項）。当該貸金等根保証契約の保証人は、自然人に限られる（同条1項）。

2　債権譲渡と限度額保証

上記1で述べたように、貸金等根保証契約等の極度額保証は、一定の範囲に属する不特定の債務を主たる債務とする保証契約であって、物的担保である根抵当権と同様に、保証債務の成立における附従性が制限されており（主債務が成立しなければ保証債務も成立しない）、随伴性もなく（主債務が移転すれば保証債務も移転する）、当該一定の範囲に属する債権が元本確定前に譲渡された場合、それに伴って極度額保証も移転するものではなく、譲渡された債権は、債権者が異なり、当該一定の範囲に属する債権ではなくなったということで、当該極度額保証の対象からはずれることになるのである（民398条の7参照）。極度額保証における債権者の地位の移転をするには、根抵当権と同様に、個々の債権譲渡は別の契約が必要となってくる（民398条の11参照）。

3　極度額保証の法的性質――債務制限か責任制限か

保証極度額が保証人の債務を限定するものとして理解すれば、貸金業者が、保証人に対する訴訟において、極度額保証であったことを主張すれば、保証人の債務の範囲を限定されたものとして自認していることになるので、その限度を超える保証人に対する請求は、主張自体失当として棄却されるべきものである。保証極度額が保証人の責任を限定するものと理解すれば、保証人の債務それ自体は主たる債務の全部を対象とするが、その責任は極度額

の範囲内で負えば足りることになる。この場合、保証人の責任が極度額の範囲にとどまることを主文で明らかにしておくのが望ましいと解される（滝澤『消費者取引関係訴訟の実務』180頁(2)。村田ほか『要件事実論30講〔2版〕』273頁*は、「貸金等根保証契約の対象となる債権が請求に係る債権だけであるとは限らないから、請求債権についてだけ限度額を明示しても必ずしも意味がない。判決の基準時（事実審の口頭弁論終結時）の後に、保証人の支払総額が限度額に達したことは請求異議事由となると解すれば不都合はないと考えられるから、主文で限度額を明示する必要はないといえるのではないだろうか」とする）。

　当事者の合意による制限の場合、いわゆる一部保証においても、主債務が当該一部について残存している以上、保証人がその支払いについて責任を負うという趣旨に解されるのが一般的であることも踏まえると、限度額保証についても、当該限度額までは、主債務が残存している以上、保証人が責任を負うという理解が相当ではないかと思われる（滝澤孝臣「包括根保証に係る保証人の債務ないし責任の制限をめぐる裁判例と問題点」判タ1129号54頁）。

　一般的にいって、信義則の適用によって金額的な制限あるいは割合的な制限が認められる場合には、その制限は、保証人の債務それ自体ではなく、責任が制限されると理解するほうが妥当ではないかと思われる（滝澤孝臣「包括根保証に係る保証人の債務ないし責任の制限をめぐる裁判例と問題点」判タ1129号55頁）*2。

第3　保証人と主債務者の関係

1　主債務について生じた事由の主張

(1)　保証債務履行請求における主債務に関する抗弁以下の攻撃防御方法の主張

　保証債務は主たる債務に付従しているため、主債務に関する抗弁以下の攻

---

*2　最判昭50・11・6金商492号7頁・金法777号27頁　継続的保証契約に基づく連帯保証人に対する請求を一部認容した前訴判決が金額的な有限責任を認めた趣旨であるとされた。

撃防御方法が、保証債務に関しても攻撃防御方法となる（加藤ほか『要件事実の考え方と実務〔2版〕』247頁）（第3章第4節Ⅴ第2・1(2)（185頁）参照）。

(2) 主債務者の債権による相殺または弁済拒絶の抗弁

保証債務履行請求訴訟において、保証人が、民法457条によって主債務者の債権をもって、相殺できるとする説と相殺によって消滅する限度で弁済を拒絶する抗弁権を有するとする説（我妻栄『債権総論』（岩波書店）483頁、内田『民法Ⅲ〔3版〕』349頁、岡口『要件事実マニュアル1巻〔3版〕』479頁、金『要件事実論の理解』129頁）がある（『改訂紛争類型別の要件事実』43頁、加藤ほか『要件事実の考え方と実務〔2版〕』248頁、村田ほか『要件事実論30講〔2版〕』280頁）。

(3) 主債務者の取消権・解除権による保証債務の履行拒絶の抗弁

主債務者が取消権・解除権を有する場合、主たる債務の運命が取消権・解除権の存在によって不確定である間は、保証人は保証債務の履行を拒絶しうると解されているから、保証人は、保証債務履行請求訴訟において、これを抗弁として主張立証することができる（『改訂紛争類型別の要件事実』43頁、加藤ほか『要件事実の考え方と実務〔2版〕』247頁・248頁、岡口『要件事実マニュアル1巻〔3版〕』479頁）。

この場合、主債務者が追認をすれば、保証債務の履行を拒絶できない（内田『民法Ⅲ〔3版〕』347頁、岡口『要件事実マニュアル1巻〔3版〕』479頁）。

2　保証人敗訴後の主債務者勝訴判決の援用

判例は、保証人は、保証人敗訴の確定判決の効力として、主債務の不成立・無効などその既判力の基準時〔標準時〕以前の事由に基づいて自己の義務を争うことはできない以上、その後に主債務者勝訴の判決が確定したとしても、自己が受けた確定判決の失権効によって遮断されている事由をもって債権者の権利を争うことはできず、保証人は主債務者勝訴の確定判決を援用することはできないとした（最判昭51・10・21民集30巻9号903頁・判時836号49頁）（『民事訴訟法講義案〔改訂補訂版〕』289頁・290頁）。

第4　保証債務と時効

1　主債務の消滅時効

(1)　主債務の消滅時効による保証債務の消滅の抗弁

　主たる債務が消滅したときは、保証債務は附従性により当然に消滅するから、保証人は、これを抗弁として主張立証することができる（大判大4・7・13民録21輯1387頁）。つまり、主たる債務について消滅時効が完成したときは、保証人も当事者として時効を援用することができる（大判昭8・10・13民集12巻2520頁）から、保証人は、これを援用することによって、自己との関係では主たる債務が消滅したものとして、附従性に基づき、自己の保証債務も消滅したことを抗弁として主張立証することができる（加藤ほか『要件事実の考え方と実務〔2版〕』248頁、『改訂紛争類型別の要件事実』42頁、金『要件事実論の理解』126頁）。

(2)　主債務者の時効援用権の喪失・時効利益の放棄と保証人による主債務消滅時効の援用

　時効完成後の時効援用権の喪失や時効利益の放棄は、相対的効力を生ずるにすぎないから、保証人は、主債務者が時効利益を放棄している場合でも、時効を援用することができる（大判大5・12・25民録22輯2494頁、大判昭6・6・4民集10巻401頁）（加藤ほか『要件事実の考え方と実務〔2版〕』248頁、『改訂紛争類型別の要件事実』42頁、岡口『要件事実マニュアル1巻〔3版〕』478頁、金『要件事実論の理解』126頁）。

(3)　保証人の保証債務の履行・承認と主債務の時効援用権制限・時効利益の放棄

　主債務の時効完成後に保証人による保証債務の履行・承認があっても、保証人は原則として主債務の時効援用権を喪失しないとされている（岡口『要件事実マニュアル1巻〔3版〕』244頁・478頁、金『要件事実論の理解』126頁）*3。

ただ、これについては、主債務の消滅時効期間経過後に、主債務の消滅時効が援用されず、主債務が時効により消滅していない状況で、保証人が保証債務を履行した場合、当該弁済は主債務が存在している保証債務の弁済となり、その弁済により主債務が消滅したことになり、その後に、主債務の消滅時効を援用しても、その時点で主債務は保証債務の履行（弁済）により消滅しているから、時効による主債務消滅の効果が生じる余地はないとした裁判例がある（名古屋高判平21・7・16最高裁 HP）。

(4) 保証人の保証債務の時効利益の放棄と主債務の時効の援用

保証人が保証債務の時効の利益を放棄しても、なお主債務につき時効の援用ができる（大判昭7・6・21民集11巻1186号）（岡口『要件事実マニュアル1巻〔3版〕』243頁）。

＊3① 東京高判平7・2・14判時1526号102頁・金法1417号58頁は、
「1 時効完成前の保証人の債務弁済と主債務の時効中断について
　主債務について権利義務の当事者ではない保証人が主債務を承認しても、それだけで主債務が存在している蓋然性が生じるわけではない。したがって、保証人による主債務の承認は、債権者と主債務者の間では勿論、債権者と保証人との関係でも主債務について時効中断の効力を生ぜず、主債務の消滅時効期間は保証人の債務の承認があっても進行し、主債務が時効消滅するときには、保証債務は主債務に付従して消滅するものと解される。
2 時効完成前の保証人の債務弁済と時効援用権の制限について
　主債務の時効完成前に保証人が保証債務を履行した事実があるからといって、それだけでは、保証人が将来主債務の時効が完成した場合でも時効を援用せず保証債務を履行するという確定的な意思を表明したとはいえない。したがって、保証人の時効完成前の債務弁済があっても、特段の事情がない限り、その時効援用権は制限されないものと解すべきである。
3 時効完成後の保証人の債務弁済と時効利益の放棄について
　主債務の時効完成後に保証人が保証債務を履行した場合でも、主債務が時効により消滅するか否かにかかわりなく保証債務を履行するという趣旨に出たものであるときは格別、そうでなければ、保証人は、主債務の時効を援用する権利を失わないと解するのが相当である」と判示した。
② 最判平7・9・8金法1441号29頁　原審（前記東京高判平7・2・14）の判断を是認した。

(5) 保証人が主債務者の承認を知って保証債務を承認した場合の主債務の時効の援用

主債務者が債務を承認している場合で、保証人が主債務者の承認を知って保証債務を承認した場合、保証人が主債務の時効を援用することは信義則に反し許されない（最判昭44・3・20集民94号613頁・判時557号237頁）（岡口『要件事実マニュアル1巻〔3版〕』243頁）。

(6) 主債務者の破産免責等と時効

主債務者が破産免責決定を受けた場合、もはや主債務の時効は観念することはできないので、免責決定の効力の及ぶ債務の保証人は、その債務について消滅時効を援用することはできない（最判平11・11・9民集53巻8号1403頁・判時1695号66頁）。倒産法上の他の免責規定の場合も同様である（『最高裁判所判例解説民事編平成11年度』686頁、岡口『要件事実マニュアル1巻〔3版〕』478頁）。

また、法人である主債務者が破産終結決定により法人格が消滅した場合、これにより主債務が消滅し、時効による消滅を観念する余地はなく、破産終結決定がされた消滅した法人を主債務者とする保証人は、主債務についての消滅時効が主債務者の法人格消滅後に完成したことを主張して時効の援用をすることはできず（最判平15・3・14民集57巻3号286頁・判時1821号31頁）、主債務が消滅して保証債務のみが存続することになる（岡口『要件事実マニュアル1巻〔3版〕』478頁）。

2 保証債務の消滅時効

(1) 保証債務の消滅時効の抗弁

保証人は、保証債務履行請求の訴訟において、保証債務の時効完成について自己の援用権を行使することもでき、これを抗弁として主張立証することもできる（『改訂紛争類型別の要件事実』43頁、加藤ほか『要件事実の考え方と実務〔2版〕』248頁、岡口『要件事実マニュアル1巻〔3版〕』482頁）。

(2) 商行為によって生じた保証債務の時効期間

商行為によって生じた保証債務は、主債務が民事債務でも、5年の時効によって消滅する（大判昭13・4・8民集17巻664頁）（岡口『要件事実マニュアル1巻〔3版〕』482頁）。

3　時効の中断

(1) 主債務者に生じた時効中断の再抗弁

時効完成前の、主債務者に対する請求、主債務者の主債務の存在の承認等の事由による、主債務についての時効中断が生じた場合、その時効中断の効力は、保証人に対しても及ぶ（民457条1項。時効中断効の相対効（民148条）の例外）。したがって、主債務者が債権者に対して債務の承認をする等した場合、保証債務についても時効中断の効果が及ぶ。

(2) 主債務者に生じた時効中断効が保証債務に及ぶことと保証債務自体の時効中断

民法457条1項は、主債務に対する時効中断の効力が保証債務に及ぶと規定しているが、同規定は、債権者を保護するために、特に、債権者が主債務について時効中断の措置をしている限り、保証人に対して、主債務の時効中断の効力が及ぶことを定めただけではなく、主債務が時効中断されている限り、保証債務自体もまた同時に時効中断することを定めたものと解すべきである（東京地判平10・10・2金法1561号79頁）（『注釈民法(11)』263頁、岡口『要件事実マニュアル1巻〔3版〕』244頁、金『要件事実論の理解』128頁・129頁）。

(3) 保証人に生じた事由の主債務者に対する影響

保証人に生じた時効中断事由は、主たる債務者に影響しない（内田『民法Ⅲ〔3版〕』349頁）。

連帯保証の場合、民法458条、440条によれば、連帯保証人に生じた時効中断事由は主債務者に効力を及ぼさないのが原則であるが、民法434条の「履行の請求」に該当する事由が連帯保証人に生じた場合は、民法458条による同法434条の準用により主債務者にもその効力が及ぶことになる（『最高裁判

所判例解説民事編平成8年度(下)』772頁・773頁（最判平8・9・27民集50巻8号2395頁解説）、岡口『要件事実マニュアル1巻〔3版〕』245頁）*4。

(4) 主債務者と物上保証人・第三取得者間の時効中断の効果

物上保証人については、①担保の附従性、②民法396条（抵当権は、債務者および抵当権設定者に対しては、その担保する債権と同時でなければ、時効によって消滅しない）の趣旨から、主債務者に対する時効中断の効力が及び（最判平7・3・10判時1525号59頁・判タ875号88頁）、これは抵当不動産の第三取得者にも及ぶ（最判平11・2・26集民191号457頁・判時671号67頁・判タ999号215頁（譲渡担保物件）、東京地判平13・6・8金法1618号82頁（抵当物件））（岡口『要件事実マニュアル1巻〔3版〕』244頁・245頁）。

4 判決の確定と時効

(1) 判決確定後の主債務者と保証人の時効期間

連帯保証人に対する履行の請求は主債務者に対してもその効力を生ずるから（民458条（434条））、連帯保証人に対する請求の判決は、主債務の消滅時効を中断するが、主債務に対する時効期間は当初の期間のままであり（大阪高判平12・6・30金法1598号49頁・金商1104号40頁）、連帯保証人に対して確定判決を得ても、主債務の時効期間は10年にはならない（大判昭20・9・10民集24巻2号82頁、大阪高判平8・11・21金商1032号39頁等）。主債務者に対する確定判決により主債務者の債務の短期消滅時効期間が10年に延長されたときは、これに応じて保証人の債務の消滅時効期間も同じく10年となる（最判昭43・10・17判時540号34頁・判タ228号100頁）（岡口『要件事実マニュアル1巻〔3版〕』246頁）。

(2) 短期消滅時効と主債務者・連帯保証人に対する判決の効力

商事時効により5年の短期消滅時効に服する債権について、債権者と連帯保証人の間の判決により債権が確定しても、主債務者との関係においては民

---

*4　東京地判平2・8・23判時1386号116頁は、「連帯保証人に対する催告の効果は、民法434条、458条により、主債務者及び他の連帯保証人に及ぶ」と判示している。

法174条の2（判決で確定した権利の消滅時効）は適用されず、短期消滅時効のままである（前記大判昭20・9・10）。

これに対し、民法174条の2（判決で確定した権利の消滅時効）の規定によって主たる債務者の債務の短期消滅時効期間が10年に延長されるときは、これに応じて保証人の債務の消滅時効期間も同じく10年に変ずる（前記最判昭43・10・17）。

(3) 保証人敗訴後の主債務者勝訴判決の援用

判例は、保証人は、保証人敗訴の確定判決の効力として、主債務の不成立・無効などその既判力の基準時〔標準時〕以前の事由に基づいて自己の義務を争うことはできない以上、その後に主債務者勝訴の判決が確定したとしても、自己が受けた確定判決の失権効によって遮断されている事由をもって債権者の権利を争うことはできず、保証人は主債務者勝訴の確定判決を援用することはできないとした（前記最判昭51・10・21）（『民事訴訟法講義案〔改訂補訂版〕』293頁・294頁）。

第5　保証債務と免責

破産者が免責許可決定を受けた場合、破産債権について責任を免れるとされている（破253条1項）。この場合の破産債権とは、「破産者に対し破産手続開始決定前の原因に基づいて生じた財産上の請求権」である（破2条5項）が、根保証契約の保証人につき、主債務の発生前に免責許可決定が確定したときは、その保証人は、その後に発生した主債務につき、責任を負わないとされている（井上薫『破産免責概説』（ぎょうせい）382頁）[*5]。

[*5] 名古屋地判昭59・1・20金商694号27頁・金法1071号46頁は、極度額保証行為と債権者の主債務者に対する貸付けとの中間の時点において破産宣言・免責許可決定があり、同決定が確定した事例において、破産の後に免責を得たことによって、双方当事者の何らの意思表示を要することなく破産前の原因によって生じた極度額保証人の債権者に対する極度額保証による責任は当然消滅するものと解するとした。

第6　保証人の主債務者に対する求償請求

1　保証人の主債務者に対する求償権の意義

　保証人は、債務を最終的に負担すべき主債務者に対する求償請求権を有する。その場合の求償権は、保証債務の履行として債権者に債務の履行をした後の事後求償においては、①委託のある保証の場合は、委任契約（保証委託契約）に基づく事務処理費用償還請求権であり、②委託のない保証の場合は、事務管理に基づく費用償還請求権であり（岡口『要件事実マニュアル1巻〔3版〕』487頁2）、保証の委託を受けた受託保証人の保証債務履行前の事前求償権については、③委任契約（保証委託契約）に基づく事務処理費用前払請求権である（岡口『要件事実マニュアル1巻〔3版〕』493頁1）（第3章第4節Ⅴ第3・1（191頁）参照）。

2　事後求償権

(1)　事後求償権の意義

　事後求償権とは、民法459条1項前段または同460条で認められている事前求償権（下記3（101頁）参照）に対する概念で、保証人が債権者に対し保証債務の履行としての弁済をした後に、主債務者に対し行う弁済額についての求償権のことである。

(2)　附帯請求の商事法定利率による請求

　事後求償における附帯請求（民459条2項・442条2項）について、商事法定利率で請求するには、保証（大判昭6・10・3民集10巻851頁）または保証委託契約（最判昭42・10・6民集21巻8号2051頁・判時502号38頁・判タ214号144頁（商人でない信用保証協会が商人である主債務者の委託に基づいて保証契約が成立した事例で、信用保証協会が取得する求償権は、5年の商事債権消滅時効にかかるとした））が、契約当事者双方または一方にとって商行為でなければならない（加藤正男『裁判実務体系13』353頁、岡口『要件事実マニュアル1巻〔3版〕』488頁）。

(3) 貸付利息が利息制限法を超える場合の保証人の求償範囲

貸付利息が利息制限法所定の制限を超えている場合には、当該債務を履行した保証人が主債務者に対して求償する場合にも、利息制限法の制限超過部分についての請求は認められない（最判昭43・10・29民集22巻10号2257頁・判時538号40頁・判タ228号102頁）。

(4) 事後求償権の消滅時効

ア 事後求償権の消滅時効の進行

事後求償権の消滅時効は、保証人が弁済をした時から進行する（最判昭60・2・12民集39巻1号89頁・判時1177号56頁）（岡口『要件事実マニュアル1巻〔3版〕』493頁(1)）。

イ 保証・保証委託が商行為であるときの求償債権の消滅時効期間

保証（前記大判昭6・10・3）または保証委託（前記最判昭42・10・6）が、当事者のいずれかにとって商行為であるときは、求償債権についても商事消滅時効として時効期間が5年となる（商522条）（岡口『要件事実マニュアル1巻〔3版〕』493頁(2)）。

ウ 原債権の行使と求償権の時効の中断

保証人が弁済による代位で取得した原債権の行使により求償権の権利行使があったとも評価できる場合には、求償権についても時効が中断する（最判平7・3・23民集49巻3号984頁・判時1527号82頁、最判平9・9・9判時1620号63頁・判タ956号160頁（債権者が主債務者の破産手続において債権全額の債権届をし、保証人が債権調査期日終了後に債権全額の弁済をしたうえ、破産裁判所に地位承継による届出名義変更申出をしたときは、弁済により保証人が取得した求償権の消滅時効は、届出名義変更時から破産手続終了まで中断するとした））（岡口『要件事実マニュアル1巻〔3版〕』493頁(3)、『最高裁判所判例解説平成18年度(下)民事篇』1177頁・1178頁）。

3 事前求償

(1) 事前求償の意義

　事前求償権とは、民法459条1項前段または460条で認められているものであり、主債務者の委託を受けた保証人が、保証人が債権者に対し保証債務の履行としての弁済をする前に、あらかじめ、主債務者に対して行う求償権である。

　事前求償権が認められるのは、以下の場合である。

① 主債務者の委託を受けた保証人が、過失なく債権者に弁済すべき旨の裁判の言渡しを受けたとき（民459条1項前段）

② 主債務者が破産手続開始決定を受け、かつ、債権者がその破産財団の配当に加入しないとき（民460条1号）

③ 債務が弁済期にあるとき（保証契約の後に債権者が主債務者に許与した期限は、保証人に対抗することができない）（同条2号）

④ 債務の弁済期が不確定で、かつ、その最長期をも確定することができない場合において、保証契約の後10年を経過したとき（同条3号）

　また、受託保証人と保証人間に、事前求償の約定がある場合も、当該受託保証人に主債務者に対する事前求償権が認められると解される（岡口『要件事実マニュアル1巻〔3版〕』493頁）。

(2) 受託保証人の事前求償できる（遅延損害金の）額

　受託保証人が事前求償しうる額は、受託保証人が求償の当時において、受託保証人が負担すべき範囲内の額について求償することができるというべきであり、主たる債務の元本に対する遅延損害金は、事実審の口頭弁論終結の日までにすでに発生した分に限って請求することができるにとどまるとする裁判例がある（東京地判平7・3・14判タ903号157頁、関連裁判例として、仙台簡判昭59・3・15判タ528号250頁がある）。

　これに対して、①代位弁済前の保証人には固有の損害が発生し得ず、したがって、求償債務自体の遅延損害金の請求はできないとする考え方（『消費

者信用関係事件に関する執務資料（その二）』120頁、梶村ほか『全訂版割賦販売法』364頁・423頁）、②支払済みまでの主たる債務の元本に対する遅延損害金を請求することができるとする考え方（宮崎富士美『増補改訂設例民事の実務』（三協法規）556頁〜558頁、岡口『要件事実マニュアル１巻〔３版〕』494頁、岡久ほか『簡易裁判所民事手続法』251頁）もある。

第3章　貸金・保証関係紛争解決のための手続

第1節　行政官庁相談窓口

　行政官庁には、多数のサラ金業者等からの借入れ等により多重債務を負ったため、債務の支払いが困難となった債務者に対して、相談窓口を設けているところがある。

第1　財務局等の相談窓口

　財務省の地方支分局である財務局には、多重債務等の債務整理に関する相談窓口を設けている。

［表2］　財務局等における相談窓口

財務局名	連絡先	電話番号
北海道財務局	多重債務者相談窓口	011(807)5144 011(807)5145
東北財務局	多重債務相談窓口（金融監督第三課）	022(266)5703（直通） 022(263)1111（内線3080）
	青森財務事務所	017(774)6488（直通）
	秋田財務事務所	018(862)4196（直通）
	福島財務事務所	024(533)0064（直通）
	多重債務相談窓口	048(600)1113（直通）
	水戸財務事務所	029(221)3190（直通）

関東財務局	宇都宮財務事務所	028(633)6221（代表）
	前橋財務事務所	027(221)4495（直通）
	千葉財務事務所	043(251)7830（直通）
	東京財務事務所	03(5842)7475（直通）
	横浜財務事務所	045(633)2335（直通）
	新潟財務事務所	025(229)2788（直通）
	甲府財務事務所	055(253)2261（代表）
	長野財務事務所	026(234)2970（直通）
北陸財務局	財務広報相談官	076(292)7951
東海財務局	多重債務相談窓口	052(951)1764（直通）
	岐阜財務事務所	058(247)4111
	静岡財務事務所	054(251)4321
	津財務事務所	059(225)7221
近畿財務局	財務広報相談室	06(6949)6523 06(6949)6875
中国財務局	多重債務相談員	082(221)9206（直通）
四国財務局	多重債務者相談窓口	087(831)2155
九州財務局	多重債務相談窓口	096(351)0150
	大分財務事務所	097(532)7188
	宮崎財務事務所	0985(42)7524
	鹿児島財務事務所	099(227)5279
	多重債務相談窓口	092(411)7291（直通）

福岡財務支局	佐賀財務事務所	0952(32)7161（内線2725）
	長崎財務事務所	095(843)7095（内線37）
沖縄総合事務局	財務部	098(866)5070

第2　地方自治体の相談窓口

また、地方自治体においても、多重債務等の債務整理に関する相談窓口を設けている。

［表3］　地方自治体の多重債務者相談窓口（平成23年5月現在）

都道府県	多重債務者相談窓口担当課	電話番号
北海道	北海道立消費生活センター	(050)7505-0999
青森県	青森県消費生活センター青森相談室	(017)722-3343
	〃　　　　　弘前相談室	(0172)36-4500
	〃　　　　　八戸相談室	(0178)27-3381
	〃　　　　　むつ相談室	(0175)22-7051
岩手県	県民生活センター	(019)624-2209
	県南広域振興局消費生活相談室	(0197)22-2813
	県南広域振興局消費生活相談室北上相談室	(0197)65-2731
	県南広域振興局消費生活相談室遠野相談室	(0198)62-9730
	県南広域振興局消費生活相談室一関相談室	(0191)26-1411
	県南広域振興局消費生活相談室千厩相談室	(0191)52-4901
	沿岸広域振興局大船渡地域振興センター消費生活相談室	(0192)27-9911

	沿岸広域振興局宮古地域振興センター消費生活相談室	(0193)64-2211
	県北広域振興局消費生活相談室	(0194)53-4981
宮城県	宮城県消費生活センター	(022)261-5161
	大河原地方振興事務所　県民サービスセンター	(0224)52-5700
	北部地方振興事務所　県民サービスセンター	(0229)22-5700
	北部地方振興事務所栗原地域事務所　県民サービスセンター	(0228)23-5700
	東部地方振興事務所　県民サービスセンター	(0225)93-5700
	東部地方振興事務所登米地域事務所　県民サービスセンター	(0220)22-5700
	気仙沼地方振興事務所　県民サービスセンター	(0226)22-7000
秋田県	秋田県生活センター	(018)836-7806
山形県	山形県消費生活センター	(023)624-0999
	山形県庄内消費生活センター	(0235)66-5451
福島県	福島県消費生活センター	(024)521-0999
茨城県	茨城県消費生活センター	(029)225-6445
栃木県	栃木県消費生活センター	(028)625-2227
群馬県	群馬県消費生活センター	(027)223-3001（平日）
		(027)226-2266（土日）

埼玉県	県民相談コールセンター	(048)728-9601
千葉県	環境生活部県民生活課	(043)223-2795
	千葉県消費者センター	(047)434-0999
東京都	東京都消費生活総合センター	(03)3235-1155
神奈川県	かながわ中央消費生活センター	(045)312-1881
新潟県	新潟県消費生活センター	(025)285-4196
富山県	富山県消費生活センター	(076)433-3252
	〃　　　　高岡支所	(0766)25-2777
石川県	消費生活支援センター	(076)267-6110
福井県	福井県消費生活センター	(0776)22-1102
	福井県嶺南消費生活センター	(0770)52-7830
山梨県	山梨県県民生活センター	(055)223-1366
		(055)235-8455
	山梨県県民生活センター地方相談室	(0554)45-5038
		(0554)45-7843
長野県	長野県長野消費生活センター	(026)223-6777
	長野県松本消費生活センター	(0263)35-1556
	長野県松本消費生活センター岡谷支所	(0266)23-8260
	長野県飯田消費生活センター	(0265)24-8058
	長野県上田消費生活センター	(0268)27-8517
岐阜県	岐阜県県民生活相談センター	(058)277-1003
	西濃振興局振興課	(0584)73-1111

	中濃振興局振興課	(0574) 25-3111
	中濃振興局中濃事務所振興課	(0575) 33-4011
	東濃振興局振興課	(0572) 23-1111
	東濃振興局恵那事務所振興課	(0573) 26-1111
	飛騨振興局振興課	(0577) 33-1111
静岡県	東部県民生活センター	(055) 952-2299
	中部県民生活センター	(054) 202-6006
	西部県民生活センター	(053) 452-2299
愛知県	中央県民生活プラザ	(052) 962-5100
	尾張県民生活プラザ	(0586) 71-5900
	海部県民生活プラザ	(0567) 24-2500
	知多県民生活プラザ	(0569) 23-3900
	西三河県民生活プラザ	(0564) 27-0800
	豊田加茂県民生活プラザ	(0565) 34-6151
	新城設楽県民生活プラザ	(0536) 23-8700
	東三河県民生活プラザ	(0532) 52-7337
三重県	三重県消費生活センター	(059) 228-2212
滋賀県	滋賀県消費生活センター	(0749) 23-0999
京都府	京都府消費生活センター	(075) 671-0044
	京都府山城広域振興局商工労働観光室	(0774) 21-2426
	京都府南丹広域振興局商工労働観光室	(0771) 23-4438
	京都府中丹広域振興局商工労働観光室	(0773) 62-2506

第1節　行政官庁相談窓口

		京都府丹後広域振興局商工労働観光室	(0772) 62-4304
大阪府		商工労働部貸金業対策課	(06) 6210-9512
兵庫県	【注】お住まいの市町により，窓口が異なります。		
	神戸市	兵庫県民総合相談センター（さわやか県民相談）	(078) 360-8511
		県庁広聴課（さわやか県民相談）	(078) 371-3733
		生活科学総合センター（消費生活相談）	(078) 303-0999
		神戸県民局（消費者金融相談）	(078) 362-3324
	尼崎市，西宮市，芦屋市	阪神南県民局（さわやか県民相談）	(06) 6481-7641（代）
		生活科学総合センター（消費生活相談）	(078) 303-0999
		阪神南県民局（消費者金融相談）	(06) 4868-5075
	伊丹市，宝塚市，川西市，三田市，猪名川町	阪神北県民局（さわやか県民相談）	(0797) 83-3101（代）
		生活科学総合センター（消費生活相談）	(078) 303-0999
		阪神北県民局（消費者金融相談）	(0797) 83-3155
	明石市，加古川市，高砂市，稲美	東播磨県民局（さわやか県民相談）	(079) 421-1101（代）
		東播磨生活科学総合センター	(079) 424-0999

町，播磨町	（消費生活相談）	
	東播磨県民局（消費者金融相談）	(079)421-9610
西脇市，三木市，小野市，加西市，加東市，多可町	北播磨県民局（さわやか県民相談）	(0795)42-5111（代）
	東播磨生活科学総合センター（消費生活相談）	(079)424-0999
	北播磨県民局（消費者金融相談）	(0795)42-9415
姫路市，神河町，市川町，福崎町	中播磨県民局（さわやか県民相談）	(079)281-3001（代）
	姫路生活科学センター（消費生活相談）	(079)296-0999
	中播磨県民局（消費者金融相談）	(079)281-9260
相生市，たつの市，赤穂市，宍粟市，太子町，上郡町，佐用町	西播磨県民局（さわやか県民相談）	(0791)58-2100（代）
	西播磨生活科学センター（消費生活相談）	(0791)75-0999
	西播磨県民局（消費者金融相談）	(0791)58-2144
豊岡市，養父市，朝来市，香美町，新温泉町	但馬県民局（さわやか県民相談）	(0796)23-1001（代）
	但馬生活科学センター（消費生活相談）	(0796)23-0999
	但馬県民局（消費者金融相	(0796)26-3685

第1節　行政官庁相談窓口

		談）	
	丹波市，篠山市	丹波県民局（さわやか県民相談）	(0795) 72-0500（代）
		丹波生活科学センター（消費生活相談）	(0795) 72-0999
		丹波県民局（消費者金融相談）	(0795) 73-3784
	洲本市，南あわじ市，淡路市	淡路県民局（さわやか県民相談）	(0799) 22-3541（代）
		淡路生活科学センター（消費生活相談）	(0799) 85-0999
		淡路県民局（消費者金融相談）	(0799) 26-2085
奈良県	奈良県消費生活センター		(0742) 26-0931
和歌山県	県民相談室		(073) 441-2356
	和歌山県消費生活センター		(073) 433-1551
	〃　　紀南支所		(0739) 24-0999
鳥取県	鳥取県生活環境部消費生活センター西部消費生活相談室		(0859) 34-2648 (0859) 34-2668
	〃　　　　　東部消費生活相談室		(0857) 26-7605 (0857) 26-7604
	〃　　　　　中部消費生活相談室		(0858) 22-3000
島根県	島根県消費者センター		(0852) 32-5916
	島根県消費者センター　石見分室		(0856) 23-3657

111

岡山県	生活環境部県民生活課消費生活対策班	(086) 226-7346
広島県	県民生活部総務管理局消費生活室	(082) 223-8811
山口県	環境生活部消費生活センター	(083) 924-0999
徳島県	徳島県消費者情報センター	(088) 623-0611
香川県	香川県消費生活センター多重債務・ヤミ金融専用電話	(087) 834-0008
	香川県東讃県民センター	(0879) 42-1200
	香川県小豆県民センター	(0879) 62-2269
	香川県中讃県民センター	(0877) 62-9600
	香川県西讃県民センター	(0875) 25-5135
愛媛県	愛媛県消費生活センター	(089) 925-3700
高知県	高知県立消費生活センター	(088) 824-0999
福岡県	福岡県消費生活センター	(092) 632-0999
佐賀県	くらしの安全安心課消費生活担当（佐賀県消費生活センター）	(0952) 24-0999
長崎県	県民生活部消費生活センター	(095) 823-2781
熊本県	熊本県消費生活センター	(096) 383-0999
大分県	大分県消費生活・男女共同参画プラザ（アイネス）	(097) 534-0999
宮崎県	地域生活部生活・文化課消費生活・交通安全担当	(0985) 26-7054
鹿児島県	環境生活部生活・文化課消費生活係	(099) 286-2521
沖縄県	文化環境部県民生活課消費生活班	(098) 866-2187

沖縄県県民生活センター	(098)866-9214
沖縄県県民生活センター　宮古分室	(0980)72-0119
沖縄県県民生活センター　八重山分室	(0980)82-1289

第2節　民事保全手続

第1　概　説

　多重債務者が、破産することを避けるために、弁護士等に依頼して債務整理をすることがある。この場合に、多数の債権者が債務整理の弁済計画に従った返済に応じているのに、一部の債権者が債務者の給料等の財産について仮差押えをすることがあると、債務者は破産手続をせざるを得なくなる場合もある。

第2　給料仮差押え

　特に、債務者の給料の仮差押えをすることは、債務者の勤務先における信用を失い、場合によっては退職を余儀なくされる可能性もある。そのため、給料に対する仮差押えについては、債権者が判決等に基づいて本執行で満足を得るまでの間に、債務者が退職してしまうような場合にのみ保全の必要性が認められると考えられる（大宮簡決平13・8・7判タ1084号312頁）。そして、債務者に給料により定期的収入があり、それが維持されれば、それと他の財産により、債務者が自己の生活を維持しながら、債権者に対する弁済計画に従った弁済が十分に可能であり、その弁済計画を履行することにより、債務者の経済的再生を図ることができると考えられる場合には、一部の債権者による抜け駆け的な給料の仮差押えについては、保全の必要性がないと考えられる（西宮簡決平11・11・30判時1716号115頁）。

第3節　民事調停

第1　民事調停の申立て

　民事調停は、民事に関する紛争について、当事者間の互譲によって、条理にかない実情に即した解決を図ることを目的としたものである（民調1条）。

　話合い等をせずにいきなり訴訟を提起すると、相手方の感情を害し、当該当事者間の信頼関係が壊れてしまうことになりかねない。そこで、たとえば、相手方が知人である貸金・保証関係の紛争で、相手方と、今後とも良好な関係を保ちたいと考えている場合は、まず、当事者間での話合いをし、それでもだめなら裁判所を通しての話合いである調停の申立てをすることが相当であると思われる。

　調停の申立てをする際には、金銭消費貸借契約書、保証契約書等の、申立ての趣旨および紛争の要点を明らかにする証拠書類がある場合は、その原本または写しを申立書に添付すべきである（民調規2条）。

【書式1】　調停申立書

調停事項の価額　　　　　　　円	
ちょう用印紙額　　　　　　　円	受　付　印
予納郵便切手額　　　　　　　円	
調　停　申　立　書　　　　　　　　　簡易裁判所　御中	
平成　　年　　月　　日	
申立人の住所・氏名・電話番号等（氏名の末尾に押印すること）　〒	

相手方の住所・氏名・電話番号等
〒

申 立 の 趣 旨

1　相手方　は，申立人　に対し，

紛　争　の　要　点
1

なお、貸金の借主としては、多数の債務により支払不能に陥るおそれがあり、それを防ぎ、経済的再生を図ろうとする場合には、特定調停の申立てをすることができる。

【書式2】 特定調停申立書

		符号 _____
	特 定 調 停 申 立 書	
		平成　年　月　日
○○簡易裁判所　御中		
特定調停手続により調停を行うことを求めます。		
申　立　人	住　所　〒　　― （送達場所）□同上　　□次のとおり フリガナ 氏　　名　　　　　　　　　　　　　　印 　（契約時の氏名）□同上　　□ 　（契約時の住所）□同上　　□ 生年月日　昭・平　　年　　月　　日生 電話番号　　―　　―　　（FAX番号　　―　　―　　）	
相　手　方	住　所（法人の場合は本店）　〒　　― 氏名（法人の場合は会社名・代表者名） （支店・営業所の名称・所在地）〒　　― （電話番号　　―　　―　　FAX番号　　―　　―　　）	

117

申立ての趣旨	債務額を確定したえ債務支払方法を協定したい。
紛争の要点	1　債務の種類 　　□　借受金債務　　□保証債務（借受人　　　　　） 　　□　立替金　　　　□その他（　　　　　　　　　） 2　契約の状況等 　(1)　契約日　　　　　　　　　　年　　月　　日 　(2)　借受金額等　　　　　　金　　　　　　円 　(3)　現在の債務額（残元金）金　　　　　　円 　　　（契約番号　　　　　　　　　　　　　　　） 　　□　別紙のとおり

貼用印紙欄	調停事項の価額　100,000円 手　数　料　　　500円 貼用印紙　　　500円 予納郵便切手　　　円	受付印欄

（一般個人用）

【書式３】　特定債務者の資料等（一般個人用）

特定債務者の資料等（一般個人用）

1　申立人
　　（ふりがな）
　　氏　　　名　＿＿＿＿＿＿＿＿＿＿＿＿＿＿＿＿＿＿＿＿＿＿
2　申立人の生活状況
　(1)　職業（業種・担当等）＿＿＿＿＿＿＿＿＿＿＿＿＿＿＿＿＿
　　勤務先名称：＿＿＿＿＿＿＿＿＿＿＿＿＿＿＿＿＿＿＿＿
　　勤続期間：＿＿＿＿年＿＿＿＿月
　(2)　月収（手取り）：＿＿＿＿＿＿＿円　　給料日：毎月＿＿＿＿日
　(3)　その他：＿＿＿＿＿＿＿＿＿＿＿＿＿＿＿＿＿＿＿＿＿＿

3 申立人の資産・負債（該当する□に「レ」を記入すること。以下同じ。）
　(1) 資産：□土地　□建物　□マンション　□自動車　□その他（　　　　）
　(2) その他の財産の状況：□預貯金（　　　　　円）□株式　□生命保険等
　　　　（返戻金有）　□その他（　　　　　　）
　(3) 負債：紛争の要点2及び関係権利者一覧表のとおり
4 家族の状況（申立人と生計を同一とする者を記入すること。）

氏　　名	続　柄	職　　業	月収（手取）	同居・別居
			円	□同　□別
			円	□同　□別
			円	□同　□別
			円	□同　□別
			円	□同　□別

5 その他返済額等について参考となる事項

6 返済についての希望
　　毎月＿＿＿＿万円くらいなら返済可能

【書式4】　関係者権利者一覧表

申立人＿＿＿＿＿＿＿＿＿＿

関 係 権 利 者 一 覧 表

※　該当する□に「レ」を記入すること。

番号	債権者氏名又は名称 住　　所	債務の内容等 （当初借入日・当初借入 金額・現在残高等） 年月日 ／ 金　額 ／ 残　高	担保権の内容等
1	・	・・ ／ 円 ／ 円	□ (根) 抵当権付 □ (連帯) 保証人付

119

第3章　貸金・保証関係紛争解決のための手続

	申立書記載のとおり				（氏名　　　　　）
2		・・	円	円	□（根）抵当権付 □（連帯）保証人付 （氏名　　　　　）
3		・・	円	円	□（根）抵当権付 □（連帯）保証人付 （氏名　　　　　）
4		・・	円	円	□（根）抵当権付 □（連帯）保証人付 （氏名　　　　　）
5		・・	円	円	□（根）抵当権付 □（連帯）保証人付 （氏名　　　　　）
6		・・	円	円	□（根）抵当権付 □（連帯）保証人付 （氏名　　　　　）
7		・・	円	円	□（根）抵当権付 □（連帯）保証人付 （氏名　　　　　）
8		・・	円	円	□（根）抵当権付 □（連帯）保証人付 （氏名　　　　　）
9		・・	円	円	□（根）抵当権付 □（連帯）保証人付 （氏名　　　　　）
10		・・	円	円	□（根）抵当権付 □（連帯）保証人付 （氏名　　　　　）
11		・・	円	円	□（根）抵当権付 □（連帯）保証人付 （氏名　　　　　）
12		・・	円	円	□（根）抵当権付 □（連帯）保証人付

| | | | （氏名　　　　　　　）|

※　「関係権利者」とは，特定債務者に対して財産上の請求権を有する者及び特定債務者の財産の上に担保権を有する者をいう（特定調停法2条4項）。
　　関係権利者の一覧表には，関係権利者の氏名又は名称及び住所並びにその有する債権又は担保権の発生原因及び内容を記載しなければならない（特定調停手続規則2条2項）。

第2　民事調停の管轄申立て先

　民事調停事件は、基本的には、相手方の住所、居所、営業所もしくは事務所の所在地を管轄する簡易裁判所に申し立てることになる（民調3条前段）。当事者間で合意すれば、当事者が合意で定めた地方裁判所または簡易裁判所に申立てをすることができる（民調3条後段）。

第3　調停調書の効力

　調停が成立した場合、その調停調書は、裁判上の和解と同一の効力を有し（民調16条）、確定判決と同一の効力を有することになり（民訴267条）、債務者の財産に対する強制執行をすることができる文書である債務名義となる（民執22条7号）。

第4　調停不成立の場合の訴訟の提起

　調停申立人が調停不成立の通知を受けた日から2週間以内に調停の目的となった請求について訴えを提起したときは、調停申立て時にその訴えの提起があったものとみなされる（民調19条）。そして、調停申立て時に納付した手数料額は、訴え提起の段階では納めたものとみなされて（民訴費5条1項）、訴え提起の際に納付すべき手数料額から控除することができる。この場合、訴え提起時に、当該調停の内容、納めた手数料額および不成立の通知

を受けた日について証明書を添付する必要がある。

第4節　訴訟手続

Ⅰ　訴訟手続一般

第1　訴訟手続の種類・選択

1　訴訟手続

　裁判所における訴訟手続には、通常訴訟と少額訴訟がある。その他に、債権者の一方的主張に基づき、相手方である債務者の主張を聞かずに（民訴386条1項）、裁判所書記官が支払督促を発令する、特別訴訟（略式訴訟）である督促手続がある。

　貸金・保証関係の紛争について、調停等の話合い手続を経ずに、いきなり訴訟手続をすることもできる。

2　督促手続の選択

　督促手続は、債権者の一方的主張に基づき、相手方である債務者の主張を聞かずに（民訴386条1項）、簡易・迅速に、強制執行をすることができる文書（債務名義）となる仮執行宣言付支払督促を得させる手続である。したがって、相手方と話合いをし、場合によっては和解等も考えているような場合は、その目的を達することができない。また、たとえば、相手方が債権者の請求の内容を争うような場合は、当該裁判所書記官が発した支払督促に対し督促異議を申し立てることになると思われ（民訴390条・393条）、そうなると督促手続は訴訟手続に移行することになり（民訴395条）、督促手続を利用した意味が失われてしまう。

　したがって、たとえば、相手方である債務者が、債権者側の請求自体を争わず、ただ債務者側の怠慢、履行意思の欠如または資金不足等により履行しないような場合に、督促手続を利用し、仮執行宣言付支払督促を得て、それ

を基に債務者側に支払いを促したり、あるいは、債務者側に財産があり、それを差し押さえて強制的に支払いを受けることを考えているような場合には、督促手続を選択する意味があると思われる。

3　通常訴訟手続の選択

貸金・保証関係の紛争については、その債権者の請求に争いがあり、その点について、ある程度の裁判所の判断がないと話合いもできないようなものについては、民事調停等の話合いの手続をすることなく、通常訴訟手続をするのが相当であると思われる。

4　少額訴訟手続の選択

訴訟手続には、少額訴訟手続がある。これは、証拠は即時に取り調べることができるものに限定され（民訴371条）、原則として1回の期日で審理を完了することを予定しており（民訴370条）、訴訟物の価額も60万円以下と定められているので（民訴368条1項）、紛争の態様が複雑でなく、基本となる契約書・領収書等の証拠もすぐにそろえることができる、60万円以下の金銭の支払いを求める貸金・保証関係の紛争は、少額訴訟で行うこともできる。

少額訴訟は、原則として1回の期日で審理を完了することを予定しているので、申立てをする原告は、申立て段階で、訴状において主張すべきことをすべて主張し、証拠もそろえておく必要がある。

少額訴訟判決に不服がある場合の不服申立ては、異議申立てができるのみであり（民訴378条）、異議申立てがあれば同一の簡易裁判所でさらに少額異議審として審理をすることができるだけで、その異議審の判決に対しては不服申立てができないとされ（民訴380条）、通常の訴訟での判決に対する不服申立てである控訴・上告ができず、他の裁判所での再審理はできないことになっている。したがって、少額訴訟を選択する場合には、その点も考慮すべきである。

【書式 5】 訴　状
定型訴状――表紙

訴　状

【事　件　名】
　　□貸金　□売買代金　□請負代金　□敷金返還　□賃料　□賃金
　　□解雇予告手当　□損害賠償（物損）　□入会預託金返還　□マンション管理費　□損害賠償（原状回復費用〔建物〕）　□
　　請　求　事　件

□少額訴訟による審理及び裁判を求めます。本年，私がこの裁判所において少額訴訟による審理及び裁判を求めるのは　　回目です。

　　平成　　年　　月　　日

　　　　原　告　　　　　　　　　　　　　　　　　　　　　印

　○○簡易裁判所御中

	訴　額	円	収入印紙
	手数料	円	
受　付　印	印　紙	円	印
	予納郵券	円	

定型訴状——当事者の表示

当 事 者 の 表 示

原　告

　住　所　〒

　氏　名

　TEL　　　—　　　—　　　　FAX　　—　　—
　　　　　　　　　—

　原告に対する書類の送達は，次の場所に宛てて行ってください。
　　□上記住所等
　　□勤務先　住　所　〒
　　　　　　　名　称
　　　　　　　TEL　　　—　　　—
　　□その他の場所（原告との関係　　　　　　　　　　　）
　　　　住　所　〒
　　　　TEL　　　—　　　—
　原告に対する書類の送達は，次の人に宛てて行ってください（送達受取人）。
　　氏　名

被　告

　住　所　〒

　氏　名

　TEL　　　—　　　—　　　　FAX　　—　　—
　　　　　　　　　—
　　（勤務先）□次のとおり　　　　□不明

```
      住　所　〒
      名　称
      TEL　　　　－　　　　－
```

簡裁定型訴状——請求の趣旨・原因（貸金）

（貸　金）

	請　求　の　趣　旨

□ 1　□元本□残元本　金　　　　　円
□ 2　利息　上記1の金額に対する平成　年　月　日から平成　　　年　　月　　日まで年　　パーセントの割合による金員
□ 3　遅延損害金　上記1の金額に対する□平成　年　月　日
　　　　　　　　　　　　　　　　　　□訴状送達の日の翌日
　から支払済みまで年　　％の割合による金員

		紛　争　の　要　点
1	貸 付 年 月 日	平成　　年　　月　　日
2	貸 付 金 額	金　　　　　　　円
3	利 息 の 約 束	□あり　年　　％　□なし
4	遅延損害金の約束	□あり　年　　％　□なし
5	弁　済　期	□平成　　年　　月　　日 □定めなし□催告した日　平成　　年　　月　　日
6	借　　　主	□被告　　　　　　　□その他（氏名）
7	連 帯 保 証 人	□被告

8	支払済みの額	金　　　　円　　　平成　年　月　日
9	そ　の　他	
10	添　付　書　類	□金銭消費貸借契約書□借用書□念書□メモ書 □

簡裁定型訴状――請求の趣旨・原因（過払金返還請求）

（□については，レを付したもの）

請　求　の　趣　旨

1　被告は，原告に対し，金　　　　　円

　　□　及び ｛□　上記金額／□　上記金額の内金　　　円｝ に対する

　　｛□　平成　年　月　日／□　本訴状送達の日の翌日｝ から支払済みまで

年　　％の割合による金員

を支払え。

2　訴訟費用は，被告の負担とする。

との判決を求める。

紛　争　の　要　点

1　金銭消費貸借契約

　　原告は，被告から，平成　年　月　日から平成　年　月

　　日までの間に，合計金　　　　円（明細は別紙計算書の『借入

金額』欄のとおり）を次の約定で借り受けた。

(1) 利　息　　年　　　％

(2) 損害金　　年　　　％

(3) 支払方法　毎月　　日限り金　　　　円

(4) その他

2　返済

　原告は，被告に対し，別紙計算書の『弁済額』欄のとおり，前記借受金の利息，損害金及び元金として弁済した。

3　利息制限法の制限利率による充当計算

　前記弁済金の内，利息制限法の制限利率による利息を超過して支払われた部分を，別紙計算書のとおり順次元金に充当した結果，金　　　　円（別紙計算書※欄）が過払いとなっている。

4　付帯請求の起算日

□　請求日（平成　　年　　月　　日）の翌日

□　訴状送達の日の翌日

□

5　よって，請求の趣旨記載のとおり請求する。

簡裁定型訴状──請求の趣旨・原因（契約に基づく民事一般）

(契約に基づく民事一般)

請　求　の　趣　旨
□1　請求額　金　　　　　円
□2　上記の金額に対する□平成　　年　　月　　日□訴状送達の日の翌日から支払済みまで年　　％の割合による遅延損害金 　　　　　　　　　　　　　　　　　　　　（□約定利率□法定利率）

	紛　争　の　要　点	
1	契　約　の　日	平成　　年　　月　　日
2	契　約　の　内　容	
3	支払済みの額	金　　　　　円
4	残　　　　額	金　　　　　円
5	最終支払期限	平成　　年　　月　　日
6	添　付　書　類	

129

簡裁定型訴状──請求の趣旨・原因（その他民事一般）

(その他民事一般)
請 求 の 趣 旨
□1　請求額　金　　　　　　　円 □2　上記の金額に対する□平成　　年　　月　　日□訴状送達の日の翌日から支払済みまで年　　％の割合による遅延損害金 　　　　　　　　　　　　　　　　　　（□約定利率□法定利率）
紛 争 の 要 点
添付書類

第2　訴訟事件の管轄──訴訟事件の申立裁判所

1　事物管轄──訴えを提起する第一審裁判所

(1)　通常訴訟の事物管轄──通常訴訟の第一審裁判所

通常事件の事物管轄は、訴訟物の価額が140万円を超えない事件は簡易裁

判所に（裁判所法33条1項1号）、それ以外の事件は地方裁判所に管轄権があり（同法24条1項）、それぞれの裁判所に申立てをすることになる。

(2) 少額訴訟の事物管轄──少額訴訟の審理裁判所

少額訴訟は、簡易裁判所の事物管轄に属し（民訴368条1項）、簡易裁判所に申立てをすることになる。

(3) 訴訟物の価額〔訴額〕の算定

ア 訴訟物の価額〔訴額〕の算定

訴訟物の価額〔訴額〕は、訴えをもって主張する利益によって算定する（民訴8条1項）。

イ 数個の請求を併合する場合の訴訟物の価額〔訴額〕

(ア) 原 則

一つの訴えで数個の請求を併合する場合、その価額を合算したものを訴訟物の価額〔訴額〕とする（民訴9条1項本文）。

(イ) 例 外

　　a 主張する利益が共通する場合

主張する利益が各請求について共通であるときは、その価額を訴訟物の価額〔訴額〕に合算しない（民訴9条1項ただし書）。

たとえば、主債務者に対する請求と保証人に対する請求を併合した場合は、経済的利益の共通性を基礎として、その価額を訴訟物の価額〔訴額〕に合算しない。

　　b 付帯請求

　　　(a) 主たる請求に併合する場合

果実、損害賠償等の請求が、付帯請求として、主たる請求に併合される場合は、当該付帯請求の額は、訴訟物の価額〔訴額〕に算入しない（民訴9条2項）。

　　　(b) 主たる請求とは別に請求する場合

果実、損害賠償等の請求を、主たる請求と併合せずに、それのみを請求す

るときは、それが独立の訴訟物となるから、その果実、損害賠償等の請求によって、訴訟物の価額〔訴額〕が定まる。

2 土地管轄——訴えを提起する裁判所の場所

(1) 被告の普通裁判籍（住所等）所在地を管轄する裁判所への訴え提起

訴えは、原則として、被告の普通裁判籍所在地を管轄する裁判所の管轄に属し（民訴4条1項）、人の普通裁判籍は、住所により、日本国内に住所がないときまたは住所が知れないときは居所により、日本国内に居所がないときまたは居所が知れないときは最後の住所地により定める（同条2項）。法人その他の社団または財産の普通裁判籍は、その主たる事務所または営業所により、事務所または営業所がないときは代表者その他主たる業務担当者の住所により定める（同条4項）。

(2) 義務履行地管轄裁判所

ア 義務履行地管轄裁判所

財産上の訴えは、義務履行地を管轄する裁判所に訴えを提起することができる（民訴5条1号）。貸金・保証に関する紛争における請求は、金銭債権であり、義務履行地は、第1次的には当事者の明示または黙示の合意によって定めるが、合意がない場合には、債権者の現時の住所・営業所が義務履行地となるのが原則である（民484条）。したがって、金銭支払いの請求をする原告の住所地を管轄する裁判所にも訴えを提起することができる（『コンメンタール民事訴訟法Ⅰ〔2版〕』109頁）。

イ 不法行為に基づく損害賠償の請求、不当利得に基づく請求の場合

不法行為に基づく損害賠償の請求や不当利得に基づく請求については、債権者の現時の住所（民484条）が義務履行地である（『コンメンタール民事訴訟法Ⅰ〔2版〕』111頁）。不当利得返還請求訴訟である過払金返還請求訴訟も、債権者である借主の現時の住所が義務履行地となり、借主の住所地を管轄する裁判所に訴えを提起することができる（竹内努「過払金返還請求訴訟の審理

の実情」判タ1306号43頁）。

ウ　債権譲渡があった場合の義務履行地管轄裁判所
　債権譲渡があった場合、譲受人である現債権者の住所地が弁済の場所となり（民484条）、債務者の義務履行地は譲受人である現債権者の住所地となり、譲受人である現債権者は、その住所地を管轄する裁判所に訴えを提起することができる（民訴5条1号）（『コンメンタール民事訴訟法Ⅰ〔2版〕』111頁、『注釈民法(12)』184頁）*1。

エ　関連裁判籍
　一つの訴えで数個の請求をする場合には、そのうちの一つの請求について管轄を有する裁判所に訴えを提起することができる（民訴7条本文）。

　この関連裁判籍（民訴7条）は、同一の被告に対し数個の請求を併合提起する場合〔請求の客観的併合〕に認められる。数人の被告に対する請求を一つの訴えで併合提起する場合〔訴えの主観的併合、共同訴訟〕の場合は、権利義務の共通または事実上および法律上の原因の同一のとき（民訴38条前段）に限定して認められる（民訴7条但書）。

3　管轄の合意

(1)　合意管轄の意義
　法定管轄は、公益的要求の強い専属管轄を除けば、主として当事者の公平と便宜を考慮して定められているから、その範囲で、当事者の合意によって法定管轄を変更することが許され、この合意によって定まる管轄を合意管轄という。

(2)　合意管轄の要件
　合意管轄が認められるためには、以下の要件が必要となる（『民事訴訟法講義案〔再訂補訂版〕』30頁(2)）。

---

*1　大判大7・2・12民録24輯142頁【35】、大判大12・2・26民集2巻71頁【36】、東京地判平17・7・22（平17(ワ)8216）（判例集等未登載）、東京高決平15・5・22判タ1136号256頁参照。

① 第一審の管轄裁判所の合意であること（民訴11条1項）
② 一定の法律関係に基づく訴えであること（同条2項）
③ 法定管轄と異なる定めであること
④ 書面によること（同項。同条1項の合意の内容を記録した電磁的記録も含む（同条3項））
⑤ 専属管轄の定めのないこと（同法13条）
⑥ 管轄裁判所が特定されていること

(3) 管轄合意の態様

ア 管轄合意の態様

管轄合意の態様には、排他的管轄合意（競合する法定管轄の一部を排除する合意）、選択的〔付加的〕管轄合意（法定管轄外の裁判所に付加的に管轄を認める合意）、専属的管轄合意（法定管轄の有無を問わず、特定の裁判所にだけ管轄を認める合意）がある。

イ 専属的管轄合意と応訴管轄

原告が専属的管轄の合意を無視して他の裁判所に訴えを起こしても、被告がそれに応訴すれば応訴管轄が生ずる（大判大10・5・18民録27輯929頁）（『民事訴訟法講義案〔再訂補訂版〕』31頁ア）。

ウ 管轄合意の効力

(ｱ) 管轄合意の効力

管轄合意の効力は、合意当事者のみを拘束し、第三者には及ばないのが原則である。しかし、合意当事者の一般承継人のほか、合意当事者の権利を代わって行使するにすぎない破産管財人や債権者代位訴訟における債権者は合意に拘束される（『民事訴訟法講義案〔再訂補訂版〕』31頁）。

特定承継人にも管轄合意の効力が及ぶかどうかは、目的たる権利関係の内容が当事者の意思によって定めることができるかどうかによって決まる。債権のように当事者の意思によってその内容を定めることができる権利関係については、特定承継人にもその効力が及ぶが、物権はその内容が法定されて

おり、管轄の合意をその内容に含ませることができないから、その効力は特定承継人には及ばない（『民事訴訟法講義案〔再訂補訂版〕』31頁）。

　(イ)　業者の本支店についての管轄合意条項の効力

　貸金業者等との契約において、管轄について業者の本支店の所在地を管轄する裁判所を合意管轄裁判所とする条項がある場合が多い。この条項の効力については、当該業者の本店または契約を締結した支店等の所在地を管轄裁判所とする旨の合意と解すべきである（福岡高決平6・7・4判タ865号261頁、横浜地決平15・7・7判時1841号120頁・判タ1140号274頁、東京地決平15・12・5判タ1144号283頁）（岡久ほか『簡易裁判所民事手続法』36頁）。

　(ウ)　簡易裁判所を専属的管轄とする合意に基づく地方裁判所から簡易裁判所への移送申立て

　サラ金会社からの貸金の借主が、利息制限法の制限利率で引き直し計算をすると過払金が生じ、その額が140万円を超えるとして、地方裁判所に訴えを提起した場合などにおいて、貸金契約等において簡易裁判所を専属的管轄する合意があるときに、サラ金会社が、民事訴訟法16条1項に基づき簡易裁判所への移送を求めることはできるのであろうか。

　これについては、借主から貸金業者に対する過払金664万円余の地方裁判所への不当利得返還請求訴訟について、貸金業者から、簡易裁判所を専属的管轄とする合意があるとして、民事訴訟法16条1項に基づき当該簡易裁判所への移送を求めた事案において、最高裁は、「地方裁判所にその管轄区域内の簡易裁判所の管轄に属する訴訟が提起され、被告から同簡易裁判所への移送の申立てがあった場合においても、当該訴訟を簡易裁判所に移送すべきか否かは、訴訟の著しい遅滞を避けるためや、当事者間の衡平を図るという観点（民訴17条参照）からのみではなく、民訴法16条2項の規定の趣旨にかんがみ、広く当該事件の事案の内容に照らして地方裁判所における審理及び裁判が相当であるかどうかという観点から判断されるべきものであり、簡易裁判所への移送の申立てを却下する旨の判断は、自庁処理をする旨の判断と同

135

じく、地方裁判所の合理的な裁量にゆだねられており、裁量の逸脱、濫用と認められる特段の事情がある場合を除き、違法ということはできず、このことは、簡易裁判所の管轄が専属的管轄の合意によって生じた場合であっても異なるところはない（民訴16条2項但書）」とした（最決平20・7・18民集62巻7号2013頁・判時2021号41頁）。

(エ) 管轄合意と本庁・支部

管轄合意により定められる裁判所は官署としての裁判所であり、その裁判所の本庁または支部のいずれにおいて事件を処理するかは裁判所の内部的事務分配の定めによって決せられる（東京高判昭51・11・25下民集27巻9～12号786頁）。

エ　管轄合意についての意思表示の瑕疵

管轄合意の要件効果は、もっぱら訴訟法によって定まるが、合意自体は訴訟外で実体法上の取引行為に付随してなされる行為であるから、意思表示の瑕疵については民法の規定を類推適用すべきである（『民事訴訟法講義案〔改訂補訂版〕』31頁エ）。

4　応訴管轄

(1)　応訴管轄

原告が土地管轄または事物管轄違いの第一審裁判所に訴えを提起した場合、被告が第一審裁判所において管轄違いの抗弁を提出しないで本案について弁論をし、または弁論準備手続において申述をしたときは、その裁判所は、ほかに専属管轄権を有するものがない限り、管轄権を有することになり（民訴12条）、応訴管轄が生ずる。

(2)　法定管轄原因が認められない訴状の取扱い

法定管轄原因の認められない訴状については、応訴管轄の成立可能性を考慮しないで対応するのが本則である。ただ、訴額が低廉で国民の身近な裁判所としての役割を果たすことが期待されている簡易裁判所においては、被告が応訴しなければ最終的には管轄が生じないことを原告に説明したうえでさ

しあたり訴状送達を試みるという運用を行うことが合理的な取扱いとみる余地もある（『民事訴訟法講義案〔再訂補訂版〕』31頁（注2））。

(3) 本案の弁論

ア　本案の弁論の意義

本案の弁論とは、被告が、原告主張の訴訟物である権利または法律関係につき事実上または法律上の陳述を行うことをいう。

被告が、口頭弁論で請求原因その他の事実について認否をすることは本案について弁論をしたことになるが、訴訟要件の欠缺を理由とする訴え却下の申立ては、本案の弁論に含まれない。事実や理由を付することなく単に請求棄却の裁判を申し立てているだけでは、本案の弁論とはいえない（大判大9・10・14民録26輯1495頁）（『民事訴訟法講義案〔再訂補訂版〕』31頁(2)）。

期日延期の申立て、忌避の申立ては、本案についての弁論ではない（『民事実務講義案Ⅰ〔四訂版〕』35頁）。

イ　答弁書等の擬制陳述と本案の弁論

被告の反対申立ておよび請求原因事実の認否や被告の主張を記載した答弁書または準備書面を提出した被告が第1回口頭弁論期日に欠席し、同答弁書等が擬制陳述された場合（民訴158条）には、それによって応訴管轄は生じないとされている。これは、被告には、管轄違いの裁判所に出頭する義務はなく、ここでの本案についての弁論とは、いわゆる「明示陳述」であることを要すると解されているからである（『民事実務講義案Ⅰ〔四訂版〕』35頁）。

5　遅滞を避ける等のための移送

(1) 遅滞を避ける等のための移送

第一審裁判所は、訴訟がその管轄に属する場合であっても、当事者および尋問を受けるべき証人の住所、使用すべき検証物の所在地その他の事情を考慮して、訴訟の著しい遅滞を避け、または当事者間の衡平を図るため必要があると認めるときは、申立てによりまたは職権で、訴訟の全部または一部を他の管轄裁判所に移送することができる（民訴17条）。

(2) 借主の住所地への移送等

　一般の消費者である借主と全国の者を相手に取引を行う貸金業者等との間の訴訟において、たとえば、合意管轄を理由として、借主の住所地から遠い貸金業者の本店所在地の裁判所に訴訟が提起された場合、借主の当該裁判所に出頭する経済的負担は相当大きいものとなる。これに対し、もともと全国の者を相手に取引をしている貸金業者等は全国の裁判所で訴訟が提起されることは予想されることであり、全国に支店等もある場合も多く、その経済的負担も大きくないと思われる。そのため、このような借主・貸金業者等間の訴訟が、借主の住所地から遠い貸金業者の本店所在地等で提起され、訴訟上の請求に争いあるような場合には、訴訟の遅滞を避け、当事者間の衡平を図るため、民事訴訟法17条により、借主の住所地への移送が認められることがある[*2]。

第3　当事者等

1　実質的な権限を有しない法令による訴訟代理人（支配人）

　支配人とは、会社等の商人に代わって、その事業・営業に関する一切の裁判上または裁判外の行為をする権限を有する商人の代理人である（商21条1

---

*2 ①　大阪地決平11・1・14判時1699号99頁は、貸金業者が、大阪の支店で債務者と契約を締結し、債権者の住所を管轄裁判所とする合意があるとして、大阪簡裁に訴えを提起し、契約締結後福岡に転居した被告である債務者が、福岡簡裁に移送を求めた事案において、被告本人尋問等の必要性、被告の経済的負担等を考慮し、当事者間の衡平を図るために必要であるとして、福岡簡裁への移送を認めた。

②　東京地決平11・3・17判タ1019号294頁は、信販会社と消費者の契約書に東京を管轄地とする合意条項がある場合に、証人が広島に在住することによる費用負担と審理の遅延、破産している被告が出頭費用を負担することが困難であること、各地に支店を有する原告が広島で審理されても大きな経済的負担がないことなどから、民事訴訟法17条により訴訟の著しい遅滞を避け、または当事者間の衡平を図るため、東京簡裁から広島簡裁に移送するのが相当であるとした。

③　東京高決平15・5・22判タ1136号296頁は、譲受債権者の住所管轄裁判所から保証債務者・譲渡債権者支店管轄裁判所への移送を認めた。

項、会社11条1項)。会社等の商人は、支配人を選任し(商20条、会社10条)、その営業所においてその営業を行わせ(商20条)、会社では本店または支店においてその事業を行わせることができるとされている(会社10条)。

しかし、サラ金会社等においては、実際に事業・営業における包括的代理権を有しない単なる従業員を、支配人に選任したとして登記をし、その者を支配人代理人として訴訟行為に当たらせることがある。これは、法令により裁判上の行為をすることができる代理人のほか、弁護士でなければ訴訟代理人となることができないとする民事訴訟法54条1項趣旨を潜脱するものであり、弁護士でない者に裁判上の行為をさせることを目的として、本来支配人でなく裁判上の行為をすることができない者についてこれを支配人とする旨の登記をしたものであり、当該登記は無効であり、登記された支配人は「法令により裁判上の行為をすることができる代理人」には当たらないと解される(前橋地判平7・1・25判タ883号278頁、東京地判平15・11・17判タ1134号165頁)。支配人の登記は事実上の推定力があるにとどまるので、その権限に問題があると考えられる場合には、その者が包括的代理権を有することを認める資料を提出すべきであり、それが提出されなければ、同人が代理人として提起した訴えは不適法として却下されることになる(東京地判平15・11・17判タ1134号165頁)(竹内努「過払金返還請求訴訟の審理の実情」判タ1306号45頁)。

2 簡易裁判所における訴訟代理人(認定司法書士、許可代理人)

(1) 認定司法書士

簡易裁判所では、認定司法書士(司法書士法3条1項6号イ・2項)や裁判所が許可をした会社の従業員等(民訴54条1項ただし書)も訴訟代理人となることができる。

認定司法書士とは、司法書士会の会員である司法書士のうち、所定の研修を受け、法務大臣による能力認定を受け、簡易裁判所において代理人となる

ことを認められた者である（司法書士法3条2項）。認定司法書士は、民事訴訟法の手続においては、目的物の価額が簡易裁判所の事物管轄を超えない範囲内（140万円を超えない範囲内（裁判所法33条1項1号））において代理権を有する（司法書士法3条1項6号）。

(2) 許可代理人

また、簡易裁判所では、その許可を得て、弁護士でない者を訴訟代理人とすることができる〔許可代理人〕（民訴54条1項ただし書）。代理人として許可を受ける者は、本人が自然人であれば同居の親族、本人が法人であれば当該法人の職員である。それ以外の者については許可されないのが原則である。それは、それ以外の者を代理人とする場合、弁護士法72条の非弁護士による報酬を得る目的での訴訟事件等の法律事務取扱いの禁止の関係などから、問題が生じる可能性があるからであり、例外的に許可する場合も、代理人許可をする必要性があり、それらの点の問題が生じないと判断される場合であると思われる。

(3) 主債務者が保証人の許可代理人となること

なお、主債務者と保証人が共同被告となる場合があり、その場合に、主債務者が保証人の代理人となることの許可申請をすることがある。これについては、主債務者が保証人の代理人となることにより、保証人の利益が害される可能性があるので、主債務者が保証人の代理人となるのは、相当でなく、代理許可は認めるべきではないと思われる[*3]。

第4 訴えの提起

1 訴え提起の方式

訴えの提起は、訴状を作成して裁判所に提出しなければならない（民訴

[*3] 主債務者と保証人が共同被告となる訴訟において、保証人の意向を聞いてきた被告である主債務者と原告貸主の間に、分割払い等の合意ができた場合には、和解に代わる決定を行い、決定書を保証人に送付し、異議申立ての機会を与える方法等をとるべきである。

133条1項)。簡易裁判所に対する訴えの提起は、口頭でもできる(民訴271条)。口頭での訴え提起の場合、裁判所書記官の前で陳述し、裁判所書記官が調書を作成して記名押印する(民訴規1条2項)。

訴状を被告に送達するために、被告の数に応じた訴状副本を提出する必要がある(民訴規58条1項参照)。訴額に応じた手数料を、収入印紙を訴状に貼付するなどして納め(民訴費4条・8条)、被告への訴状の送達費用等も郵便切手等で予納しなければならない(民訴費11条～13条)。

また、早期に実質的審理に入ることができるようにするために、請求を特定するための請求原因事実のほかに、請求を理由づける事実も記載し、かつ、立証を要する事由ごとに、当該事実に関連する事実で重要なものおよび証拠を記載しなければならないとされており(民訴規53条)、基本書証および重要な書証の写しの添付が求められている(民訴規55条)。

2　訴訟における主張立証の構造等

訴訟においては、申立人である原告が、自己の主張する請求権の発生を基礎づける具体的事実である請求原因を主張立証する必要がある。

請求原因と両立する具体的事実で、請求原因から発生する法律効果を排斥するものが抗弁となり、それは被告側が主張立証する必要がある。そして、抗弁と両立する具体的事実であって、抗弁から発生する法律効果を排斥するものが再抗弁となり、それは原告側が主張立証する必要がある。以下、再抗弁と再々抗弁との関係、再々抗弁と再々々抗弁との関係等、同様の関係で続くことになる。

請求原因事実を相手方である被告が、争わないか、争いがあるときでもその事実の存在を原告が証明した場合、被告側が、抗弁事実を主張立証しない限り、原告の請求が認められることになる。そして、請求原因事実を相手方である被告が、争わないか、争いがあるときでもその事実の存在を原告が証明し、抗弁事実を原告が、争わないか、争いがあるときでもその事実の存在を被告が証明した場合は、原告側が、再抗弁事実を主張立証しない限り、原

141

告の請求が認められないことになる。以下、再々抗弁、再々々抗弁と、同様の関係で続くことになる。

以下、各事件類型ごとに、主張すべき事実および証拠等について説明をする。何を主張し、何を証拠として提出すべきかについては、通常訴訟も少額訴訟も同様であると思われるので、以下の説明は、通常訴訟および少額訴訟に共通するものである。

通常訴訟と少額訴訟で違いがあるものについては、その都度、説明するものとする。

3　証拠の収集

(1)　書証等の提出

証拠のうち書証については、原告提出のものは、甲号証として、甲第1号証、甲第2号証……という番号を付して特定し、被告提出のものは、乙号証として、乙第1号証、乙第2号証……という番号を付して特定している。

書証は、写し2通（相手方である被告が複数のときは、当該被告の数に1を加えた通数）を裁判所に提出する（民訴規137条1項）。書証の内容がわかりにくいときは、裁判所から、証拠説明書の提出が求められることがある（民訴規137条1項）。

少額訴訟の場合は、原則として1回の期日で終了することになるので（民訴370条1項）、訴状とともに、主な証拠を提出し、訴状送達および被告に対する期日呼出しとともに、送達しなければならない（民訴370条2項）。

(2)　貸金・保証関係訴訟の主な証拠

ア　金銭消費貸借契約書等

貸金・保証関係訴訟においては、その関係の基となった金銭消費貸借契約書、借用書、念書等の書面があれば、それが金銭消費貸借契約の成立を証する客観的証拠となるので、それを提出すべきである。

基本契約を結び、一定の限度額に至るまで繰り返し借入れができる、いわゆるリボルビング式の金銭消費貸借の場合、当該基本契約書および借入返済

のデータである取引履歴を、証拠として提出すべきである。

　過払金返還請求訴訟においては、貸主側から開示された取引履歴があれば、それによって借入返済の状況は明確となり、それに基づいて過払金の計算をすることになるのであるから、訴状等提出の際には、甲号証として添付すべきである。

　　イ　保証契約の書面

　金銭消費貸借に関する書面の中で保証がなされていれば、それが保証契約成立の客観的証拠となるので、その書面を提出すべきである。また、金銭消費貸借契約の書面とは別の書面で保証がされていれば、その書面を提出すべきである。平成16年改正法で、保証契約は、書面でしなければその効力を生じないとされたので、その改正法施行（平成17年4月1日施行）後は、保証の意思が記載された書面がなければ、保証契約の効力は生じないことになる（民446条2項）。

　　ウ　領収書

　貸金・保証関係訴訟において、その返済がなされていれば、領収書等が発行されていることも多いと思われ、それが返済の事実を証する客観的証拠となるので、それも提出すべきである。

第5　倒産手続と民事訴訟との関係

1　個人再生（小規模個人再生・給与所得者等再生）手続と民事訴訟との関係

　貸金の債務者等において、小規模個人再生や給与所得者等再生の手続がされることもあるので、以下それらの手続と民事訴訟との関係についての説明をする。

　　(1)　手続開始と民事訴訟との関係

　小規模個人再生手続および給与所得者等再生が開始されても、債権の実体的確定がなされないから、再生債務者を当事者とする再生債権に関する訴訟

手続は中断しない（民再238条・245条による民再40条の適用除外）。

　　(2)　債権者一覧表に記載がなく届出もない債権等の効力

　一般の再生債権で、無異議債権および評価済債権以外の再生債権〔①債権者一覧表に記載がなく届出もない債権、②異議があったのに評価の申立期間を徒過した債権、③評価の申立てをしたが評価されなかった債権〕は、再生計画で定められた弁済期間が満了するまでの間は、弁済をし、弁済を受け、その他債権を消滅させる行為（免除を除く）をすることができない（民再232条3項本文・244条）。

　この場合の権利行使については、①期間経過後に一括弁済が受けられるとする見解と、②再生計画による分割弁済の定めが適用され分割払いの始期は計画弁済期間満了時であるとする見解に分かれている。

　この取扱いには例外があり、それは、①再生債権者の責めに帰することができない事由によって債権届出期間内に届出をすることができず、その事由が付議決定前に消滅しなかったもの、②再生債権の評価の対象となったものである（民再232条3項ただし書・244条）。②は、評価の裁判で認められなかった債権について、弁済期間中に通常訴訟等で債権の存在が確定した場合をいう。

　　(3)　再生計画認可決定確定

　再生計画の認可決定が確定すると、通常の再生手続では、債権調査手続を経て確定した再生債権を有する再生債権者の権利は、計画の定めに従って変更されることになり（民再179条1項）、ここに定められたもの以外は、原則としてその責任を免れるが（民再178条）、小規模個人再生および給与所得者等再生手続では、これらの規定の適用が排除され（民再238条・245条による民再178条・179条の適用除外）、再生債権者の権利は一般的基準に従って変更されるだけである（民再232条2項・244条）。また、小規模個人再生および給与所得者等再生手続では、再生債権を実体的に確定する手続がないので、再生債権は実体的に確定せず、再生債権者表に執行力は認められない（民再238

条・245条による民再180条の適用除外）。

　再生計画認可決定が確定しても、訴訟手続は中断しないので、訴訟手続はそのまま審理を続ける（民再238条・245条による民再40条の適用除外）。再生計画認可決定確定前に判決に熟するときは、口頭弁論を終結して判決を言い渡すことができる（岡久ほか『簡易裁判所民事手続法』194頁）。

　再生計画認可決定が確定したときは、判決をどのようにするかについて、以下の考え方があるとされている（岡久ほか『簡易裁判所民事手続法』194頁～197頁）が、確定説に従って、再生計画の内容による判決をすべきである（今中利昭ほか『実務倒産法講義案〔第3版〕』（民事法研究会）457頁・472頁）。

　① 確定説　　裁判所の認可した再生計画における権利の変更を無視して裁判することは許されず、その計画に従った判決をする。

〔主文〕

「被告は、原告に対し、平成○年○月○日から平成○年○月○日までの間、平成○年○月を第1回とし、以後○カ月ごとに当該月の○日限り○万○○○○円ずつ支払え。原告のその余の請求を棄却する」。

　② 不確定説　　再生計画認可決定は、貸金請求訴訟等の判決の執行手続における、停止事由（異議事由）に過ぎない。再生計画認可決定の確定は、貸金請求訴訟等に特に影響を及ぼさない。

〔主文〕

「被告は、原告に対し、○万○○○○円及び内金○万○○○○円に対する平成○年○月○日から支払済みまで年○％の割合による金員を支払え」。

　確定説は、再生計画認可決定確定の主張を抗弁として訴訟手続内で考慮することになり、不確定説は、訴訟手続は進め、再生債権者が判決を債務名義として強制執行をしてきた段階で、被告（債務者）が請求異議訴訟で争うことになる。

2　破産手続と民事訴訟との関係

　貸金の債務者等において、破産手続がされることもあるので、以下それら

の手続と民事訴訟との関係についての説明をする。

(1) 破産債権と訴訟手続

ア　破産手続開始と訴訟手続の中断

　破産手続開始決定は、決定と同時に効力が生じ（破30条2項）、破産手続開始決定があった場合は、破産財団に属する財産の管理および処分の権利は破産管財人に移る（破78条1項）ので、破産財団に関する訴えについては、破産管財人が当事者（原告または被告）となり（破80条）、破産者を当事者とする破産財団に関する訴訟手続は中断する（破44条1項）。

　破産財団に関する訴訟手続とは、破産財団に属する財産（破産者の積極財産）に関する訴訟と破産債権となるべき債権（破産者の消極財産）に関する訴訟の双方を含む。

イ　破産債権の確定と訴訟手続

　債務者の破産手続開始決定による訴訟手続中断後、債権者から破産債権の届出があると、破産裁判所による破産債権の調査・確定手続が行われ（破115条～）、債権調査の結果からも他の破産債権者からも異議がなければ、その債権は届出どおり確定し（破124条1項）、その調査の結果を記載した破産債権表（同条2項）の記載は、破産債権者の全員に対し確定判決と同一の効力を生じ（同条3項）、破産者が異議を述べず、異時廃止決定（破217条1項）もしくは同意廃止決定（破218条1項）の確定または破産手続終結決定（破220条1項）があったときは、確定した破産債権についての当該破産債権表の記載は、破産者に対して、確定判決と同一の効力を有する（破221条1項・2項）。したがって、破産者にも異議がないことを前提とした破産債権の確定によって中断中の訴訟の目的は達せられ、本案判決を受ける利益を失うことになるから、中断している訴訟は当然終了する。この場合、中断中の破産債権に関する訴訟が係属している訴訟裁判所の裁判所書記官は、破産裁判所に対し、事件番号、破産手続開始決定日、債権調査日、異議の有無、異議撤回の有無などの点について照会し、その調査の結果、破産債権が確定し、破

産者からも異議がなかった場合には、訴訟終了書を作成し、裁判官の認印を受けたうえで、速やかに訴訟の既済処理を行うべきである（既済日は、受訴裁判所が訴訟の終了を認定した日となる）。

【書式6】 訴訟終了書

```
                                      裁 判 官    ㊞
                                      裁判所書記官  ㊞
              訴 訟 終 了 書
                  原 告  ○  ○  ○  ○
                  被 告  ○  ○  ○  ○
   上記当事者間の平成○年（ハ）第○○○号貸金請求事件については，下記
 の事由により終了した。
                   記
 1  被告は，○○地方裁判所平成○年（フ）第○○○号破産事件において，
   平成○年○月○日午後○時○分破産手続開始決定を受けた。
 2  原告は，本件訴訟の請求債権全額を破産債権として破産裁判所に届け出
   た。
 3  上記破産債権は，平成○年○月○日の債権調査期日において異議なく確
   定した。
 4  よって，破産債権表が確定判決と同一の効力を有するので，本件訴訟は
   当然に終了した
                平成○年○月○日
                    ○○簡易裁判所
```

※　裁判所書記官研修所『倒産実務講義案』（司法協会）92頁(ｱ)参照。

ウ　破産届出債権に破産管財人または他の破産債権者から異議があった場合

　破産裁判所に届け出られた破産債権について、破産管財人または他の破産債権者から異議が述べられたときは、その債権が債務名義を有しない無名義債権である場合には、本来、破産債権を有する届出債権者自身が破産債権査

定異議の訴えを提起して債権の確定を図る必要がある（破126条1項）が、破産手続開始決定当時すでにその債権につき訴訟が係属している場合には、届出債権者が異議者の全員を相手方として、中断中の訴訟手続につき受継の申立てをすることができる（破127条）。受継後の訴訟は、債権確定訴訟としての性質を有することになるから、中断中の訴訟が給付訴訟である場合には、請求の趣旨を確認訴訟に変更する必要がある。

　この場合、受継の申立て自体は、相手方（異議者）からもできる（民訴126条）が、異議を述べられた破産債権の確定を求めるか否かは、本来届出債権者の自由な処分に委ねられるべき事項であるから、相手方からの受継申立てを届出債権者自身が拒絶している限り、受継申立てを却下するのが相当であり、同様の理由で、裁判所が受継申立てをしない届出債権者に対し続行命令（民訴129条）を発令することは困難であると考えられる。したがって、届出債権者自身に受継の意思がない場合には、中断中の訴訟事件がそのままの状態で係属することになり、訴訟裁判所としては、基本的に破産手続終了に基づく破産者による当然受継（破44条6項）を待つほかない（裁判所書記官研修所『倒産実務講義案』（司法協会）93頁ａ）。

　　エ　届出債権に破産者から異議があった場合

　破産者から異議があった場合には、破産管財人および破産債権者間では届出どおり債権が確定するが、届出債権者は、破産者に対しては、異時廃止決定（破217条1項）もしくは同意廃止決定（破218条1項）の確定または破産手続終結決定（破220条1項）があった後においても、破産債権表を債務名義として強制執行をすることはできない（破221条1項・2項参照）。そして、届出債権者が、債務名義を取得するために破産手続中に訴えを提起することは許されない（破100条1項）（裁判所書記官研修所『倒産実務講義案』94頁ｃ）。

　　オ　破産手続終了と訴訟手続

　破産手続開始決定により中断した破産者を当事者とする破産財団に関する訴訟手続は、受継があるまでに破産手続が終了したときは、破産者は当然訴

訟手続を受継する（破44条6項）。

破産管財人受継後に破産手続が終了した場合は、訴訟は再度中断し、破産者が受継する（破44条4項・5項）。

カ　同時廃止と訴訟手続

同時廃止（破216条1項）の場合、破産管財人は選任されず、破産者は財産の管理処分権を喪失せず、破産財団も成立しないから、訴訟手続は破産によって影響を受けず、中断はしない（『コンメンタール民事訴訟法II〔2版〕』561頁）。

ただ、破産手続開始の申立てをした個人である債務者は、反対の意思表示をしていない限り、当該申立てと同時に免責許可の申立てをしたものとみなされ（破248条4項）、免責許可申立て後、破産手続同時廃止決定（破216条1項）、破産手続異時廃止決定の確定（破217条1項）、破産手続終結決定（破220条1項）があったときは、免責許可申立てについての裁判が確定するまでは、破産者の財産に対する破産債権に基づく強制執行等をすることができない（破249条1項）。

キ　破産免責の効果

(ア)　破産免責の意味――免責債務の履行を求める訴え

免責の対象となった債務については、債務そのものは消滅せず、責任を免除されるにとどまり（破253条1項）、いわゆる自然債務として存続すると解するのが通説判例である。自然債務とされるものの内容は多様であるが、最低限度の効力として、給付保持力を有するが、訴求可能性および執行可能性を欠くことは一般に承認されている。破産免責の効力を受ける債権については、訴えをもってその履行を請求しその強制的実現を図ることができなくなったものであり（最判平9・2・25判時1607号51頁、最判平11・11・9民集53巻8号1403頁）、免責決定確定後に債権者が債務の履行を求めて訴えを提起しても請求棄却となり、強制執行をすることも許されない。つまり、免責許可の対象となった債権の請求訴訟においては、免責許可決定が確定したことが

抗弁となる（塚原『事例と解説民事裁判の主文』341頁、『最高裁判所判例解説民事篇平成11年度(下)』674頁(四)）（大阪地判平5・10・13判時1514号119頁・判タ840号205頁）*4。

時効中断の手続についても、上記の制限を受け、時刻中断事由も、訴え提起以外の承認（民156条）等に制限されると解すべきである（東京簡判平18・8・31（平18(ハ)768）判例集未登載）。

　(イ)　免責の対象となった債権を自働債権とする相殺

一般に、相殺が有効であるためには、原則として、相殺の意思表示がされた当時に相殺適状が現存していることが必要であると解するのが相当であるから（最判昭54・7・10民集33巻5号533頁）、免責の対象となり、その履行を強制することができなくなった債権を自働債権とする相殺は、相殺の意思表示がされた当時に相殺適状が現存していないものとして、原則として、その効力を生じないというべきである。しかし、破産債権者であった者は、自己の有する自働債権が免責の対象となっても、破産手続開始決定以前から受働債権との相殺につき合理的期待を有しており、かつ、当該受働債権が破産財団に属すべきものであった場合には、特段の事情がない限り、破産法所定の制約の下に相殺をすることができると解するのが相当である。これは、免責の効果については、その対象となった債務が消滅するのではなく、その責任が免除されるにとどまる（自然債務となる）と解するのが相当であるから、自働債権が免責の対象となっても、対立する二つの債権の存在自体は認めることができるし、時効によって消滅した債権であっても相殺に供しうると定めた民法508条および担保権の存続を定めた破産法253条2項の趣旨に照らすと、破産債権者であった者の相殺に対する合理的期待についても一定の保護

---

*4　滝澤『民事法の論点』140頁は、すでに債務名義を得ているときには、当該債務名義に基づく債権の消滅時効を中断する必要があるなどの格別の場合を除き、訴えの利益が否定されるため、請求認容の判決を求めることはできず、当該請求に係る訴えが却下されることになるのと同様に、自然債務についても、訴えの利益の問題として、訴訟判決で裁判所の判断を示すのが妥当であるとする。

を与えるのが相当であるということができ、他方、破産財団に属すべき財産であれば、免責を受けた者がその満足を得るべき地位にはなく、相殺を認めても免責の趣旨に反することにならないからである（岡口『要件事実マニュアル 3 巻〔 3 版〕』291頁）*5。

　(ｳ)　非免責となる債権者名簿等に記載しなかった請求権の範囲

　破産者が知りながら債権者名簿（破産手続開始申立てに伴う免責許可のみなし申立て（破248条 4 項本文）の場合は「債権者一覧表」）に記載しなかった請求権は、免責許可決定による免責の効果が及ばず、非免責債権とされる（破253条 1 項 6 号）。

　この場合、記載しなかったことについて、破産者に故意または過失が必要であるとする見解と、故意も過失も不要とする見解があるが、裁判例では、過失を必要とし、債権者名簿に記載することを失念した場合には過失がないときは免責を認めている（東京地判平15・ 6 ・24金法1698号102頁、東京地判平12・ 2 ・27金法1656号60頁、神戸地判平元・ 9 ・ 7 判時1336号116頁）（今中利昭ほか『実務倒産法講義〔 3 版〕』（民事法研究会）959頁(ｶ)）。

　金額が未確定な債権も債権者名簿に記載しなければ非免責債権となる（東京地判平11・ 8 ・25金商1109号55頁）。未記載の請求権も、当該破産債権者が破産手続開始決定があったことを知っていた場合は、免責の対象となる（破253条 1 項 6 号）（今中利昭ほか『実務倒産法講義〔 3 版〕』（民事法研究会）960頁）。

　(ｴ)　免責と別除権

　担保権は別除権（破 2 条 9 項）として、免責の対象とならず、その被担保債権は担保権の価値の範囲で財団債権と同視できるから、被担保債権も担保

＊5　名古屋地判平17・ 5 ・27判時1900号135頁・判タ1203号295頁　建物共済契約について失念して破産裁判所に申告せずに破産免責決定を受けた者が、その後共済掛け金を払わなかったために共済契約が失効消滅し、返戻金等請求権を取得したとして、その請求訴訟を提起したことに対して、共済契約の相手方である被告が、同原告に対する破産前の貸金と相殺することを認めた。

151

権の価値の範囲では免責の対象とならない（今中利昭ほか『実務倒産法講義〔3版〕』（民事法研究会）961頁）。

たとえば、破産者が自宅の住宅ローンのために抵当権を設定している場合は、破産者が免責を受けた後も住宅ローン債権者は破産者の自宅に対して住宅ローン債権の被担保債権とする抵当権の実行ができ、抵当権実行によって回収できなかった住宅ローン債権の残額については免責されており、破産者に請求できないことになる（今中利昭ほか『実務倒産法講義〔3版〕』（民事法研究会）962頁）。

担保権実行の代わりに、担保権受戻しによる任意売却の方法によって被担保債権を回収する場合も同様である（今中利昭ほか『実務倒産法講義〔3版〕』（民事法研究会）962頁）。

(2) 法人と破産

ア　会社・取締役の破産手続開始と取締役の地位

株式会社と取締役との関係は、委任に関する規定に従うこととされており（会社330条）、破産手続開始決定は民法上の委任終了事由に該当し（民653条2号）、委任関係を終了させることになる（会社が破産した場合も取締役は当然取締役の地位を失う。最判昭43・3・15民集22巻3号625頁）。したがって、会社法施行後も、破産手続開始決定を受けた取締役は、その地位を失うことになる。会社法の下では、「破産手続開始の決定を受け復権していない者」を取締役の欠格事由としないこととしたので（会社331条参照）、破産手続開始決定を受けた取締役を、復権前に再度取締役として選任するか否かは、株主総会の判断に委ねられることとなった（会社329条参照）（相澤哲「立案担当者による新・会社法の解説」別冊商事法務№295・99頁）。

イ　破産手続終了と取締役の地位

会社法330条によれば、会社と取締役との間の関係は委任に関する規定に従うべきものであり、民法653条によれば、委任は委任者または受任者の破産によって終了するのであるから、取締役は会社の破産により当然取締役の

地位を失うのであって、同時廃止の場合も含め破産手続が終了したからといって、当該会社の残余財産が存するときに、すでに委任関係が終了した取締役が会社法478条 1 項 1 号により当然清算人となると解することはできず、会社法478条 1 項 2 号・ 3 号の場合を除き、会社法478条 2 項により利害関係人の申立てによって裁判所が清算人を選任すると解されている（前記最判昭43・ 3 ・15）（今中利昭ほか『実務倒産法講義案〔 3 版〕』（民事法研究会）891頁・892頁）。

　したがって、破産した会社に残余財産があり、そのような会社に対し訴訟を提起する場合は、代表者がいないことになるので、特別代理人の選任をする必要がある（民訴35条）。

II　貸金返還請求訴訟

第 1　貸金返還請求の訴状

　貸金返還請求訴訟の訴状には、借入返済についての別紙計算書を貼付すべきである。

【書式 7 】　貸金返還請求訴訟の訴状

```
┌─────┐
│収　入│                訴　　　状
│印　紙│
└─────┘
                                              平成〇年 4 月 1 日

〇〇地方裁判所御中
                        原告訴訟代理人
                            弁護士　〇　〇　〇　〇　㊞
          〒 ……………（住所）……………
              原　　　告　〇　〇　〇　〇
          〒 ……………（住所）……………
```

　　　　　　　　　同訴訟代理人弁護士　○　○　○　○
　　　　　　　　　（送達場所）
　　　　　　　　　電　話　○○○－○○○－○○○○
　　　　　　　　　ＦＡＸ　○○○－○○○－○○○○
　　　〒………………（住所）………………
　　　　　　　　　被　　　　　告　　○　○　○　○
貸金請求事件
　　訴訟物の価額　　○○○万円
　　貼用印紙額　　　○○○○円
第１　請求の趣旨
　１　被告は，原告に対し，○○万円及びうち○○○万円に対する平成○年１月１日から完済に至るまで年２割の割合による金員を支払え。
　２　訴訟費用は被告の負担とする。
　３　仮執行の宣言
第２　請求の原因
　１　原告は，平成△年１月１日，被告に対し，弁済期を同年12月末日，それまでの利息を年１割，弁済期後の損害金を年２割と定めて，○○○万円を貸し渡した（甲１）。
　２　よって，原告は，前記金銭消費貸借に基づき，被告に対し，元本○○○万円と平成△年１月１日から同年12月末日までの約定利息○○万円の合計○○○万円及び当該元本に対する弁済期の翌日である平成○年１月１日から完済に至るまで約定の年２割の割合による遅延損害金の支払いを求める。
　　　　　　　　　　証　拠　方　法
１　金銭消費貸借契約書（甲１号証）
　　　　　　　　　　附　属　書　類
１　甲１号証写し　　２通
２　訴訟委任状　　　１通

【書式8】 貸金返還請求訴訟の訴状の請求原因（基本契約に基づく継続的金銭消費貸借）

1　原告と被告は，平成○年○月○日，次のとおりの約定で繰り返し貸し付けることができる継続的金銭消費貸借基本契約を締結した。
　　貸付限度額　50万円
　　弁済方法　　毎月○日限り1万円以上
　　利　　息　　年18パーセント
　　遅延損害金　年20パーセント

　　特　　約　　毎月の返済を1度でも怠ると，当然に期限の利益を失う。
2　被告は，原告に対し，別紙計算書記載のとおり金員を借り受け，返済をしたが，平成○年○月○日の返済を怠り期限の利益を喪失した。
3　よって，原告は，被告に対し，利息制限法の制限利率の範囲内で計算し，金○○万○○○○円及び内金○○万○○○○円に対する期限の利益喪失の日の翌日である平成○年○月25日から支払い済みまで年20パーセントの割合による遅延損害金の支払いを求める。

（別紙計算書）

日　付	貸　付	入金	日数	利率	利息	元金充当	残元金
平成○.3.14	00,000						00,000
平成○.4.6		00,000	23	0.18	0,000	00,000	00,000
平成○.4.10	000,000		4	0.18	000		000,000
平成○.5.11		00,000	31	0.18	0,000	0,000	000,000
平成○.6.19		00,000	39	0.18	0,000	00,000	000,000
平成○.7.24			35	0.18	0,000		000,000

第2　貸金返還請求の要件事実

1　貸金返還請求の請求原因

⑴　貸金元本返還請求の請求原因

ア　弁済期の定めがある場合の請求原因

　弁済期の定めがある場合の貸金元本返還請求の請求原因事実は、以下のとおりである（『改訂紛争類型別の要件事実』26頁⑴、加藤ほか『要件事実の考え方と実務〔2版〕』219頁、村田ほか『要件事実論30講〔2版〕』174頁、岡口『要件事実マニュアル2巻〔3版〕』140頁）。

① 　貸主（原告）・借主（被告）間での金銭返還の合意

　「貸し付けた」と表現すれば、含まれると理解できる（村田ほか『要件事実論30講〔2版〕』175頁）。

② 　貸主（原告）の借主（被告）への金銭の交付

　「貸し付けた」と表現すれば、含まれると理解できる（村田ほか『要件事実論30講〔2版〕』175頁）。

③ 　貸主（原告）・借主（被告）間での弁済期の合意

　貸借型の契約は、一定の価値をある期間借主に利用させることに特色があり、契約の目的物を受け取るや否やこれを直ちに返還すべき貸借は無意味であるから、貸借型の契約において返還時期（弁済期）の合意は、売買契約のように法律の附款となるのではなく、その契約に不可欠の要素であり、成立要件として必ずその摘示を要すると解されている〔貸借型理論〕（『改訂紛争類型別の要件事実』27頁ア、村田ほか『要件事実論30講〔2版〕』175頁、岡口『要件事実マニュアル2巻〔3版〕』141頁ア）。

④　弁済期の到来

イ　期限の定めがない場合の請求原因

㈦　請求原因

　弁済期の定めがない場合の貸金元本返還請求の請求原因事実は、以下のと

おりである（『改訂紛争類型別の要件事実』27頁イ、加藤ほか『要件事実の考え方と実務〔2版〕』222頁、岡口『要件事実マニュアル2巻〔3版〕』149頁）。

① 貸主（原告）・借主（被告）間での金銭返還（および弁済期を催告時とすること）の合意

事実摘示で「貸し付けた」と表現すれば、含まれると理解できる（村田ほか『要件事実論30講〔2版〕』175頁）。

② 貸主（原告）の借主（被告）への金銭の交付

事実摘示で「貸し付けた」と表現すれば、含まれると理解できる（村田ほか『要件事実論30講〔2版〕』175頁）。

③ 催告期間を定めた催告

④ a 催告期間末日の到来

または

b 客観的相当期間の末日の到来

上記④ bの場合の相当の期間とは、その消費貸借の目的となっているその種類物を返還するのに、取引上一般に必要だと認められる期間であり、契約の目的や金額その他の具体的な事情により、客観的に決められる（『新版注釈民法(15)』46頁、村田ほか『要件事実論30講〔2版〕』175頁・176頁）。

催告は、催告期間を定めなくとも、客観的相当期間が経過すれば、その効力を生ずる（大判昭5・1・29民集9巻97頁）（岡口『要件事実マニュアル2巻〔3版〕』150頁）。

(イ) 訴状送達による催告

訴状送達による催告の場合、上記(ア)③の催告は、訴状の「訴状送達の日」という部分で主張しているとみなし、上記(ア)④の期間末日の到来は、自明であるから記載しないのが通例である。そして、訴状送達による催告によって遅延損害金を請求する場合、訴状送達から相当期間経過した日からからの請求となる（『増補民事訴訟における要件事実1巻』278頁、岡口『要件事実マニュアル2巻〔3版〕』150頁）。

ウ 割賦弁済で期限の利益喪失約款による請求の場合の請求原因

(ｱ) 期限の利益喪失約款による期限の到来の具体的請求原因

借主（被告）が分割金の支払いを１回でも怠ったら期限の利益を喪失するとの期限の利益喪失約款による期限の到来の具体的要件事実は、以下のとおりである（『増補民事訴訟における要件事実１巻』272頁〜274頁、加藤ほか『要件事実の考え方と実務〔２版〕』220頁、村田ほか『要件事実論30講〔２版〕』177頁・178頁、岡口『要件事実マニュアル２巻〔３版〕』147頁２、金『要件事実論の理解』82頁・83頁）。

① 貸主（原告）・借主（被告）間での金銭返還（および分割弁済）の合意
② 貸主（原告）の借主（被告）への金銭の交付
③ 各割賦金のいずれかの弁済期が経過したときは、当然に借主はその後に到来すべき期限の利益を失い、残額全部の弁済期が経過したものとする合意
④ 特定の割賦金の弁済期の経過

支払いを怠ったという消極事実を要件事実とするのは妥当でない。

特定の弁済期（○月×日）に支払うべき割賦金の弁済の提供をしたことが抗弁となる。

(ｲ) 実　務

実務では、分割弁済を怠ったことを停止条件と考えるのが通常である。そう考えた場合の要件事実は、以下のとおりとなり、下記④はこの条件の成就の主張である（岡口『要件事実マニュアル２巻〔３版〕』148頁イ）。

① 貸主（原告）・借主（被告）間での金銭返還（および分割弁済）の合意
② 貸主（原告）の借主（被告）への金銭の交付
③ １回でも分割弁済を怠ったときには、当然に借主はその後に到来すべき期限の利益を失い、残額全部の弁済期が経過したものとする合意
④ 特定の弁済期において分割弁済を怠ったこと

第4節　訴訟手続

〈記載例1〉　実務での期限の利益喪失約款による期限の到来の具体的請求原因の記載例

> 1　原告は、被告に対し、平成○年○月○日、○万円を以下の約定で貸し付けた。
> 　　弁済期及び方法　平成○年○月から平成○年○月までの間、毎月末日限り○万円を支払う。
> 　　期限の利益喪失　被告が上記分割金の支払いを1回でも怠ったときは、被告は当然に上記期限の利益を失う。
> 2　被告は、平成○年○月末日に支払うべき○万円の支払いを怠った。

エ　利息の天引きがされた場合の貸金元本返還請求の請求原因

利息の天引きがされた場合の貸金元本返還請求の請求原因は、以下のとおりである（『改訂紛争類型別の要件事実』28頁、岡口『要件事実マニュアル2巻〔3版〕』150頁）。

① 貸主（原告）・借主（被告）間での金銭（元本）返還の合意
② 貸主（原告）の借主（被告）に対する元本の一部の交付
③ 貸主（原告）・借主（被告）間での①の元本額と②の交付額との差額につき利息として天引きする合意
④ 貸主（原告）・借主（被告）間での弁済期の合意
⑤ 弁済期の到来

(2)　利息請求の請求原因

ア　利息請求の請求原因の要件事実

利息請求の場合の請求原因の要件事実は、以下のとおりである（『改訂紛争類型別の要件事実』29頁・30頁、加藤ほか『要件事実の考え方と実務〔2版〕』224頁、村田ほか『要件事実論30講〔2版〕』276頁ウ、岡口『要件事実マニュアル2巻〔3版〕』140頁）。

① 元本債権の発生原因事実
②a　利息の約定

またば

　b　双方が商人であること（商513条1項）

③　②の後の一定期間の経過

イ　利率の主張立証

　(ア)　民事法定利率による利息の請求

年5分の民事法定利率の請求をする場合、その点については主張立証する必要がない（民404条）（岡口『要件事実マニュアル2巻〔3版〕』145頁a）。

　(イ)　商事法定利率による利息の請求

上記ア②aで、商事法定利率年6分（商514条）の請求をする場合は、貸主または借主のいずれかが、会社（会社5条、商4条1項・503条2項）、商人であること（商503条）または絶対的もしくは営業的商行為による債権であること（商501条・502条）を主張立証する（『改訂紛争類型別の要件事実』30頁、加藤ほか『要件事実の考え方と実務〔2版〕』224頁、岡口『要件事実マニュアル2巻〔3版〕』145頁b）。

上記ア②bで、商人間の金銭消費貸借で当然に法定利息が発生する場合も利率は年6分となる（商513条1項）（加藤ほか『要件事実の考え方と実務〔2版〕』224頁、岡口『要件事実マニュアル2巻〔3版〕』145頁）。

　(ウ)　約定利率による利息の請求

法定利率を超える約定利率による利息を請求する場合には、さらに民法404条の「別段の意思表示」として、「原告が被告との間で法定利率を超える利率の合意をしたこと」を主張立証する必要がある（『改訂紛争類型別の要件事実』30頁、加藤ほか『要件事実の考え方と実務〔2版〕』224頁、岡口『要件事実マニュアル2巻〔3版〕』146頁c）。

(3)　遅延損害金請求の請求原因

遅延損害金請求の場合の請求原因は、以下のとおりである（『改訂紛争類型別の要件事実』31頁ア、加藤ほか『要件事実の考え方と実務〔2版〕』227頁、村田ほか『要件事実論30講〔2版〕』276頁エ、岡口『要件事実マニュアル2巻〔3

版〕』140頁・141頁)。

① 元本債権の発生原因事実
② 弁済期の経過（民415条前段）

確定期限の合意がある場合にはその期限の経過（民412条1項）、不確定期限がある場合にはその期限の到来、債務者がそれを知ったことおよびその日の経過（同条2項）、期限の定めのない場合には催告および相当期間の末日の経過（民591条1項）となる（『改訂紛争類型別の要件事実』31頁イ、加藤ほか『要件事実の考え方と実務〔2版〕』228頁）。

この点は、貸金元本の請求原因であるから、貸金元本とともに請求する場合は、あらためて主張する必要はない（加藤ほか『要件事実の考え方と実務〔2版〕』228頁）。

③ 損害の発生及び額
　a　法定利率による損害金を請求する場合

金銭債務の不履行の場合、特約がなくとも、当然に法定利率年5分（民404条）の割合による遅延損害金を請求することができ（民419条1項本文)、法定利率による損害金を請求する場合は、何も主張する必要はない（『改訂紛争類型別の要件事実』31頁、加藤ほか『要件事実の考え方と実務〔2版〕』228頁、岡口『要件事実マニュアル2巻〔3版〕』146頁、村田ほか『要件事実論30講〔2版〕』277頁)。

商事法定利率年6分の請求をする場合について、上記(2)イ(イ)（160頁）参照（岡口『要件事実マニュアル2巻〔3版〕』146頁）。

　b　約定の利率で損害金を請求する場合

約定の利率で請求する場合は、利率の約定を主張する必要がある（民419条1項ただし書)。約定利息の利率の定めはあるが、遅延損害金の利率の定めがない場合は、遅延損害金も約定利率による。利息制限法の制限を超える利息の約定はあるが遅延損害金の利率の約定がない場合、遅延損害金の利率は、利息制限法1条1項の利率になる（最判

161

昭43・7・17民集22巻7号1505頁)(『改訂紛争類型別の要件事実』31頁・32頁、加藤ほか『要件事実の考え方と実務〔2版〕』228頁、岡口『要件事実マニュアル2巻〔3版〕』146頁)。

2 貸金返還請求における抗弁等

貸主からの貸金返還請求事件における、借主からの主な抗弁は、以下のとおりである。

(1) 弁済の抗弁等

ア 弁済の抗弁の要件事実

貸主からの貸金返還請求事件における、借主からの弁済の抗弁の要件事実は、以下のとおりである(「改訂紛争類型別の要件事実」32頁(1)、加藤ほか「要件事実の考え方と実務〔第2版〕」230頁・231頁・232頁)。

① 債務の本旨に従った給付
② 給付と債権の結びつき(①の給付が請求債権についてなされたこと)(最判昭30・7・15民集9巻9号1058頁、最判昭46・6・29判時636号50頁)(『民事訴訟における事実認定』311頁)

イ 第三者弁済の抗弁に対する再抗弁

貸主からの貸金返還請求事件における、借主からの第三者弁済(民474条)の抗弁に対する再抗弁として、「第三者弁済に対する反対の意思表示」(民474条1項但書)がある(加藤ほか『要件事実の考え方と実務〔2版〕』231頁)(最判昭38・11・15集民69号215頁)。

(2) 代物弁済の抗弁

ア 代物弁済の抗弁の要件事実

貸主からの貸金返還請求事件における、借主からの代物弁済の抗弁の要件事実は、以下のとおりである(加藤ほか『要件事実の考え方と実務〔2版〕』233頁・234頁)。

① 被告が②の当時代物弁済対象物を所有していたこと
② 原告と被告が本来の債務の弁済に代えて異なる給付をすることを合意

したこと
③ ②の合意に基づいて本来の給付と異なる給付をすること
イ　債務消滅としての代物弁済における対抗要件の具備
債務の消滅原因として代物弁済を主張する場合には、本来の給付と異なる給付の完了として対抗要件の具備まで主張しなければならない（最判昭39・11・26民集18巻9号1984頁、最判昭40・4・30民集19巻3号768頁）（加藤ほか『要件事実の考え方と実務〔2版〕』233頁）。

(3)　相殺の抗弁等
ア　相殺の抗弁の要件事実
貸主からの貸金返還請求事件における、借主からの相殺の抗弁の要件事実は、以下のとおりである（『改訂紛争類型別の要件事実』32頁(2)、加藤ほか『要件事実の考え方と実務〔2版〕』235頁）。
(ｱ)　自働債権の発生原因事実
　　a　自働債権の弁済期の到来
自働債権の発生原因が売買型の契約である場合、被告は(ｱ)の事実だけを主張立証すれば足りる。弁済期の合意が再抗弁となる。これに対し、自働債権の発生原因が貸借型の契約の場合、(ｱ)の事実を主張立証することにより、弁済期の合意の事実が現れるので、被告は弁済期の到来も主張立証しなければならない（『改訂紛争類型別の要件事実』33頁、加藤ほか『要件事実の考え方と実務〔2版〕』236頁）。
　　b　自働債権の抗弁権の発生障害・消滅の事実
自働債権に同時履行の抗弁権が付着している場合（売買代金請求債権における売買目的物引渡しとの同時履行の抗弁権等）、判例（大判昭13・3・1民集17巻318頁）通説によれば、抗弁権の存在効果として相殺が許されないことになるから、自働債権の発生原因事実の主張自体からその債権に抗弁権が付着していることが明らかな場合は、抗弁権の発生障害または消滅原因となる事実も併せて主張しなければ（前記売買代金請求債権における売買目的物の引渡

し等)、相殺の抗弁が主張自体失当となる(『改訂紛争類型別の要件事実』33頁、加藤ほか『要件事実の考え方と実務〔2版〕』236頁)。

(イ) 受働債権(請求債権)につき被告が原告に対し一定額について相殺の意思表示をしたこと

債務の性質が相殺を許さないものであること(民505条1項ただし書)は、一般には相殺の抗弁に対する再抗弁と考えられるが、受働債権の内容からこの点が明白な場合(たとえば、民509条(不法行為により生じた債権を受働債権とする相殺の禁止))は、相殺の抗弁が主張自体失当となる(『改訂紛争類型別の要件事実』33頁ウ)。

イ 相殺の抗弁に対する再抗弁

貸主からの貸金返還請求事件における、借主からの相殺の抗弁に対する再抗弁として、以下のものがある。

① 相殺の意思表示に条件または期限が付されていることの再抗弁

相殺の意思表示には、条件または期限を付することができず(民506条1項後段)、条件または期限を付した意思表示は無効となるから、相殺の意思表示に条件または期限が付されていることは、相殺の抗弁に対する再抗弁となる(『改訂紛争類型別の要件事実』33頁エ)。

② 自働債権が受働債権成立前に時効消滅していること(民508条参照)の再抗弁(岡口『要件事実マニュアル1巻〔3版〕』549頁1)

(4) 消滅時効の抗弁等

ア 消滅時効の抗弁の要件事実

貸主からの貸金返還請求事件における、借主からの消滅時効の抗弁の要件事実は、以下のとおりである(『改訂紛争類型別の要件事実』34頁ア、加藤ほか『要件事実の考え方と実務〔2版〕』238頁、岡口『要件事実マニュアル1巻〔3版〕』238頁Ⅰ)。

① 権利を行使することができる状態になったこと(権利を行使できる時期の到来)

第 4 節　訴訟手続

権利行使が可能であることは、請求原因に現れているから、改めて主張立証する必要はない（『改訂紛争類型別の要件事実』34頁、加藤ほか『要件事実の考え方と実務〔2 版〕』238頁）。
② ①の時から一定の期間〔時効期間〕が経過したこと（商事消滅時効）
　　商行為によって生じた債権について 5 年の消滅時効による債権の時効消滅を主張する場合には、②の時効期間につき、「債権が商行為によって生じたものであること」を主張立証すべきことになる（商522条）（『改訂紛争類型別の要件事実』35頁）。
③ 援用権者が相手方に対し時効援用の意思表示をしたこと
イ　消滅時効の抗弁に対する再抗弁
　貸主からの貸金返還請求事件における、借主からの消滅時効の抗弁に対する再抗弁として、以下のものがある。
① 時効中断の再抗弁（『改訂紛争類型別の要件事実』36頁カ、加藤ほか『要件事実の考え方と実務〔2 版〕』239頁、岡口『要件事実マニュアル 1 巻〔3 版〕』244頁 4・245頁 6、金『要件事実論の理解』108頁）
② 時効援用権喪失の再抗弁
　a　時効援用権の喪失
　　　時効完成後の債務の承認については、民法に規定がないが、債務者が、消滅時効完成後に債権者に対し債務の承認をした場合には、時効完成の事実を知らなかったときでも、信義則に照らし、その後その時効を援用することは許されない（最判昭41・4・20民集20巻 4 号702頁）（『改訂紛争類型別の要件事実』37頁、加藤ほか『要件事実の考え方と実務〔2 版〕』240頁・241頁、岡口『要件事実マニュアル 1 巻〔3 版〕』243頁、金『要件事実論の理解』108頁）。
　b　時効援用権喪失の再抗弁の要件事実
　　　貸主からの貸金返還請求事件における、借主からの消滅時効の抗弁に対する、貸主からの時効援用権喪失の再抗弁の要件事実は、債務者

が時効完成後に債務の承認をしたことである（『改訂紛争類型別の要件事実』37頁、岡口『要件事実マニュアル1巻〔3版〕』243頁）。

③　時効利益の放棄の再抗弁

貸主からの貸金返還請求事件における、借主からの消滅時効の抗弁に対する、貸主からの時効利益の放棄の再抗弁の要件事実は、以下のとおりである（岡口『要件事実マニュアル1巻〔3版〕』242頁）。

a　時効の利益を放棄するとの意思表示をしたこと
b　aのとき時効の完成を知っていたこと

(5)　名義貸しによる無効の抗弁

借主が名義貸しによる民法93条（心裡留保）ただし書類推適用無効を主張して、貸主に対する貸付金返還義務を免れるためには、単に貸主の悪意重過失をいうだけでは足りず、貸主が名義貸しを容認ないし助長する態度を名義貸人である借主に対して示し、その結果、借主において、貸主がもっぱら経済的利益の帰属先である名義借人から貸付金を回収する意思であって、名義を貸した借主にその返還を求めることはないとの正当な期待ないし信頼を抱き、貸主が借主に対してその返還を求めることが信義則上許されないといえるような事情があることが必要であるとする裁判例がある[*6]。

(6)　遅延損害金請求に対する抗弁──弁済の提供の抗弁

ア　現実の提供の抗弁の要件事実

貸主からの貸金の遅延損害金請求における、借主からの現実の提供の抗弁の要件事実は、以下のとおりである（加藤ほか『要件事実の考え方と実務〔2版〕』232頁・233頁）。

①　提供を現実にする行為があること

＊6　大阪地判平22・6・10金法1913号112頁、福岡地判平13・5・18金商1124号49頁（貸主が名義貸与に積極的に関与したとして民93条ただし書を類推適用）、東京地判平17・3・25金商1223号29頁（貸主銀行が迂回融資の仕組みを考案して名義貸人に協力を依頼して返済を求めない旨を約した場合に民93条ただし書を類推適用）、最判平7・7・7金法1436号31頁（原審─名古屋高判平6・11・30金法1436号32頁）参照。

②　①の提供が債務の本旨に従うものであること
③　①の提供がその債務についてなされたものであること
　イ　口頭の提供の抗弁の要件事実
　貸主からの貸金の遅延損害金請求における、借主からの口頭の提供の抗弁の要件事実は、以下のとおりである（加藤ほか『要件事実の考え方と実務〔2版〕』232頁）。
①　債権者が債務の受領を拒み、または債務の履行につき債権者の行為を要するときであること
②　弁済の準備をしたことを通知してその受領の催告をすること

Ⅲ　過払金返還請求訴訟

第1　過払金返還請求の共同訴訟について

　一人の貸金の借主が、複数の貸金業者に対し、過払金返還請求訴訟を併合して提起することは、同一人の同一の生活状況から生ずるものであるから、民事訴訟法38条後段の「訴訟の目的である権利又は義務が同種であって事実上及び法律上同種の原因に基づくとき」の共同訴訟の要件を満たし、訴額が140万円を超えれば地方裁判所の事物管轄（簡易裁判所と地方裁判所の管轄分担）が認められ、地方裁判所に訴えを提起することは許されると思われる（ただ、被告の住所地を前提とする土地管轄については、一部の被告に対する管轄があれば、他の被告に対する訴えも併合請求することができるとする民訴7条は、ただし書で同法38条前段の場合に限るとし、同条後段を除外している（最決平23・5・18最高裁HP、最決平23・5・30最高裁HP））。

　これに対し、何ら関係のない、住所を異にする複数の貸金の借主が、同一の貸金業者を被告として、過払金返還請求訴訟を提起することがある。この場合、原告である借主の一部の者のみが訴え提起裁判所の管轄区域内に住所を有しているときは、民事訴訟法38条の「訴訟の目的である権利又は義務が

数人について共通であるとき」または「訴訟の目的である権利又は義務が同種であって事実上及び法律上同種の原因に基づくとき」の共同訴訟の要件を満たさず、訴え提起裁判所の管轄区域内に住所を有していない原告については、共同訴訟を前提とする事物管轄（簡易裁判所と地方裁判所の管轄分担）・土地管轄は有しないと解され（名古屋高決平21・11・30消費者法ニュース88号164頁、名古屋高決平22・11・9消費者法ニュース87号87頁は、いずれも、複数の借主が同一の貸金業者を相手方とする過払金返還請求訴訟は、民事訴訟法38条後段に該当するとする）、他の管轄原因が存しない限り、移送されることになると思われる（竹内努「過払金返還請求訴訟の審理の実情」判タ1306号44頁）。

　また、何ら関係のない、複数の貸金の借主が、同一の貸金業者を被告として、過払金返還請求訴訟を提起する場合、上記のとおり、共同訴訟の要件を満たさないので、併合請求の場合に、価格を合算したものを訴訟の目的の価額とし（民訴9条前段）、それにより手数料の額を算出するとする（民訴費4条1項）。したがって、共同訴訟における手数料についての合算の利益は発生しないと解され、各借主ごとの主たる請求（過払金元金等）の訴訟の目的の価額に応じた手数料を納めさせるべきである。そして、最初の口頭弁論期日前の取下げ等における手数料の還付についても、各借主ごとに考え、各借主ごとの手数料の額が4000円を超えなければ還付できないと解すべきである（民訴費9条3項1号参照）。

第2　過払金返還請求の訴状における請求の趣旨・原因

【書式9】　過払金返還請求（不当利得返還請求）の訴状における請求の趣旨・原因の記載

第1　請求の趣旨
　1　被告は，原告に対し，○○万円及びうち○○円に対する平成○年○月から支払済みまで年5分の割合による金員を支払え。

```
　　2　訴訟費用は被告の負担とする。
との判決及び仮執行宣言を求める。
第2　請求の原因
　1　原告は、別紙計算書の「年月日」、「借入額」及び「返済額」記載のとおり、被告から金員を借り受け又はこれを返還した。
　2　原告は、上記金員の返還の際、利息制限法の制限利率を上回る利息の支払をしたが、この過払分を元本に充当した結果、別紙計算書の過払合計額欄のとおり、過払が発生し、被告は法律上の原因なくしてこれを利得している。
　3　被告は、貸金を業とするものであり、上記利息の支払が、利息制限法の制限利率を上回る額の利息であることを認識しながら、これを受領した。
　4　よって、原告は、被告に対し、不当利得返還請求に基づき、不当利得金○万○○円及びうち○○円に対する平成○年○月○日から支払済みまで民法所定の年5分の割合による利息の支払を求める。
```

第3　過払金返還請求権（不当利得返還請求権）

1　過払金返還請求権（不当利得返還請求権）の要件事実

(1)　過払金返還請求権（不当利得返還請求権）の請求原因

ア　不当利得返還請求権（過払金返還請求権）の請求原因

原告が訴状等で主張すべき、不当利得返還請求権の請求原因事実は、①原告に損失が生じたこと、②被告に利得が生じたこと、③①と②との間に因果関係があること、④被告の利得が法律上の原因に基づかないことである。

借主が貸金業者に利息制限法の制限利率に超える利息・損害金を支払ったことに伴う、不当利得返還請求権である過払金返還請求権の、原告が訴状等で主張すべき請求原因事実は、以下のとおりである（加藤ほか『要件事実の考え方と実務〔2版〕』327頁、岡口『要件事実マニュアル4巻〔3版〕』4頁）。

①　原告と被告が金銭消費貸借契約を締結したこと
②　原告が被告に対し利息制限法所定の制限利率を超える利息・損害金を

支払ったこと

イ　悪意の受益者に対する利息を請求する場合の請求原因

これに対し、被告である貸金業者が悪意であるとして、悪意の受益者に対する利息（民704条）を請求する場合の請求原因には、上記①②のほかに以下の事実が加わる（岡口『要件事実マニュアル4巻〔3版〕』4頁）。

③　被告が利息制限法所定の制限超過であることを知りながら利息・損害金を受領したこと

貸金業者が、利息制限法の制限利率を超過する利息を受領したが、その受領について、平成18年改正法前の貸金業法旧43条のみなし弁済の規定の適用がない場合、特段の事情のない限り、貸金業者の悪意が推定される（最判平19・7・13（平17(受)1970）民集61巻5号1980頁・判時1984号26頁・判タ1252号110頁、最判平19・7・13（平18(受)276）判時1984号26頁・判タ1252号110頁、最判平19・7・17判時1984号26頁・判タ1252号110頁）。みなし弁済規定が適用されることは被告である貸金業者が主張立証すべきであり、原告である借主は、具体的には、この要件として、「被告が貸金業者であること」のみを主張立証すれば足りる（岡口『要件事実マニュアル4巻〔3版〕』9頁）。

(2)　過払金返還請求（不当利得返還請求）における抗弁等

過払金返還請求（不当利得返還請求）における主な抗弁等として、以下のものがある。

①　消滅時効の抗弁（加藤ほか『要件事実の考え方と実務〔2版〕』331頁、岡口『要件事実マニュアル4巻〔3版〕』10頁1）

②　相殺の抗弁（岡口『要件事実マニュアル4巻〔3版〕』10頁1）

被告貸金業者が、原告借主に対する別個の貸付に係る貸金債権を自働債権として相殺する場合がある。

相殺の意思表示がされる前に、一方の債権が弁済等により消滅していた場合は、原則として相殺は許されない（最判昭54・7・10民集33巻5号533頁・判時942号42頁・判タ399号132頁）から、別個貸付の取引終了時を

もって相殺することになると思われる（岡口『要件事実マニュアル4巻〔3版〕』11頁）（第1章第2節第4・4（67頁）参照）。

③　平成18年改正前の貸金業法旧43条のみなし弁済の抗弁（加藤ほか『要件事実の考え方と実務〔2版〕』332頁、岡口『要件事実マニュアル4巻〔3版〕』11頁3）

2　当初貸付残高の主張・立証責任

　貸金業者が、たとえば、過去10年を超える取引履歴は廃棄したとして、冒頭に約定利率による帳簿上の残高を記載した10年分の取引履歴しか開示しないことがある。この場合に、貸金業者の主張する冒頭の残高を0円として開示された取引履歴を基に利息制限法の制限利率に引き直し計算をして過払金返還請求訴訟を提起する債務者がいる。そのような訴訟においては、冒頭の残高についての証明責任を貸金業者と過払金返還請求をする借主のどちらが負っているのかが問題となる。

　これについては、原告である借主は、被告である貸金業者が法律上の原因なくして利得をしたとの事実を主張立証する責任があるとするのが一般的な理解である（最判昭59・12・21金商783号19頁）。これを前提とすると、不当利得返還を拒否する被告である貸金業者が主張する、給付に法律上の原因が存したとする事実は抗弁事実ではなく、積極否認であり、不当利得返還を求める原告である借主が法律上の原因の不存在を主張立証すべきであるということになる（最判昭39・4・7集民73号35頁）。

　ただ、この問題については、「不存在の証明」は「悪魔の証明」にも通じ、法律上の原因の存在を利得者が主張立証するほうが簡明であるか、そのほうが妥当であるためか、最高裁判例の位置づけは徹底していないとの指摘もある（滝澤孝臣『不当利得の実務』（新日本法規）418頁）。また、被告である貸金業者による平成18年法律第115号による改正（平22・6・18施行）前の貸金業法旧43条のみなし弁済の主張が抗弁であることは一般的な理解であるが、これは利息制限法の制限超過利息を例外的に保有できる法律上の原因が存す

ることの主張にほかならないと解され、一定時点での残債務存在の根拠がみなし弁済適用の結果であるならば（貸金業者が提出する取引途中時点の取引履歴の当初残高は、約定利息により計算をしたものであり、みなし弁済適用の結果である）、一定時点での残債務存在の事実もまた抗弁として取り扱うべきであるとの考え方（岡久ほか『簡易裁判所民事手続法』297頁・298頁）もある。

　この問題については、①借主が冒頭残高の証明責任を負うとする裁判例（東京地判平17・5・24兵庫県弁護士会HP）、②貸金業者が借入残高の主張立証を負うわけではないが、冒頭残高の具体的な取引経過を主張・立証できなければ反証として十分ではないとして冒頭の残高を0円とする借主の主張を認める裁判例、③貸金業者に取引履歴開示義務違反があり借主が借入の事実を主張立証できない場合は弁済のみを主張立証すれば足り、これを争う貸金業者が抗弁として貸付・弁済の主張立証責任を負うとした裁判例（名古屋高金沢支判平21・6・15判タ1310号157頁）、④貸金業者が冒頭の残高の証明責任を負うとした裁判例等がある[*7]。

[*7](1)　貸金業者が借入残高の主張立証を負うわけではないが、冒頭残高の具体的な取引経過を主張・立証できなければ反証として十分ではないとして冒頭の残高を0円とする借主の主張を認めた事例（東京地八王子支判平16・3・10名古屋消費者信用問題研究会編『Q&A過払金返還請求の手引〔第4版〕』（民事法研究会）添付CD判例）がある。判示は以下のとおり。

　「利息制限法の制限利率を超える利息を支払ったことを理由とする過払金の不当利得返還請求は、その構造上、貸付け及びこれに対する利息制限法の制限利率を超える利息の支払を請求原因として主張することになり、同一当事者間において、貸付け、返済が繰り返されている場合には、原告において過払となっている期間の取引経過を主張すれば足りると解される。

　被告が主張する平成5年1月28日時点における借入残高18万5492円が存在する旨の主張は、『利得の存在』の請求原因に対する積極否認であるから（平成5年2月12日時点で借入残高が存しないことを主張立証すべきである旨の主張は、『利得の存在』の単純否認にすぎないと解される。）、当該事実の存在について主張立証責任を負うわけではないものの、『利得の存在』が貸付け及びこれに対する利息制限法の制限利率を超える利息の支払の事実として主張立証され、それによって『利得の存在』が認定できる一方、借入残高自体は、それまでの取引の結果（多くは、貸付け、利息制限法の制限利率を超える利息の支払の結果である。）に過ぎないから、具体的な取引経過を主張し、立証できなければ、反証として十分ではないといわざるを得ない。

3　取引履歴不開示部分の立証
(1)　取引履歴に対する文書提出命令の発令
　貸金業者は、その業務に関する帳簿を備え、債務者ごとに貸付けの契約について契約年月日、貸付金額、受領金額等を記載しなければならないとされており（貸金19条）、この帳簿〔取引履歴〕の記載内容によれば、業務帳簿またはこれに代わる書面（電磁的記録を含む）は貸金業者と債務者の間の金

　　　被告は、18万5492円の借入残高が存する旨主張するのみで、具体的な取引経過について何ら主張立証していない以上、「利得の存在」の認定を何ら妨げるものではない」。
(2)　貸金業者に取引履歴開始義務違反があり借主が借入の事実を主張立証できない場合は弁済のみを主張立証すれば足り、これを争う貸金業者が抗弁として貸付・弁済の主張立証責任を負うとした事例（名古屋高金沢支判平21・6・15判タ1310号157頁）がある。判示は以下のとおり。
　　「不当利得返還請求の要件事実は、①請求者の損失、②相手方の利得、③①と②の因果関係、④相手方の利得が法律上の原因に基づかないこと、である。したがって、控訴人〔債務者〕が、被控訴人〔貸金業者〕に対して、本件取引により利息制限法所定の制限利率を超える利息を支払っており、この超過分元本に充当すると過払金が発生するとして、不当利得返還請求をする場合、控訴人は、請求原因として、本来、控訴人から被控訴人への金員の交付（弁済）（上記要件事実①ないし③の事実）のみならず、被控訴人の控訴人に対する貸付け（貸付年月日、貸付金額、弁済期、利息の約定を含む。）（上記要件事実④）の主張立証責任を負い、この貸付けに基づく弁済として控訴人から被控訴人への上記金員の交付が行われたことを主張立証してはじめて、利息制限法の適用により法律上の原因に基づかない金員の交付金額が明らかになることとなる。
　　しかしながら、貸金業者は、債務者から取引履歴の開示を求められた場合には、その開示要求が濫用にわたると認められるなど特段の事情のない限り、改正前の貸金業法の適用を受ける金銭消費貸借契約の付随義務として、信義則上、保存している業務帳簿に基づいて取引履歴を開示すべき義務を負う（最高裁判所平成17年7月19日第三小法廷判決・民集59巻6号1783頁）から、被控訴人に取引履歴開示義務違反があり、その結果、控訴人が被控訴人の控訴人に対する貸付け（貸付年月日、貸付金額、弁済期、利息の約定を含む。）の事実を主張立証できない場合にまで、控訴人にその主張立証責任を負わせるのは、相当でない。そこで、このような場合には、控訴人は、被控訴人に対する不当利得返還請求の要件事実として、控訴人から被控訴人への金員の交付（弁済）のみを主張立証すれば足り、これを争う被控訴人において、抗弁として、この金員の交付（弁済）が法律上の原因に基づくこと、すなわち、被控訴人の控訴人に対する貸付（貸付年月日、貸付金額、弁済期、利息の約定を含む。）及びこの貸付に基づく弁済としてのこの金員の交付が行われたことの主張立証責任を負うものと解するのが相当である」。
(3)　貸金業者が冒頭の残高の証明責任を負うとした事例として、以下のものがある。
　①　盛岡地判平16・12・27兵庫県弁護士会HP

銭消費貸借契約という法律関係について作成された文書（民訴220条3号後段・231条）に該当すると考えられ、当該取引履歴に対する文書提出命令を発令することができる（名古屋高決平15・6・6金商1188号52頁、名古屋高決平15・5・23金商1188号52頁）。

(2) 文書提出命令に従わないことによる真実擬制

貸金業者が取引履歴を開示しない部分について、裁判所が文書提出命令を

「被告が提出する貸付元帳等によれば、原告と被告間の消費貸借契約は残元金21万4586円から始まる取引となっているが、被告は、これ以前の取引履歴については帳簿の保存期間が3年であることや不当利得返還請求における立証責任が原告にあることなどを理由に、同日以前の取引経過、すなわち同日現在の残高の根拠を明らかにしない。しかしながら、被告主張の残高が存する時点で貸金債権が存在することについては被告に立証責任があると考えるべきであり（そのように解さないと、債務者である原告が同日以前の債権の発生原因事実について証明責任を負担することになる。）、かかる主張立証がされない以上、原告が主張するように、被告が残高を主張する時点では、債務残高を0円として以降の計算をするのが相当である。また、このように同時点において、貸付残高も過払金もいずれも存在しないものとして計算することは、当事者間の公平の観点からも相当というべきである」。

② 名古屋地判平17・1・14名古屋消費者信用問題研究会編『Q&A 過払金返還請求の手引〔第4版〕』（民事法研究会）添付CD判例

「利息制限法の制限利率を超過する利息を支払ったことに基づき、不当利得の返還請求をする場合には、借入れ及び返済が繰り返されている期間の借入れ及び返済の事実を主張すれば足りると解するのが相当である。貸金債権者である被告が主張する取引履歴当初貸付金残高は、利息制限法を超過する利息の支払についても有効に利息として弁済を受けたことを前提に算出されたものであることが明らかであり、貸金債権者主張の同日時点での貸付金残高を認めることはできない。そして、貸金債権者は、同日以前の具体的な取引経過について全く主張立証していないから、貸金債権者が利得の存在について反証したということはできない。したがって、取引履歴当初貸付金残高を0円として、過払金の有無を判断するのが相当である」。

③ 大阪高判平18・7・13（平18(ネ)863）

「貸金業者が作成所持する取引履歴の当初残高の債権の存在については、債権者である貸金業において立証責任を負うものと考えられ、取引履歴を保管管理し、ないし保管管理が十分可能な貸金業者においては残高の主張、立証が容易であるのに比し、一顧客である借主（債務者）に対して残高の主張、立証を求めることは困難を強いるもので取引の実情にそぐわないものであり、取引履歴の当初残高がその記載額どおりであるかどうかについては、取引開始当初から上記時点までの取引状況等を明らかにする証拠もなく、同時点での残高が幾らかは定かではないのであって、残高がはっきりしない以上、借主（債務者）主張のとおり取引履歴当初の時点での残高は存在しないものとして扱うのが相当である」。

出し、当該貸金業者が当該文書提出命令に従わないことによって、原告である借主の主張を真実と認めた（民訴224条）裁判例もある[*8]。

　取引履歴について文書提出命令が発令されたのに貸金業者が取引履歴を開示しなかった場合に、民事訴訟法224条1項・3項を適用して真実擬制を働かせようとすると、その取引期間内に行われた貸金業者による貸付けと借主による返済の具体的内容、つまり、個々の貸付年月日・貸付額・約定利率、個々の返済年月日・返済額・元本充当額等の具体的取引内容が真実として擬制されるのであるから、そのためには、取引履歴の文書提出命令申立てにおける「証明すべき事実」としては、個々の貸付年月日・貸付額・約定利率、個々の返済年月日・返済額・元本充当額等も記載されていることが必要となる。しかし、実際には、「証明すべき事実」を「平成○年○月頃から平成○年○月頃までの金銭消費貸借取引契約において、利息制限法所定の利率に引き直して充当計算をし直すと、借主において過払金が発生し、貸金業者にお

---

*8① 　東京地判平18・9・27消費者法ニュース69号100頁
　　　　原告借主は、被告貸金業者が開示した取引履歴の当初期間において、月々おおむね一定額を返済していたことが認められるから、それ以前においても月々この程度の金額の返済をしていたものと推認し、貸金業者が取引履歴の文書提出命令に従わないことから民訴法224条3項を適用して、原告借主主張の期間中の取引についての主張を真実と認めた。
　② 　本庄簡判平19・6・14判タ1254号199頁
　　　　取引履歴を記載した業務帳簿・商業帳簿やこれらに代わる書面・電磁的記録は民訴法220条3項後段の法律関係文書に該当するものと認められ、保存期間を経過していない帳簿・書類等を正当な理由もないのに毀滅した場合には、たとえ具体的な紛争がなくとも、相手方の使用を妨げる目的で文書を毀滅したことになると解される（大判昭和6・12・5裁判例5巻271）。
　　　　取引履歴を基礎とすれば、過払金の有無・額は容易に立証され、貸金業者の取引履歴の削除、廃棄の処分は、顧客から過払金算出の資料として開示が求められることもあることを知りながら、保存期間内にある取引履歴をあえて削除、廃棄して反訴原告が証拠として使用できないようにしたものと認められ、借主が、取引履歴が開示されていない部分の貸金業者からの借入の事実に関して具体的な主張をすることおよび事実を他の証拠により証明することが著しく困難であると認められるから、民事訴訟法224条3項を適用して、借主が取引履歴によって立証しようとした事実（取引履歴が開示された以前の取引と取引履歴が開示された期間を通算して計算した過払金発生主張）を事実と認める。
　③ 　東京高判平22・12・15消費者法ニュース87号60頁（②と同旨の判例）

いて不当利得を生じていること」という程度の記載で貸金業者が開示を求められている取引履歴の特定ができるとして、文書提出命令の発令をしていることも多く、そのような場合に、個々の貸付年月日・貸付額・約定利率、個々の返済年月日・返済額・元本充当額等の具体的取引内容の真実擬制を認めることは難しいのではないかと思われる（山本ほか『文書提出命令の理論と実務』120頁～122頁・141頁・142頁、須藤典明・判タ1306号26頁）。

ただ、貸金業者が取引履歴のデータを保存していると思われるのに、合理的理由もなくデータを消去して保存していない等と主張するだけで、それを疎明するに足りる客観的資料を提出できないような場合は、「当事者が相手方の使用を妨げる目的で提出の義務がある文書を滅失させ、その他これを使用することができないようにした」（民訴224条2項）に該当するとして、真実擬制の制裁を考えることもできると思われる（山本ほか『文書提出命令の理論と実務』142頁、須藤典明・判タ1306号26頁）[*9]。

(3) 取引履歴で判明する取引内容を間接事実とする不開示部分の推認

取引履歴に冒頭に残元金の記載があり、取引履歴に一部しか開示されていないことが明らかな場合、損害が発生したことは明らかなのに、その損害額を認定するための適切な資料がない場合に裁判官の裁量を認めた民訴法248条の法意を取り入れ、訴訟に現れているすべての証拠・資料および弁論の全趣旨を勘案して、相当と考えられる金額について真実と認めることもできると思われる。たとえば、貸金業者が取引履歴を開示しない部分の取引について、取引履歴で確実な数字がわかっている取引履歴が開示されている取引内

---

*9　大阪地判平19・3・12消費者法ニュース72号149頁　貸金業者が、取引を継続している顧客の取引履歴を記載した資料を、単に10年を経過したというだけで廃棄したことは信じがたいとし、文書管理規定等の貸金業者の内部規定等をもって、すべての顧客についての取引履歴が一律に貸金業者の主張するようなシステムにより処理されたと認めるには十分ではなく、取引履歴がどの営業所でどのように保管され、どのように処理されたかといった具体的事情も明らかではないにもかかわらず、貸金業者はこれらの点につき立証を尽くさないので、取引履歴は、現実に廃棄・処分されていたとは認められず、貸金業者は、借主が開示を求めていた取引履歴を保有していたとした。

容（下記B部分—開示された取引履歴の一番古い部分）を間接事実として、これに多重債務者も初期には約定どおり定期的に一定の金額を返済していることが多いという経験則を働かせて、取引履歴が提出されていない取引内容（下記B以前のA部分）を推認することができるとする考え方もある（須藤典明・判タ1248号30頁、須藤典明・判タ1306号26頁・27頁、山本ほか『文書提出命令の理論と実務』142頁・143頁）。たとえば、下記B部分で約定どおり返済をしていれば、それ以前の下記A部分でも、約定どおり返済していたことを推認できるとするものである。

原告主張の取引開始時点　〔A部分〕　取引履歴の始点　〔B部分〕

4　過払金返還請求権（不当利得返還請求権）の悪意の受益者

(1)　悪意の受益者の主張立証責任[*10]

　金銭を目的とする消費貸借において利息制限法1条1項所定の制限利率を超過する利息の契約は、その超過部分につき無効であって、この理は、貸金業者についても同様であるところ、貸金業者については、平成18年改正法施行前の貸金業法旧43条1項が適用される場合に限り、当該制限超過部分を有効な利息の債務の弁済として受領することができるとされているにとどまる。このような法の趣旨からすれば、貸金業者は、同項の適用がない場合には、当該制限超過部分は、貸付金の残元本があればこれに充当され、残元本が完済になった後の過払金は不当利得として借主に返還すべきものであることを十分に認識しているものというべきである。そうすると、貸金業者が制限超過部分を利息の債務の弁済として受領したが、その受領につき貸金業法

[*10]　第1章第2節第2・1(2)（50頁）参照。

旧43条1項の適用が認められない場合には、当該貸金業者は、同項の適用があるとの認識を有しており、かつ、そのような認識を有するに至ったことについてやむを得ないといえる特段の事情があるときでない限り、法律上の原因がないことを知りながら過払金を取得した者、すなわち民法704条の「悪意の受益者」であると推定されるものというべきである（前記最判平19・7・13（平17(受)1970）、前記最判平19・7・13（平18(受)276）、前記最判平19・7・17）（『消費者関係法執務資料〔改訂版〕』164頁2、山下寛ほか「過払金返還請求訴訟をめぐる諸問題(下)」判タ1209号13頁、加藤ほか『要件事実の考え方と実務〔2版〕』330頁）。

(2) 貸金業法旧43条1項の適用が認められない場合の悪意の受益者の推定を覆す、貸金業者が同項の適用があるとの認識を有しており、かつ、そのような認識を有するに至ったことについてやむを得ないといえる特段の事情[*11]

ア 支払いの任意性の要件について

債務者が利息制限法の制限を超える約定利息の支払いを遅滞したときは当然に期限の利益を喪失する旨の特約の下で制限超過部分を支払った場合、貸金業法旧43条1項の「任意に支払った」とはいえないとする平成18年の最高裁判決（最判平18・1・13民集60巻1号1頁）が言い渡されるまでは、貸金業者において、期限の利益喪失特約下の支払いであることから直ちに貸金業法旧43条1項の適用が否定されるものではないとの認識を有していたとしてもやむを得ないというべきであり、貸金業者が上記認識を有していたことについては、貸金業者の利息制限法の制限超過部分の利息の弁済としての受領につき貸金業法旧43条1項の適用が認められない場合には、当該貸金業者は、同項の適用があるとの認識を有しており、かつ、そのような認識を有するに至ったことについてやむを得ないといえる特段の事情があるときでない限

[*11] 第1章第2節第2・1(3)（51頁）参照。

り、悪意の受益者と推定されるとする平成19年の最高裁判決（最判平19・7・13民集61巻5号1980頁）の判示する特段の事情があると認めるのが相当である。したがって、前記平成18・1・13の言渡し日以前の期限の利益喪失特約下の支払いについては、任意性がないとして、これを受領したことのみを理由として当該貸金業者を悪意の受益者であると推定することはできないとするのが判例である（最判平21・7・10民集63巻6号1170頁・判時2069号22頁・判タ1317号117頁。同旨判決として最判平21・7・14（平20(受)1729）最高裁HPがある）。

イ　旧17条書面の要件について

平成18年改正法施行前の貸金業法旧17条書面交付の要件を満たさない場合、旧43条1項の適用が認められず、同項の適用があるとの認識を有するに至ったことについてやむを得ないといえる特段の事情のない限り、過払金の取得について悪意の受益者であると推定されるというべきである（前記最判平19・7・13（平17(受)1970））。

ウ　旧18条書面の要件について

平成18年改正法施行前の貸金業法旧18条書面交付の要件を満たさない場合、旧43条1項の適用が認められず、同項の適用があるとの認識を有するに至ったことについてやむを得ないといえる特段の事情のない限り、過払金の取得について悪意の受益者であると推定されるというべきである（前記最判平19・7・13（平18(受)276））。

上記最高裁判決は、制限超過部分の支払いが貸金業者の預金等の口座に対する払込みによってされた場合、上記支払いが貸金業法旧43条1項によって有効な利息の債務の弁済とみなされるためには、特段の事情がない限り貸金業者は上記の払込みを受けたことを確認した都度、直ちに、貸金業法旧18条書面を債務者に交付しなければならないと判示した最判平11・1・21民集53巻1号98頁以降において、貸金業者が、事前に債務者に、本件各貸付けの都度債務者に交付されるもので、約定の各回の返済期日および返済金額等を記

179

載した償還表を交付していれば貸金業法旧18条書面を交付しなくても貸金業法旧43条１項の適用があるとの認識を有するに至ったことについてやむを得ないとする特段の事情があるというためには、上記平成11年判決以降、上記認識に一致する解釈を示す裁判例が相当数あったとか、上記認識に一致する解釈を示す学説が有力であったというような合理的な根拠があって上記認識を有するに至ったことが必要であり、上記認識に一致する見解があったというだけで上記特段の事情があると解することはできず、債務者が貸金業者から各回の返済期日の前に貸金業法旧18条１項所定の事項が記載されている書面で振込用紙と一体となったものを交付されている場合であっても、同項所定の要件を具備した書面の交付があったということはできないとした最判平16・２・20民集58巻２号380頁までは、貸金業法旧18条書面の交付がなくても他の方法で元金・利息の内訳を債務者に了知させているなどの場合には貸金業法旧43条１項が適用されるとの見解も主張され、これに基づく貸金業者の取扱いも少なからずみられたというだけで貸金業者が悪意の受益者であることを否定した原審の判断には、判決に影響を及ぼすことが明らかな法令の違反があるとした。

　これについては、①最判平11・１・21以前においては、口座振込の場合に受領証書を交付しなかった貸金業者について、銀行振込または提携CDによる支払いについて、利用明細書の交付がなくとも貸金業法旧43条１項の適用があると認識していたことについて、やむを得ない特段の事情があったとすることが可能であるとする考え方（東京高判平22・１・15判タ1322号196頁）と、②最判平19・７・13は、「少なくとも」と述べており、必ずしも最判平11・１・21以前において口座振込の場合に受領証書を交付しなくても当該特段の事情があるとの認定に直結せず、そのように解釈する裁判例が多数あったか、同様に解する学説が有力であったかを個別に吟味する必要があるとの考え方がある。

第4　過払金返還請求訴訟の審理──当事者間で合意が成立した場合の進行

　過払金返還請求訴訟の場合、原告である借主と被告である貸金業者の間で、裁判所外で和解が成立することがある。このような過払金返還請求訴訟の場合、被告である貸金業者が期日に出頭することはなく、裁判所の期日で和解を成立させることはできないが、簡易裁判所の事件であれば、被告である貸金業者の了解を得、合意の内容を記載した和解に代わる決定についての被告からの上申書等の提出を受け、原告が期日に出頭すれば、和解に代わる決定を行うことができる（民訴275条の2）。また、合意による被告である貸金業者の支払期日が裁判所の期日から1カ月以内であれば、当該期日を休止扱いにし、1カ月以内に当事者から期日の申立てがなければ訴え取下げ擬制の効果を発生させることもできる（民訴263条）。被告である貸金業者の支払期日が裁判所の期日から1カ月以上先であれば、1カ月以内に当該支払期日がくるように期日の指定をして同様に処理をすることもできる。

Ⅳ　取引履歴開示義務違反に基づく損害賠償請求訴訟

第1　貸金業者の取引履歴開示義務[*12]

　貸金業者は、債務者から取引履歴の開示を求められた場合には、その開示要求が濫用にわたると認められるなど特段の事情のない限り、貸金業法の適用を受ける金銭消費貸借契約の付随義務として、信義則上、保存している業務帳簿（保存期間を経過して保存しているものを含む）に基づいて取引履歴を開示すべき義務を負うものと解すべきである。そして、貸金業者がこの義務

---

*12　第1章第1節第8（45頁）参照。

に違反して取引履歴の開示を拒絶したときは、その行為は、違法性を有し、不法行為を構成するものというべきであるとされている（最判平17・7・19民集59巻6号1783頁・判時1906号3頁・判タ1188号213頁）。

　このことから、貸金業者が契約上の付随義務である取引履歴開示義務に違反すると、不法行為責任を負う（前記最判平17・7・19）ほか、債務不履行責任を負う場合もあると解されている（『最高裁判所判例解説民事篇平成17年度(下)』481頁、岡口『要件事実マニュアル4巻〔3版〕』18頁）。

第2　取引履歴開示義務違反に基づく損害賠償請求訴訟における訴訟物

1　主たる請求

　不法行為に基づく損害賠償請求の場合、慰謝料と訴訟代理人の弁護士費用を請求する場合が多い。

2　付帯請求

　付帯請求である遅延損害金請求の始期は、不法行為時であり（大判明43・10・20民録16輯719頁、最判昭37・9・4民集16巻9号1834頁・判タ139号51頁）（弁護士費用も含む（最判平7・7・14交民集28巻4号963頁））、原告（借主）による取引履歴開示請求後相当期間（1週間から10日程度）が経過したときまたは当該期間経過前に被告（貸金業者）が当該請求を拒絶したときである（須藤典明・判タ1306号19頁、岡口『要件事実マニュアル4巻〔3版〕』18頁）。

第3　取引履歴開示義務違反に基づく損害賠償請求訴訟における請求原因

　取引履歴開示義務違反に基づく損害賠償請求訴訟における請求原因の要件事実は、以下のとおりである（岡口『要件事実マニュアル4巻〔3版〕』19頁）。

　①　被告が貸金業者であること
　②　原被告が金銭消費貸借契約関係にある（またはあった）こと

③ 原告（借主）が被告（貸金業者）に取引履歴の閲覧または謄写を請求したこと
④ 被告（貸金業者）が取引履歴を保存していること
⑤a ③の請求から相当期間（1週間から10日）が経過したが、その間に取引履歴が開示されなかったこと
　　または、
　b 被告（貸金業者）が③の請求を拒絶したこと
⑥ 損害の発生および額
⑦ ⑤と⑥の因果関係

V　保証関係訴訟

第1　保証債務履行請求の訴状

保証債務履行請求の訴状は、以下のとおりである。

【書式10】　保証債務請求の訴状

```
┌─────┐
│収　入│　　　　　訴　　状
│印　紙│
└─────┘
　　　　　　　　　　　　　　　　　　　平成○年○月○日
○○地方裁判所民事部　御中
　　　　　　　　　　　　　原告訴訟代理人弁護士　　○○○○　㊞
　　　〒（住　所）…………
　　　　　原　告　甲　野　一　郎
　　　〒（住　所）…………
　　　　　上記訴訟代理人弁護士　　○○○○
　　　　　（送達場所）
　　　　　電　話　○○○－○○○－○○○○
　　　　　ＦＡＸ　○○○－○○○－○○○○
```

183

〒（住　所）……………

　　　　　　被　告　　乙　野　二　郎

保証債務請求事件
　訴訟物の価額　　○○○万円
　貼用印紙　　　　○○○○円

第1　請求の趣旨
　1　被告は，原告に対し○○○万○○○○円及びうち○○○万円に対する平成○年△月1日から支払済みまで年20％の割合による金員を支払え。
　2　訴訟費用は，被告の負担とする。
　3　仮執行宣言

第2　請求の原因
　1　原告は，訴外丙野三男に対し，平成△年○月○日，○○○万円を次の約定で貸し付けた（甲1）。
　　弁済期　　　　平成○年○月末日
　　利息　　　　　年10％
　　期限後の損害金　年20％
　2　原告は，被告に対し，上記同日上記契約における訴外丙野三男の債務を保証し，その旨の契約書を作成した（甲1）。
　3　よって，原告は，被告に対し，上記保証契約に基づき元金○○○万円，平成△年○月○日から平成○年○月末日までの利息○万○○○○円及び元金○○○万円に対する弁済期の翌日である平成○年△月1日から支払済みまで年20％の約定遅延損害金の支払を求めるため，本訴を提起した次第である。

　　　　　　　　　　　　証拠方法
　1　金銭消費貸借契約書兼保証契約書　　（甲1号証）
　2　内容証明郵便写　　　　　　　　　　（甲2号証）
　　　　　　　　　　　　附属書類
　1　甲1，2号証写　　　　　　　　各2通
　2　訴訟委任状　　　　　　　　　　1通
　3　証拠説明書(1)　　　　　　　　　2通

第2　保証債務履行請求の要件事実

1　保証債務履行請求の要件事実

(1)　保証債務履行請求の請求原因

保証債務履行請求における請求原因の要件事実は、以下のとおりである（『改訂紛争類型別の要件事実』39頁(1)、加藤ほか『要件事実の考え方と実務〔2版〕』246頁、岡口『要件事実マニュアル1巻〔3版〕』477頁）。

① 　主債務の発生原因事実

　　主債務は、保証契約の成立時に発生していなくてもよい（内田『民法Ⅲ〔3版〕』347頁）。

② 　保証契約の成立（被告が原告との間で①の債務を保証するとの合意をしたこと）[13]

　　同一訴訟手続内において、複数の保証人各自に対して、それぞれ保証債務全額を請求する場合、請求原因において共同保証人の存在が現れている（民456条）から、連帯の特約等、共同保証人の各保証債務が連帯保証債務となる事実または保証連帯関係を生じさせる事実を主張立証しないと、請求の一部が主張自体失当となるため、この事実を保証債務履行請求の請求原因として主張立証する必要がある。主たる請求が不可分である場合には分別の利益はないが、可分性は、通常、請求原因で明らかとなる（『改訂紛争類型別の要件事実』40頁、加藤ほか『要件事実の考え方と実務〔2版〕』250頁、金『要件事実論の理解』124頁・135頁）[14]。

③ 　②が書面または電磁的記録によってされたこと（民446条2項・3項）[15]

(2)　保証債務履行請求における抗弁等

保証債務履行請求における抗弁等として、以下のものがある。

---

[13] 利息・遅延損害金債務を保証契約から除外するとの合意（特約）があったことの抗弁については、下記(2)ア（186頁）参照。

[14] 連帯の特約の再抗弁については、下記(2)イ(ウ)①（187頁）参照。

[15] 保証契約の書面性については、第2章第1・2（88頁）参照。

なお、保証債務は主たる債務に付従しているため、主債務に関する抗弁以下の攻撃防御方法が、保証債務に関しても攻撃防御方法となる（加藤ほか『要件事実の考え方と実務〔2版〕』247頁）（第2章第3・1(1)（91頁）参照）。

ア 利息・遅延損害金債務を保証契約から除外するとの合意（特約）があったことの抗弁

原告（債権者）が被告（保証人）に対し、保証契約に基づき利息・遅延損害金を請求する場合、上記(1)保証債務請求の請求原因②の保証契約の主張立証において、利息・遅延損害金が保証の対象となっていることを主張立証する必要はない（民447条1項）。利息・遅延損害金が保証契約の対象外であるときは、被告（保証人）において、抗弁としてこれらの債務を保証契約から除外するとの合意（特約）があったことを主張立証することになる（『改訂紛争類型別の要件事実』40頁(3)、加藤ほか『要件事実の考え方と実務〔2版〕』246頁、金『要件事実論の理解』121頁(4)）。

イ 催告・検索の抗弁等

(ア) 催告の抗弁権の要件事実

保証債務履行請求における訴訟上での催告の抗弁権行使の要件事実は、催告の抗弁権を行使するとの権利主張である（岡口『要件事実マニュアル1巻〔3版〕』480頁）。

また、主債務者にも同時に訴求する場合、催告の抗弁権を主張することはできない（大判大4・7・13民録21輯1387頁、大判大9・11・24民録26輯1871頁、大判昭7・10・12法律新聞3485号12頁）。

(イ) 検索の抗弁権の要件事実

保証債務履行請求のおける訴訟上での検索の抗弁権行使の要件事実は、以下のとおりである（岡口『要件事実マニュアル1巻〔3版〕』480頁ア）。

① 債務者に弁済の資力があること
② 執行の容易性
③ 検索の抗弁権を行使するとの権利主張

(ウ) 催告・検索の抗弁に対する再抗弁

保証債務履行請求における催告・検索の抗弁に対する再抗弁として、以下のものがある。

① 連帯の特約の再抗弁(『改訂紛争類型別の要件事実』40頁、加藤ほか『要件事実の考え方と実務〔2版〕』250頁、岡口『要件事実マニュアル1巻〔3版〕』480頁a・481頁イ、金『要件事実論の理解』118頁)*16

② 主債務が商行為により生じたことまたは保証が商行為であることによる連帯保証の再抗弁

　主債務が商行為により生じた場合または保証が商行為である場合は、連帯保証となる(商511条2項)(岡口『要件事実マニュアル1巻〔3版〕』480頁b・481頁イ)。

③ 主債務者が破産手続開始決定を受けたことまたは所在不明であることの再抗弁(民452条ただし書)(岡口『要件事実マニュアル1巻〔3版〕』480頁c・481頁イ)

ウ　消滅時効の抗弁等

(ア) 主債務の消滅時効の抗弁等

　　a　主債務の消滅時効による保証債務の消滅の抗弁*17

主たる債務が消滅したときは、保証債務は附従性により当然に消滅するから、保証人は、これを抗弁として主張立証することができる(大判大4・7・13民録21輯1387頁)。

　　b　主債務者に生じた時効中断の再抗弁*18

時効完成前の、主債務者に対する請求、主債務者の主債務の存在の承認等

---

*16　複数の保証人に対し保証債務全額を請求する場合の共同保証人の各保証債務が連帯保証債務となるべき事実または保証連帯関係を生じさせる事実の主張立証については、上記(1)イ(ア)(186頁)参照。

*17　主債務の消滅時効については、第2章第4・1(93頁)参照。

*18① 主債務者に生じた時効中断の再抗弁については、第2章第4・3(1)(96頁)参照。
　　② 主債務者に生じた時効中断効が保証債務に及ぶことと保証債務自体の時効中断については、第2章第4・3(2)(96頁)参照。

の事由による、主債務についての時効中断が生じた場合、その時効中断の効力は、保証人に対しても及ぶ（民457条1項。時効中断効の相対効（民148条）の例外）。

　(イ)　保証債務の消滅時効の抗弁[*19]

　保証人は、保証債務の時効完成について自己の援用権を行使することもでき、これを抗弁として主張立証することもできる（『改訂紛争類型別の要件事実』43頁、加藤ほか『要件事実の考え方と実務〔2版〕』248頁、岡口『要件事実マニュアル1巻〔3版〕』482頁）。

エ　主債務者の債権による相殺または弁済拒絶の抗弁[*20]

　(ｱ)　民法457条2項によって保証人は主債務者の債権をもって相殺できるとする見解

　民法457条2項によって保証人は主債務者の債権をもって相殺できるとする見解による、主債務者の債権による相殺の抗弁の要件事実は、以下のとおりである（『改訂紛争類型別の要件事実』43頁）。

①　主債務者の有する反対債権の発生原因事実

②　保証人の相殺の意思表示

　(ｲ)　民法457条2項によって保証人は主たる債務者の債権による相殺によって消滅する限度で弁済を拒絶する抗弁権を有するのみであるとする見解

　民法457条2項によって保証人は主たる債務者の債権による相殺によって消滅する限度で弁済を拒絶する抗弁権を有するのみであるとする見解による、主債務者の債権による弁済拒絶の抗弁の要件事実は、以下のとおりである（『改訂紛争類型別の要件事実』43頁、我妻栄『債権総論』（岩波書店）483頁、内田『民法Ⅲ〔3版〕』349頁、金『要件事実論の理解』129頁）。

---

*19　保証債務の消滅時効については、第2章第4・2（95頁）参照。
*20　加藤ほか『要件事実の考え方と実務〔2版〕』248頁、村田ほか『要件事実論30講〔2版〕』280頁、岡口『要件事実マニュアル1巻〔3版〕』479頁参照。

① 主債務者の有する反対債権の発生原因事実
② 保証人の権利主張
オ　主債務者の取消権・解除権による保証債務の履行拒絶の抗弁

　主債務者が取消権・解除権を有する場合、主たる債務の運命が取消権・解除権の存在によって不確定である間は、保証人は保証債務の履行を拒絶しうると解されているから、保証人はこれを抗弁として主張立証することができる（『改訂紛争類型別の要件事実』43頁、加藤ほか『要件事実の考え方と実務〔2版〕』247頁・248頁、岡口『要件事実マニュアル1巻〔3版〕』479頁）。

　この場合、主債務者が追認をすれば、保証債務の履行を拒絶できない（内田『民法III〔3版〕』347頁、岡口『要件事実マニュアル1巻〔3版〕』479頁）。

カ　分別の利益の一部抗弁等

　(ｱ)　分別の利益の一部抗弁

　共同保証の場合、分別の利益により、保証人の数による平等分割となり（民427条）、これが一部抗弁となる（岡口『要件事実マニュアル1巻〔3版〕』481頁）。

　(ｲ)　分別の利益の一部抗弁の要件事実

　保証債務履行請求のおける分別の利益の一部抗弁の要件事実は、債権者と他者の間で主債務について保証契約が成立したことである（岡口『要件事実マニュアル1巻〔3版〕』481頁ア）。

　(ｳ)　分別の利益の一部抗弁に対する再抗弁

　　a　連帯保証の特約の再抗弁

　保証契約に連帯保証の特約があれば、保証連帯の特約がなくとも、連帯保証人は分別の利益を有しない（大判大6・4・28民録23輯812頁）（岡口『要件事実マニュアル1巻〔3版〕』481頁・482頁）。

　　b　主債務が商行為により生じたことまたは保証が商行為であることの再抗弁

　主債務が商行為により生じたことまたは保証が商行為であれば、商法511

189

条2項により、保証連帯となる（大判明44・5・23民録17輯320頁）ので、主債務が商行為により生じたことまたは保証が商行為であることが、保証債務履行請求における分別の利益の一部抗弁に対する再抗弁となる（岡口『要件事実マニュアル1巻〔3版〕』482頁c）。

　　c　保証連帯の特約の再抗弁

共同保証人間で各人が全額の弁償をするとの保証連帯の特約があれば、分別の利益は消滅する（岡口『要件事実マニュアル1巻〔3版〕』481頁a）。

2　根保証に基づく保証債務履行請求の要件事実

根保証に基づく保証債務履行請求の請求原因の要件事実は、以下のとおりである（岡口『要件事実マニュアル1巻〔3版〕』484頁）。

① 　根保証契約の成立
② 　①の契約の主債務となる債務の発生原因事実
③ 　②が書面または電磁的記録によってされたこと（民446条2項・3項）[21]

また、上記①②により、貸金等根保証契約であることが現れる場合は、以下の事実も要件事実となる（民465条の2第2項・3項。この条文は、平成17年4月1日以降に成立した契約のみに適用される（平成16年改正法附則4条1項））（村田ほか『要件事実論30講〔2版〕』278頁・279頁、岡口『要件事実マニュアル1巻〔3版〕』484頁）。

④ 　極度額の定めがあること
⑤ 　極度額の定めが書面または電磁的記録によってされたこと

第3　極度額保証

根保証における極度額の法的性質については、第2章第2・2（90頁）で述べたように、債務制限と責任制限がありうるので、以下それぞれに対応し

---

[21] 保証契約の書面性については、第2章第1・2（88頁）参照。

た、請求の趣旨、認容判決主文の記載について述べる。

1 保証の債務制限の請求の趣旨・認容判決主文

(1) 保証債務の元本債務額が制限されている場合

保証債務の元本債務額が制限されている場合の請求の趣旨・認容判決主文は、以下のとおりとなるが、平成16年改正法で、貸金等根保証契約における極度額は、主債務の元本、利息、違約金、損害賠償その他その債務に従たるすべてのものおよびその保証債務について約定された違約金または損害賠償の額について、その全部に係るものとされ（民465条の2第1項）、貸金等根保証契約は、その極度額を定めなければ効力を生じないとされたので、同改正法施行後は、このような約定は無効となる。

〈記載例2〉 保証債務の元本債務額が制限されている場合の請求の趣旨・認容判決主文

> 「被告〔保証人〕は，原告〔債権者〕に対し，○○○万円及びこれに対する平成○年○月○日〔所定期限〕から完済に至るまで年○％〔約定ないし法定〕の割合による金員〔利息・損害金〕を支払え。」

※ 滝澤孝臣「包括根保証に係る保証人の債務ないし責任の制限をめぐる裁判例と問題点」判タ1129号52頁参照。

(2) 保証債務の債務額が制限されている場合

〈記載例3〉 保証債務の債務額が制限されている場合の請求の趣旨・認容判決主文

> 「控訴人は，被控訴人に対し，300万円及びこれに対する平成10年6月6日から支払済みまで年30％の割合による金員（ただし，合計1000万円を限度とする。）を支払え」（東京高判平13・6・25判タ1084号179頁）。
> 「原告（反訴被告）は，被告（反訴原告）に対し，800万円を限度として，557万0438円及びこれに対する平成9年8月26日から完済まで年3割の割合による金員を支払え」（松山地判平10・7・3判タ102号198頁）。

※　滝澤孝臣「包括根保証に係る保証人の債務ないし責任の制限をめぐる裁判例と問題点」判タ1129号53頁、岡口『要件事実マニュアル１巻〔３版〕』484頁参照。

2　保証の責任制限の請求の趣旨・認容判決主文
(1)　保証責任の元本責任額が制限されている場合

　保証責任の元本責任額が制限されている場合の請求の趣旨・認容判決主文は、以下のとおりとなるが、上記１(1)で述べたとおり、平成16年改正法で、貸金等根保証契約における極度額は、主債務の元本、利息、違約金、損害賠償その他その債務に従たるすべてのものおよびその保証債務について約定された違約金または損害賠償の額について、その全部に係るものとされ（民465条の２第１項）、貸金等根保証契約は、その極度額を定めなければ効力を生じないとされたので、同改正法施行後は、このような約定は無効となる。

〈記載例４〉　保証責任の元本責任額が制限されている場合の請求の趣旨・認容判決主文

　「被告〔保証人〕は，原告〔債権者〕に対し，○○○万円及びこれに対する平成○年○月○日〔所定期限〕から完済に至るまで年○％〔約定ないし法定〕の割合による金員〔利息・損害金〕を支払え」
とし，以下のどちらかの記載を加える。
　「但し，この判決に基づく強制執行は△△△万円及びこれに対する平成○年○月○日〔所定期限〕から完済に至るまで年○％〔約定ないし法定〕の割合による金員〔利息・損害金〕を超えてこれを行うことはできない」。
　「但し，この判決に基づく強制執行は△△△万円及びこれに対する平成○年○月○日〔所定期限〕から完済に至るまで年○％〔約定ないし法定〕の割合による金員〔利息・損害金〕の限度でこれを行うことができる」。

※　滝澤孝臣「包括根保証に係る保証人の債務ないし責任の制限をめぐる裁判例と問題点」判タ1129号53頁・54頁参照。

(2) 保証責任の債務額が制限されている場合

〈記載例5〉 保証責任の債務額が制限されている場合の請求の趣旨・認容判決主文

> 「被告〔保証人〕は，原告〔債権者〕に対し，○○○万円及びこれに対する平成○年○月○日〔所定期限〕から完済に至るまで年○％〔約定ないし法定〕の割合による金員〔利息・損害金〕を支払え」
> とし，以下のどちらかの記載を加える。
> 「但し，この判決に基づく強制執行は△△△万円を超えてこれを行うことはできない」。
> 「但し，この判決に基づく強制執行は△△△万円の限度でこれを行うことができる」。

※ 滝澤孝臣「包括根保証に係る保証人の債務ないし責任の制限をめぐる裁判例と問題点」判タ1129号54頁参照。

第4 保証人の主債務者に対する求償請求

1 訴訟物

保証人は、債務を最終的に負担すべき主債務者に対する求償請求権を有する。その場合の訴訟物は、保証債務の履行として債権者に債務の履行をした後の事後求償においては、①委託のある保証の場合は、委任契約（保証委託契約）に基づく事務処理費用償還請求権であり、②委託のない保証の場合は、事務管理に基づく費用償還請求権であり（岡口『要件事実マニュアル1巻〔3版〕』487頁2）、③保証の委託を受けた受託保証人の保証債務履行前の事前求償権にいては、委任契約（保証委託契約）に基づく事務処理費用前払請求権である（岡口『要件事実マニュアル1巻〔3版〕』493頁1）（第2章第6・1（99頁）参照）。

2 事後求償

(1) 保証人の主債務者に対する事後求償請求の訴状

保証人の主債務者に対する事後求償請求訴訟の訴状は以下のとおりである。

【書式11】 保証人の主債務者に対する事後求償請求の訴状

収　入
印　紙

訴　　状

平成○年○月○日

○○地方裁判所民事部　御中

　　　　　　　　　　原告訴訟代理人弁護士　○○○○　㊞

　　〒（住　所）……………………
　　　　原　告　　甲　野　一　郎
　　〒（住　所）……………………
　　　　上記訴訟代理人弁護士　○○○○
　　　（送達場所）
　　　　電　話　○○○－○○○－○○○○
　　　　ＦＡＸ　○○○－○○○－○○○○
　　〒（住　所）……………………
　　　　被　告　　乙　野　二　郎

保証債務請求事件
　訴訟物の価額　○○○万円
　貼用印紙　　　○○○○円

第1　請求の趣旨
　1　被告は，原告に対し，○○○万○○○○円及びこれに対する平成○年△月1日から支払済みまで年5分の割合による金員を支払え。
　2　訴訟費用は被告の負担とする。
　3　仮執行の宣言
第2　請求の原因
　1　訴外○○○○は，被告に対し，平成△年○月○日，○○○万円を次の約定で貸し付けた（甲1）。
　　弁済期　　　平成○年○月末日
　　利息　　　　年10％
　　期限後の損害金　年20％
　2　原告は，被告の委託を受け，訴外○○○○に対し，上記同日上記契約

における被告の債務を保証し，その旨の契約書を作成した（甲1）。
　3　原告は，訴外○○○○に対し，平成○年○月末日，上記保証契約に基づき元金○○○万円及びこれに対する平成△年○月○日から平成○年○月末日までの利息○万○○○○円を支払った（甲3）。
　4　よって，原告は被告に対し，保証委託契約に基づき，保証債務の履行として取得した求償債権元金○○○万○○○○円及びこれに対する代位弁済日の翌日である平成○年△月1日から支払済みまで民法所定の年5分の割合による遅延損害金の支払いを求める。

証拠方法

1　金銭消費貸借契約書兼保証契約書　（甲1号証）
2　内容証明郵便写　　　　　　　　　（甲2号証）
3　領収証　　　　　　　　　　　　　（甲3号証）

附属書類

1　甲1ないし3号証写　　　　各2通
2　訴訟委任状　　　　　　　　1通
3　証拠説明書(1)　　　　　　 2通

(2) 事後求償の請求原因の要件事実

　保証人が、保証債務の履行として、債権者に債務の弁済をした後に、主債務者に対して求償する場合の事後求償請求の請求原因の要件事実は、以下のとおりである（岡口『要件事実マニュアル1巻〔3版〕』488頁3）。

① 主債務の発生原因事実
② 書面または電磁的記録による保証契約の成立
　　平成17年4月1日以降に成立した保証契約は、書面または電磁的記録によらなければならない（民446条2項・3項、平成16年法律第147号改正附則3条）。
③ 保証債務の弁済その他の債務消滅行為
④ 保証の委託を受けたこと（委託のある保証の場合）
⑤ 不可避的な費用その他の損害の発生および額（委託のある保証の場合

で、これらの請求をする場合)

(3) 事後求償における抗弁等

保証人の保証債務履行後の主債務者に対する事後求償請求における、主な抗弁等として以下のものがある。

ア　主債務者の（保証人の弁済以前の）弁済の抗弁等

(ア)　主債務者の（保証人の弁済以前の）弁済の抗弁の要件事実

保証人の保証債務履行後の主債務者に対する事後求償請求における、主債務者の（保証人の弁済以前の）弁済の抗弁の要件事実は、以下のとおりである（岡口『要件事実マニュアル1巻〔3版〕』491頁a）。

① 主債務者が債権者に弁済したこと
② 主債務者の弁済の方が保証人の弁済よりも先であること

(イ)　委託のある保証の場合の保証人善意の再抗弁の要件事実

保証人の保証債務履行後の主債務者に対する事後求償請求における、主債務者の（保証人の弁済以前の）弁済の抗弁に対する、委託のある保証の場合の保証人善意の再抗弁の要件事実は、以下のとおりである（岡口『要件事実マニュアル1巻〔3版〕』491頁b）。

① 保証人が主債務者による弁済を知らなかったこと
② 保証人が弁済等の前に主債務者に対し通知をしたこと（または保証人が債権者から請求を受けていることを主債務者が知っていることもしくは保証人が通知をしなかったことにつき保証人に過失がなかったこと）

　保証人が、民法463条2項・443条2項により、自己の弁済を有効とするには、民法463条2項・443条1項による弁済における事前の通知義務の履行が必要である（最判昭57・12・17民集36巻12号2399頁・判時1065号133頁）。

③ 保証人が自己の弁済を有効とみなす旨の意思表示をしたこと
④ 委託のある保証の場合の、保証人の弁済に先立ち、主債務者が保証人に対し弁済の通知をしたことまたは通知をしなかったことにつき過失が

ないことの再々抗弁（岡口『要件事実マニュアル1巻〔3版〕』491頁c）

イ　主債務者の（保証人の弁済後の）弁済等の抗弁等

(ｱ)　保証人弁済後の主債務者の弁済等

　保証人が弁済をした後、その旨の通知をしなかったため、主債務者も弁済した場合、主債務者は自己の弁済を有効とみなすことができる（民463条2項・443条2項）。したがって、この場合、保証人の保証債務履行後の主債務者に対する事後求償請求に対し、主債務者は弁済等の抗弁を主張することができる。

(ｲ)　主債務者の（保証人の弁済後の）善意の弁済等の抗弁の要件事実

　上記(ｱ)のような場合の、保証人の保証債務履行後の主債務者に対する事後求償請求に対する、主債務者の（保証人の弁済後の）弁済の抗弁の要件事実は、以下のとおりである（岡口『要件事実マニュアル1巻〔3版〕』492頁a）。

① 　主債務者が保証人の弁済等を知らなかったこと
② 　主債務者が債権者に弁済等をしたこと
③ 　主債務者が自己の弁済等を有効とみなす旨の意思表示をしたこと

(ｳ)　再抗弁

　この場合、主債務者の弁済に先立ち、保証人が、主債務者に対し弁済した旨の通知をしたことまたは通知をしなかったことにつき過失がないことが、再抗弁となる（岡口『要件事実マニュアル1巻〔3版〕』492頁b）。

ウ　事前通知義務違反による主債務者が債権者に対抗し得た事由の抗弁等

(ｱ)　事前通知義務違反による主債務者が債権者に対抗し得た事由の抗弁

　保証人が、主債務者に事前に通知せずに債権者に弁済等をした場合（民463条2項・443条1項）、主債務者は、債権者に対抗し得た事由をもって保証人に対抗しうることになる（岡口『要件事実マニュアル1巻〔3版〕』489頁）。具体的には、主債務者が債権者に対し、①相殺できる地位にあったこと、②解除しうる地位にあったこと、③同時履行の抗弁権を行使し得たこと、④期限の抗弁を主張し得たことなどである（岡口『要件事実マニュアル1巻〔3

(イ)　事前通知義務違反による主債務者が債権者に対抗し得た事由の抗弁に対する再抗弁

　事前通知義務違反（民463条2項・443条1項）による主債務者が債権者に対抗し得た事由の抗弁に対する再抗弁としては、以下のものがある（岡口『要件事実マニュアル1巻〔3版〕』489頁）。

① 　保証人が事前通知をしたことの再抗弁（岡口『要件事実マニュアル1巻〔3版〕』490頁b）

② 　保証人が事前の通知をしなかったことにつき無過失の再抗弁（岡口『要件事実マニュアル1巻〔3版〕』490頁c）

③ 　保証人が債権者から請求を受けていることを主債務者が知っていたことの再抗弁（岡口『要件事実マニュアル1巻〔3版〕』490頁d）

　エ　主債務の無効・取消しの抗弁

　主債務が無効・取消しとなる場合、保証人の求償権自体を発生させないので、保証人の保証債務履行後の主債務者に対する事後求償請求において、主債務の無効・取消事由の存在が抗弁事実となる（岡口『要件事実マニュアル1巻〔3版〕』490頁イ）。

　オ　主債務の消滅時効の完成の抗弁

　保証人の保証債務履行後の主債務者に対する事後求償請求において、主債務の消滅時効の完成が抗弁事実となる（東京高判平11・5・25金商1078号33頁（委託を受けた保証人が主債務の消滅時効完成後に代位弁済した場合に主債務者に対する求償ができないとした））（岡口『要件事実マニュアル1巻〔3版〕』490頁ウ）。

　カ　委託のない保証の場合の本人の意思に反することの抗弁

　委託のない保証で、保証が主債務者の意思に反する場合、当該保証人は、主債務者の現存利益においてのみ求償権を有する（民462条2項）。これは、求償権の範囲を限定する抗弁となる（岡口『要件事実マニュアル1巻〔3版〕』

492頁カ)。

キ　求償権の消滅時効の抗弁[*22]

3　事前求償

(1)　事前求償の請求原因の要件事実

　保証の委託を受けた保証人の保証債務履行前の事前求償の請求原因の要件事実は、以下のとおりである（岡口『要件事実マニュアル1巻〔3版〕』494頁2）。

① 　主債務の発生原因事実

② 　保証人が主債務者から保証の委託を受けたこと

③ 　書面または電磁的記録による保証契約の成立

　　平成17年4月1日以降に成立した保証契約は、書面または電磁的記録によらなければならない（民446条2項・3項、平成16年法律第147号改正附則3条）。

④ a　民法460条各号所定の事実

　　または

　b　保証人の過失なくして債権者に弁済すべき旨の裁判の言渡しを受けたこと（民459条1項前段）

　　または

　c　事前求償の約定

(2)　事前求償における抗弁

　保証の委託を受けた保証人の保証債務履行前の事前求償における主な抗弁として、以下のものがある。

① 　担保提供との同時履行の抗弁（民461条1項）

　　保証の委託を受けた保証人の保証債務履行前の事前求償における担保提供との同時履行の抗弁の要件事実は、原告（保証人）の担保提供との

[*22]　求償権の消滅時効については、第2章第6・2(4)（100頁）参照。

同時履行の抗弁を行使するとの権利主張（被告は、原告が担保提供するまでは、求償権の支払いを拒絶する）*23 である（岡口『要件事実マニュアル1巻〔3版〕』495頁ア）。

② 被告（主債務者）が原告（保証人）に支払うべき額を供託し、担保を供し、または原告（保証人）を免責させたこと（民461条2項）の抗弁（岡口『要件事実マニュアル1巻〔3版〕』495頁イ）

③ 主債務の発生障害、消滅事由の抗弁（岡口『要件事実マニュアル1巻〔3版〕』495頁エ）

Ⅵ　債務不存在確認訴訟

第1　債務不存在確認訴訟の請求

1　請求の特定

(1)　請求の特定

　金銭消費貸借をめぐる債務不存在確認訴訟では、具体的な契約の発生原因を請求の趣旨に掲げて対象となる法律関係を特定し、かつ、法律関係から生ずる金銭債権の額を具体的に明示する。

(2)　債務の上限を示さない債務不存在確認の訴え

　債務の上限を示さない一部不存在確認請求においては、請求の趣旨および請求の原因はもとより一件記録を精査して債務総額を認定し、不存在の限度を明確にして判決をすることができる（最判昭40・9・17民集19巻6号1533頁・判時425号29頁・判タ183号99頁）（『民事訴訟法講義案〔再訂補訂版〕』68頁(4)、岡口『要件事実マニュアル1巻〔3版〕』69頁）。

(3)　債務不存在確認訴訟の請求の趣旨・認容判決主文

　貸金等の債務が存在しないとして、借主が貸主を相手に、債務不存在確認

---

*23　東京高判平10・3・18東高民報49巻1～12号10頁参照。

訴訟を提起する場合の請求の趣旨および認容判決の主文は以下のとおりである（『10訂民事判決起案の手引』17頁、加藤ほか『要件事実の考え方と実務〔2版〕』322頁、岡口『要件事実マニュアル1巻〔3版〕』68頁）。

〈記載例6〉 債務不存在確認訴訟の請求の趣旨・認容判決主文記載例

> 「原被告間の平成○年○月○日の消費貸借契約に基づく原告の被告に対する元本○○○万円の返還債務が〔△△万円を超えては〕存在しないことを確認する」。

2 確認の利益

(1) 確認の利益の意義

確認の訴えについては、確認の利益が必要である。確認の利益は、一般的に、原告の請求について、確認判決をすることが、原告の権利または法律的地位に対する現実の不安・危険を除去するために、必要かつ適切な場合に認められるが、債務不存在確認訴訟においては、被告が債権の存在を主張すれば、確認の利益があるとされる。

(2) 関連する給付訴訟がある場合

ア　過払いによる不当利得返還請求訴訟と債務不存在確認請求

過払いによる不当利得返還請求訴訟において、併せて債務不存在確認請求をすることは、不当利得返還請求では債務不存在について既判力が及ばないから、確認の利益が認められる（吉田健司『裁判実務体系(13)』337頁、塚原『事例と解説民事裁判の主文』90頁）。

イ　債務不存在確認の訴えと給付請求の訴え

債務不存在確認訴訟に対し、反訴として給付請求が提起され、反訴を認容する場合、債務不存在確認の本訴は、確認の利益を失い却下される（最判平16・3・15民集58巻3号753頁・判時1856号150頁、福岡高判平10・7・21判時1695号94頁・判タ1000号296頁、東京地判平17・7・29判タ1228号262頁、名古屋

地判平17・10・27判時1950号128頁）（塚原『事例と解説民事裁判の主文』91頁、『民事訴訟法講義案〔再訂補訂版〕』92頁（注2）、岡口『要件事実マニュアル1巻〔3版〕』67頁）[*24]。

(3) 被告が債務の存在を主張しない場合

ア 確認の利益の有無の判断を基礎づける事実と弁論主義

訴えの利益は職権調査事項である（最判昭42・9・14民集21巻7号1807頁・判時502号34頁）が、その有無の判断を基礎づける事実については、①弁論主義の適用を認め、裁判上の自白の成立可能性を肯定する裁判例がある（大阪地判昭40・12・27判時440号26頁）が、これに対し、②弁論主義の適用がないとしても、直ちに職権探知事項となるわけではなく、当事者から提出された証拠や弁論の全趣旨に基づき、確認の利益を判断することになるとする考え方もある（塚原『事例と解説民事裁判の主文』91頁(ア)）。

イ 被告が欠席するなどして何ら主張をしない場合

上記ア①説によれば、原告が「被告は債権の存在を主張している」と主張していれば擬制自白が成立する（民訴159条1項本文）。

一方、②説によれば、原告の「被告は債権の存在を主張している」との主張の有無は、弁論の全趣旨の一要素として、被告が欠席して何らの主張もしないことや他の証拠から認められる事実を併せて考慮することになり、必ずしもその事実のみで確認の利益の有無が判断されることにはならないが、重要な要素である。

いずれの説からも、確認の利益が認められれば、請求認容の判決をすることになる（塚原『事例と解説民事裁判の主文』91頁(イ)）。

[*24] 東京地判平13・8・31判時1772号60頁・判タ1076号293頁　債務不存在確認訴訟に対し別訴給付訴訟を提起することについて、先行訴訟が債務不存在確認訴訟である場合に、同一の権利関係について新たに給付訴訟を別途提起することも、民事訴訟法142条において禁止されている重複訴訟に該当し、後に給付訴訟を求める当事者は、先行債務不存在確認の訴訟において反訴を提起することができるなどとして、後行給付訴訟の訴えを却下した。

ウ　被告が請求棄却の判決を求めながら債務の不存在を認めた場合

上記ア①説によれば、原告が「被告は債権の存在を主張している」との主張があっても、被告は債権の存在を主張していないから、裁判上の自白は成立せず、証拠および弁論の全趣旨（被告が請求棄却の裁判を求めるとの答弁をしたことが重要）による認定が必要となる。

一方、②説によれば、イと同様、原告の「被告は債権の存在を主張している」との主張の有無は、弁論の全趣旨の一要素として、被告が請求棄却の答弁をしたことや、他の証拠から認められる事実と併せて考慮することになる。

いずれの説からも、被告が請求棄却の裁判を求めたことから、確認の利益を肯定しやすく、これが認められた場合、被告は債務の不存在を認めているのであるから、請求認容の判決をすることになる（塚原『事例と解説民事裁判の主文』91頁(ウ)）。

エ　被告が請求を認諾すると答弁した場合

上記ア①説によれば、原告が「被告は債権の存在を主張している」との主張があっても、被告は債権の存在を主張していないから、裁判上の自白は成立せず、証拠および弁論の全趣旨による認定が必要となる。この説では、原告の「被告は債権の存在を主張している」との主張の存在自体を弁論の全趣旨として考慮することはできず、被告が請求認諾の答弁をしたことが弁論の全趣旨として考慮されるから、確認の利益を肯定するのは困難であると考えられる。

一方、②説によれば、イと同様、原告の「被告は債権の存在を主張している」との主張の有無は、弁論の全趣旨の一要素として、被告が請求認諾の答弁をしたことや、他の証拠から認められる事実と併せて考慮することになる。そうすると、比較的確認の利益を肯定しやすいだろう。確認の利益が認められれば、請求認諾の調書を作成する（塚原『事例と解説民事裁判の主文』92頁(エ)）。

第2　債務不存在確認訴訟の要件事実

1　債務不存在確認訴訟での主張立証責任

　消極的確認訴訟では、攻撃方法としての請求原因である一定の事実の主張というものはなく、訴訟物である権利の発生原因事実については、被告（債権者）が抗弁としてその主張立証し、原告（債務者）が権利障害、権利消滅、権利阻止の再抗弁を主張立証することになる（『10訂民事判決起案の手引』事実摘示記載例集19頁注②、『民事訴訟法講義案〔再訂補訂版〕』67頁（注2）、加藤ほか『要件事実の考え方と実務〔2版〕』322頁、岡口『要件事実マニュアル1巻〔3版〕』69頁）。

2　債務不存在確認訴訟の請求原因の要件事実

　債務不存在確認訴訟の請求原因の要件事実は、特定の債務の有無・範囲等について当事者間に争いがあることである（加藤ほか『要件事実の考え方と実務〔2版〕』322頁・323頁、岡口『要件事実マニュアル1巻〔3版〕』69頁）。

3　債務不存在確認訴訟における抗弁

　債務不存在確認訴訟においては、被告（債権者）が抗弁として、訴訟物である権利の発生原因事実についての主張立証をする（『増補民事訴訟における要件事実1巻』24頁、『10訂民事判決起案の手引』事実摘示記載例集19頁注②、『民事訴訟法講義案〔再訂補訂版〕』67頁（注2）、加藤ほか『要件事実の考え方と実務〔2版〕』322頁、岡口『要件事実マニュアル1巻〔3版〕』69頁）。

4　債務不存在確認訴訟における再抗弁

　債務不存在確認訴訟においては、被告（債権者）が抗弁として、訴訟物である権利の発生原因事実を主張立証した場合、原告（債務者）が、訴訟物である権利の権利障害、権利消滅、権利阻止の再抗弁を主張立証することになる（『10訂民事判決起案の手引』事実摘示記載例集19頁注②、加藤ほか『要件事実の考え方と実務〔2版〕』322頁、岡口『要件事実マニュアル1巻〔3版〕』70頁）。

第3 債務不存在確認訴訟の判決

1 債務不存在確認訴訟の欠席判決

(1) 債務不存在確認訴訟の欠席判決

債務不存在確認訴訟の欠席判決は、被告が訴訟物である債務の発生原因事実（抗弁）を主張立証しないことを理由として、請求を認容する（吉田健司『裁判実務体系⒀』339頁、岡口『要件事実マニュアル1巻〔3版〕』67頁）。

(2) 原告が訴状で抗弁・再抗弁事実を主張している場合の欠席判決

原告が訴状で、訴訟物である債務の発生原因事実（抗弁）を先行自白し、訴訟物である債務の権利障害、権利消滅、権利阻止の再抗弁を先行主張している場合は、被告が当該再抗弁事実を明らかに争わないことを理由に認容判決をする（吉田健司『裁判実務体系⒀』339頁、岡口『要件事実マニュアル1巻〔3版〕』67頁）。

2 原告が認めた残債務額および上限額と認定金額

(1) 原告が認めた金額を超える残債務の認定

債務不存在確認訴訟において、裁判所が、原告の認めた金額を超え、上限債務額より少ない残債務が存在すると認定した場合、一部認容判決をすべきである（最判昭40・9・17民集19巻6号1533頁・判時425号29頁）（『民事訴訟法講義案〔改訂補訂版〕』68頁）。

(2) 原告が認めた金額より少ない残債務の認定

審理の結果、残債務額が、原告が認めた残債務額より少ない金額であることが判明した場合、その判明した金額を超えては債務が存在しないことを確認する判決をすることは、原告の申立事項を超える、原告に有利な判決をすることになり、民事訴訟法246条に反するので、できない（『民事訴訟法講義案〔再訂補訂版〕』68頁）。

《資料》 手数料額早見表（単位：円）

訴額等 ＼ 手数料	訴えの提起	支払督促の申立て	民事調停の申立て，労働審判手続の申立て	控訴の提起	上告の提起
10万まで	1,000	500	500	1,500	2,000
20万	2,000	1,000	1,000	3,000	4,000
30万	3,000	1,500	1,500	4,500	6,000
40万	4,000	2,000	2,000	6,000	8,000
50万	5,000	2,500	2,500	7,500	10,000
60万	6,000	3,000	3,000	9,000	12,000
70万	7,000	3,500	3,500	10,500	14,000
80万	8,000	4,000	4,000	12,000	16,000
90万	9,000	4,500	4,500	13,500	18,000
100万	10,000	5,000	5,000	15,000	20,000
120万	11,000	5,500	5,500	16,500	22,000
140万	12,000	6,000	6,000	18,000	24,000
160万	13,000	6,500	6,500	19,500	26,000
180万	14,000	7,000	7,000	21,000	28,000
200万	15,000	7,500	7,500	22,500	30,000
220万	16,000	8,000	8,000	24,000	32,000
240万	17,000	8,500	8,500	25,500	34,000
260万	18,000	9,000	9,000	27,000	36,000
280万	19,000	9,500	9,500	28,500	38,000
300万	20,000	10,000	10,000	30,000	40,000
320万	21,000	10,500	10,500	31,500	42,000
340万	22,000	11,000	11,000	33,000	44,000
360万	23,000	11,500	11,500	34,500	46,000
380万	24,000	12,000	12,000	36,000	48,000
400万	25,000	12,500	12,500	37,500	50,000
420万	26,000	13,000	13,000	39,000	52,000

第4節　訴訟手続

440万	27,000	13,500	13,500	40,500	54,000
460万	28,000	14,000	14,000	42,000	56,000
480万	29,000	14,500	14,500	43,500	58,000
500万	30,000	15,000	15,000	45,000	60,000
550万	32,000	16,000	16,000	48,000	64,000
600万	34,000	17,000	17,000	51,000	68,000
650万	36,000	18,000	18,000	54,000	72,000
700万	38,000	19,000	19,000	57,000	76,000
750万	40,000	20,000	20,000	60,000	80,000
800万	42,000	21,000	21,000	63,000	84,000
850万	44,000	22,000	22,000	66,000	88,000
900万	46,000	23,000	23,000	69,000	92,000
950万	48,000	24,000	24,000	72,000	96,000
1,000万	50,000	25,000	25,000	75,000	100,000
1,100万	53,000	26,500	26,200	79,500	106,000
1,200万	56,000	28,000	27,400	84,000	112,000
1,300万	59,000	29,500	28,600	88,500	118,000
1,400万	62,000	31,000	29,800	93,000	124,000
1,500万	65,000	32,500	31,000	97,500	130,000
1,600万	68,000	34,000	32,200	102,000	136,000
1,700万	71,000	35,500	33,400	106,500	142,000
1,800万	74,000	37,000	34,600	111,000	148,000
1,900万	77,000	38,500	35,800	115,500	154,000
2,000万	80,000	40,000	37,000	120,000	160,000
2,100万	83,000	41,500	38,200	124,500	166,000
2,200万	86,000	43,000	39,400	129,000	172,000
2,300万	89,000	44,500	40,600	133,500	178,000
2,400万	92,000	46,000	41,800	138,000	184,000
2,500万	95,000	47,500	43,000	142,500	190,000
2,600万	98,000	49,000	44,200	147,000	196,000
2,700万	101,000	50,500	45,400	151,500	202,000

2,800万	104,000	52,000	46,600	156,000	208,000
2,900万	107,000	53,500	47,800	160,500	214,000
3,000万	110,000	55,000	49,000	165,000	220,000
3,100万	113,000	56,500	50,200	169,500	226,000
3,200万	116,000	58,000	51,400	174,000	232,000
3,300万	119,000	59,500	52,600	178,500	238,000
3,400万	122,000	61,000	53,800	183,000	244,000
3,500万	125,000	62,500	55,000	187,500	250,000
3,600万	128,000	64,000	56,200	192,000	256,000
3,700万	131,000	65,500	57,400	196,500	262,000
3,800万	134,000	67,000	58,600	201,000	268,000
3,900万	137,000	68,500	59,800	205,500	274,000
4,000万	140,000	70,000	61,000	210,000	280,000
4,100万	143,000	71,500	62,200	214,500	286,000
4,200万	146,000	73,000	63,400	219,000	292,000
4,300万	149,000	74,500	64,600	223,500	298,000
4,400万	152,000	76,000	65,800	228,000	304,000
4,500万	155,000	77,500	67,000	232,500	310,000
4,600万	158,000	79,000	68,200	237,000	316,000
4,700万	161,000	80,500	69,400	241,500	322,000
4,800万	164,000	82,000	70,600	246,000	328,000
4,900万	167,000	83,500	71,800	250,500	334,000
5,000万	170,000	85,000	73,000	255,000	340,000
5,100万	173,000	86,500	74,200	259,500	346,000
5,200万	176,000	88,000	75,400	264,000	352,000
5,300万	179,000	89,500	76,600	268,500	358,000
5,400万	182,000	91,000	77,800	273,000	364,000
5,500万	185,000	92,500	79,000	277,500	370,000
5,600万	188,000	94,000	80,200	282,000	376,000
5,700万	191,000	95,500	81,400	286,500	382,000
5,800万	194,000	97,000	82,600	291,000	388,000
5,900万	197,000	98,500	83,800	295,500	394,000

第4節　訴訟手続

6,000万	200,000	100,000	85,000	300,000	400,000
6,100万	203,000	101,500	86,200	304,500	406,000
6,200万	206,000	103,000	87,400	309,000	412,000
6,300万	209,000	104,500	88,600	313,500	418,000
6,400万	212,000	106,000	89,800	318,000	424,000
6,500万	215,000	107,500	91,000	322,500	430,000
6,600万	218,000	109,000	92,200	327,000	436,000
6,700万	221,000	110,500	93,400	331,500	442,000
6,800万	224,000	112,000	94,600	336,000	448,000
6,900万	227,000	113,500	95,800	340,500	454,000
7,000万	230,000	115,000	97,000	345,000	460,000
7,100万	233,000	116,500	98,200	349,500	466,000
7,200万	236,000	118,000	99,400	354,000	472,000
7,300万	239,000	119,500	100,600	358,500	478,000
7,400万	242,000	121,000	101,800	363,000	484,000
7,500万	245,000	122,500	103,000	367,500	490,000
7,600万	248,000	124,000	104,200	372,000	496,000
7,700万	251,000	125,500	105,400	376,500	502,000
7,800万	254,000	127,000	106,600	381,000	508,000
7,900万	257,000	128,500	107,800	385,500	514,000
8,000万	260,000	130,000	109,000	390,000	520,000
8,100万	263,000	131,500	110,200	394,500	526,000
8,200万	266,000	133,000	111,400	399,000	532,000
8,300万	269,000	134,500	112,600	403,500	538,000
8,400万	272,000	136,000	113,800	408,000	544,000
8,500万	275,000	137,500	115,000	412,500	550,000
8,600万	278,000	139,000	116,200	417,000	556,000
8,700万	281,000	140,500	117,400	421,500	562,000
8,800万	284,000	142,000	118,600	426,000	568,000
8,900万	287,000	143,500	119,800	430,500	574,000
9,000万	290,000	145,000	121,000	435,000	580,000
9,100万	293,000	146,500	122,200	439,500	586,000

9,200万	296,000	148,000	123,400	444,000	592,000
9,300万	299,000	149,500	124,600	448,500	598,000
9,400万	302,000	151,000	125,800	453,000	604,000
9,500万	305,000	152,500	127,000	457,500	610,000
9,600万	308,000	154,000	128,200	462,000	616,000
9,700万	311,000	155,500	129,400	466,500	622,000
9,800万	314,000	157,000	130,600	471,000	628,000
9,900万	317,000	158,500	131,800	475,500	634,000
1億0,000万	320,000	160,000	133,000	480,000	640,000

― 条文索引 ―

【か行】

会社法
 10条　*139*
 11条1項　*139*
 22条1項　*74,75*
 22条2項　*76*
 330条　*152*
 331条　*152*
貸金業法
 12条の8　*30*
 13条1項　*28*
 13条2項　*28*
 13条3項　*28*
 13条4項　*28*
 13条5項　*28*
 13条の2第1項　*28,29*
 13条の2第2項　*29*
 19条　*46*
 19条の2　*47*
 21条　*42*
 42条　*72*

【さ行】

裁判所法
 24条1項　*131*
 33条1項1号　*131*
司法書士法
 3条1項6号イ　*139*
 3条2項　*139*
出資の受入れ、預り金及び金利等の取締りに関する法律
 4条　*18*
 5条1項　*72*
 5条2項　*30,72*
 5条の2　*14*
 5条の2第2項1号　*15*
 5条の2第2項2号　*15*
 5条の2第3項　*16*
 5条の2第3項1号　*17*
 5条の2第3項2号　*17*
 5条の3第1項　*14*
 5条の3第2項　*15*
 5条の3第2項2号　*16,17*
 5条の4　*10*
商　法
 17条1項　*74,76*
 17条2項　*76*
 20条　*139*
 21条1項　*138*
 513条1項　*160*
 514条　*4,160*
 522条　*100*

【は行】

破産法
 44条1項　*146*
 44条4項　*149*
 44条5項　*149*
 44条6項　*148,149*
 80条　*146*
 100条1項　*148*
 126条　*148*
 126条1項　*148*
 127条　*148*
 248条4項　*149*
 249条1項　*149*
 253条1項　*98,149*

253条1項6号　*151*

【ま行】

民事訴訟費用等に関する法律
　4条　*141*
　5条1項　*121*
　8条　*141*
　11条　*141*
　12条　*141*
　13条　*141*

民事訴訟法
　4条1項　*132*
　4条2項　*132*
　4条4項　*132*
　5条1号　*132*
　7条　*133*
　8条1項　*131*
　9条1項本文　*131*
　9条1項ただし書　*131*
　9条2項　*131*
　11条1項　*134*
　11条2項　*134*
　11条3項　*134*
　13条　*134*
　17条　*137*
　35条　*153*
　38条前段　*133*
　54条1項ただし書　*134*
　133条1項　*140*
　271条　*141*
　368条1項　*123*
　370条　*123*
　370条1項　*142*
　370条2項　*142*
　371条　*123*
　378条　*123*
　380条　*123*

　386条1項　*122*
　390条　*122*
　393条　*122*
　395条　*122*

民事調停法
　1条　*114*
　3条前段　*121*
　3条後段　*121*
　16条　*121*
　19条　*121*

民　法
　136条2項本文　*19, 58*
　136条2項但書　*19, 58*
　167条　*70*
　174条の2　*97*
　404条　*4, 5, 160*
　419条　*5*
　446条1項　*88*
　446条2項　*88, 143*
　446条3項　*88*
　452条　*89*
　453条　*89*
　454条　*89*
　457条　*92*
　457条1項　*96*
　458条　*96*
　459条1項前段　*101*
　460条　*101*
　465条の2第1項　*90*
　465条の2第2項　*90*
　484条　*132, 133*
　508条　*67*
　587条　*2*
　591条1項　*19*
　703条　*50, 56*
　704条　*50, 56, 178*
　704条後段　*71*

709条　*70*
724条　*70*

【ら行】

利息制限法
　1条　*10*
　4条　*10*
　5条　*8, 30*
　6条　*10*
　7条　*7, 30*
　8条　*14*
　8条2項1号　*15*
　8条2項2号　*15*
　8条3項　*16*
　8条4項1号　*16*
　8条4項2号　*17*
　9条1項　*14*
　9条2項1号　*15*
　9条3項1号　*16*
　9条3項2号　*17*

― 事項索引 ―

【あ行】

悪意の受益者　*177*
悪意の受益者に対する利息を請求する場合の請求原因　*170*
悪意の受益者の主張立証責任　*50*, *177*
訴えの提起　*140*
訴えを提起する裁判所の場所　*132*
訴えを提起する第一審裁判所　*130*
営業的金銭消費貸借の遅延損害金　*7*
応訴管轄　*136*

【か行】

確認の利益　*201*
貸金　*2*
貸金・保証関係訴訟の主な証拠　*142*
貸金・保証関係紛争解決のための手続　*103*
貸金業者の営業譲渡等と過払金返還請求権　*74*
貸金業者の倒産手続と過払金返還請求権　*83*
貸金業者の取引履歴開示義務　*181*
貸金業者の取引履歴等開示義務　*45*
貸金業者の取引履歴等開示義務違反に基づく損害賠償請求　*45*
貸金業法旧17条書面　*36*
貸金業法旧18条書面　*39*
貸金業法旧43条　*29*
貸金債権譲渡と過払金返還請求権　*77*
貸金等根保証契約　*89*
貸金返還請求訴訟　*153*
貸金返還請求訴訟の訴状　*153*
貸金返還請求における抗弁等　*162*

貸金返還請求の請求原因　*156*
貸付金返還額全額についての返還請求　*72*
過剰貸付け等の禁止　*26*
過払金の貸金への充当　*58*
過払金発生後の貸金への充当　*59*
過払金返還請求　*49*
過払金返還請求（不当利得返還請求）における抗弁等　*170*
過払金返還請求と不法行為　*70*
過払金返還請求の共同訴訟　*167*
過払金返還請求権　*49*
過払金返還請求権（不当利得返還請求権）の悪意の受益者　*177*
過払金返還請求権（不当利得返還請求権）の消滅時効　*64*
過払金返還請求権（不当利得返還請求権）の消滅時効の起算点　*65*
過払金返還請求権（不当利得返還請求権）の消滅時効期間　*64*
過払金返還請求権（不当利得返還請求権）の請求原因　*169*
過払金返還請求権（不当利得返還請求権）の付帯請求の起算日　*56*
過払金返還請求権（不当利得返還請求権）の付帯請求の利率　*57*
過払金返還訴訟　*167*
簡易裁判所における訴訟代理人　*139*
管轄の合意　*133*
管轄合意についての意思表示の瑕疵　*136*
元本　*3*
関連裁判籍　*133*
期限の利益の再度付与　*21*

事項索引

期限の利益の放棄　20
期限の利益喪失　21
期限の利益喪失の宥恕　20
擬制陳述と本案の弁論　137
義務履行地管轄裁判所　132
客観的併合　133
給料仮差押え　113
許可代理人　139
共同訴訟　133
業として保証を行う者の保証料等　13
極度額保証　190
金銭消費貸借　2
継続的金銭消費貸借の上限金利　8
検索の抗弁権　89
個人再生（給与所得者等再生）手続と
　民事訴訟との関係　143
個人再生（小規模個人再生）手続と民
　事訴訟との関係　143
行政官庁相談窓口　102
合意管轄　133

【さ行】

債権譲渡があった場合の義務履行地管
　轄裁判所　133
催告の抗弁権　89
債務者の利息・損害金の支払いの任意
　性　32
債務不存在確認訴訟　200
債務不存在確認訴訟における抗弁
　204
債務不存在確認訴訟における再抗弁
　204
債務不存在確認訴訟の欠席判決　205
債務不存在確認訴訟の請求原因　204
債務不存在確認訴訟の判決　205
財務局等の相談窓口　103
時効の中断　96

時効援用権の喪失　25
事後求償　193
事後求償権　99
事後求償権の消滅時効　100
事後求償における抗弁等　196
事後求償の請求原因　195
事前求償　101, 199
事前求償における抗弁　199
事前求償の請求原因　199
実質的な権限を有しない法令による訴
　訟代理人（支配人）　138
事物管轄　130
主観的併合　133
主債務者　88
主債務の消滅時効　93
主債務者の破産免責等と時効　95
主たる債務者　88
受益者の返還義務の範囲　50
受益者の利益返還義務　50
書証等の提出　140
少額訴訟手続　123
少額訴訟の審理裁判所　131
少額訴訟の事物管轄　131
証拠の収集　142
上限利率　6
制限利率　6
訴額の算定　131
訴訟事件の管轄　130
訴訟事件の申立裁判所　130
訴訟終了書　147
訴訟手続　122
訴訟における主張立証の構造等　141
訴訟物の価額の算定　131
訴状　124
訴状送達による催告　157

215

【た行】

遅延損害金　4
遅延損害金の生ずる期間　4
遅滞を避ける等のための移送　137
地方自治体の相談窓口　105
調停調書の効力　121
調停に代わる決定の無効　85
調停不成立の場合の訴訟の提起　121
調停申立書　114
帳簿の閲覧・謄写　47
帳簿の閲覧・謄写請求の拒絶　47
通常訴訟手続　123
通常訴訟の事物管轄　130
通常訴訟の第一審裁判所　130
電話担保金融の特例　13
倒産手続と民事訴訟との関係　143
当初貸付残高の主張・立証責任　171
答弁書等の擬制陳述と本案の弁論　137
督促手続　122
土地管轄　132
取立行為の規制　42
取引履歴開示義務違反に基づく損害賠償請求訴訟　181
取引履歴開示義務違反に基づく損害賠償請求訴訟における請求原因　182
取引履歴で判明する取引内容を間接事実とする不開示部分の推認　176
取引履歴に対する文書提出命令の発令　173
取引履歴不開示部分の立証　173

【な行】

日賦貸金業者の特例　12
認定司法書士　139
根保証契約　89

【は行】

根保証に基づく保証債務履行請求の請求原因　190

【は行】

破産手続と民事訴訟との関係　145
判決の確定と時効　97
振込貸付け　3
分割弁済と消滅時効期間　24
文書提出命令に従わないことによる真実擬制　174
弁済期の定めのない貸金と時効の起算点　24
法定利率　4
保証　88
保証関係訴訟　183
保証契約　88
保証契約の補充性　89
保証契約の書面性　88
保証債務請求訴訟の訴状　183
保証債務と時効　93
保証債務と免責　98
保証債務の消滅時効　95
保証債務履行請求の請求原因　185
保証人　88
保証人と主債務者の関係　91
保証人の主債務者に対する求償請求　99, 193
保証人の主債務者に対する事後求償請求訴訟の訴状　194
本案の弁論　137

【ま行】

みなし弁済制度　29
民事調停　114
民事調停の管轄　121
民事調停の管轄申立て先　121
民事調停の申立て　114

民事保全手続　*113*
民法703条の不当利得返還請求権（過払金返還請求権）の請求原因　*169*
民法704条後段の損害　*71*
名義貸し（民93条但書類推適用）による無効　*166*
免責後の過払金返還請求　*68*

【や行】

約定利率　*4*

【ら行】

利息　*3*
利息の生ずる期間　*3*
利息の天引きと貸金業法旧43条　*42*
利息制限法の制限を超過する利息・損害金　*10*
利息・損害金の支払いの任意性　*32*
連帯保証人　*89*

【わ行】

和解・調停の無効　*84*

― 判例索引 ―

大判明43・10・20民録16輯719頁	*182*
大判大4・7・13民録21輯1387頁	*91, 186, 187*
大判大5・12・25民録22輯2494頁	*93*
大判大9・10・14民録26輯1495頁	*137*
大判大9・11・24民録26輯1871頁	*186*
大判大10・5・18民録27輯929頁	*134*
大判昭5・1・29民集9巻97頁	*19, 157*
大判昭6・6・4民集10巻401頁	*93*
大判昭6・10・3民集10巻851頁	*99, 100*
大判昭7・6・21民集11巻1186号	*94*
大判昭7・10・12法律新聞3485号12頁	*186*
大判昭8・10・13民集12巻2520頁	*93*
大判昭9・9・15民集13巻1839頁	*19, 58*
大判昭12・9・17民集16巻1435頁	*65*
大判昭13・3・1民集17巻318頁	*163*
大判昭13・4・8民集17巻664頁	*96*
大判昭15・3・13民集19巻544頁	*25*
大判昭20・9・10民集24巻2号82頁	*98*
最判昭30・7・15民集9巻9号1058頁	*162*
最判昭33・6・14民集12巻9号1492頁	*84*
最判昭37・9・4民集16巻9号1834頁・判夕139号51頁	*182*
最判昭38・11・15集民69号215頁	*162*
最判昭39・4・7集民73号35頁	*171*
最大判昭39・11・18民集18巻9号1868頁・判時390号8頁・判夕168号179頁	*10, 24, 49*
最判昭39・11・26民集18巻9号1984頁	*163*
最判昭40・4・30民集19巻3号768頁	*163*
最判昭40・9・17民集19巻6号1533頁・判時425号29頁・判夕183号99頁	*200, 205*
最大判昭41・4・20民集20巻4号702頁	*25, 165*
最判昭42・6・23民集21巻6号1492頁	*25*
最判昭42・10・6民集21巻8号2051頁・判時502号38頁・判夕214号144頁	*99, 100*
最判昭43・3・15民集22巻3号625頁	*153*

最判昭43・7・17民集22巻7号1505頁・判時522号3頁・判タ225号75頁
　　　　　　　　　　　　　　　　　　　　　　　　　　　　　　……………………………5, 12, 162
最判昭43・10・17判時540号34頁・判タ228号100頁………………97, 98
最判昭43・10・29民集22巻10号2257頁・判時538号40頁・判タ228号102頁……100
最判昭43・11・13民集22巻12号2526頁・判時535号3頁………………11, 49
最判昭43・11・13民集22巻12号2568頁……………………………………29
最判昭44・3・20集民94号613頁・判時557号237頁…………………………95
最判昭44・11・25民集23巻11号2137頁・判時580号54頁・判タ242号174頁……11
最判昭46・6・29判時636号50頁………………………………………162
最判昭48・9・18金法701号32頁………………………………………12
最判昭49・9・26民集28巻6号1243頁…………………………………71
最判昭50・2・25集民114号221頁・金法748号27頁……………………12
最判昭50・11・6金商492号7頁・金法777号27頁……………………91
最判昭51・10・21民集30巻9号903頁・判時836号49頁………………92, 98
最判昭54・7・10民集33巻5号533頁・判時942号42頁・判タ399号132頁
　　　　　　　　　　　　　　　　　　　　　　　　　　　　　　……………………………67, 150, 170
最判昭55・1・24民集34巻1号61頁・判時955号52頁・判タ409号73頁…………65
最判昭57・12・17民集36巻12号2399頁・判時1065号133頁……………196
最決昭57・12・21刑集36巻2号1037頁・判時1065号191頁…………………9
最判昭59・12・21金商783号19頁……………………………………171
最判昭60・2・12民集39巻1号89頁・判時1177号56頁…………………100
最判平2・1・22民集44巻1号332頁・判時1349号58頁・判タ736号105頁……32
最大判平5・3・24民集47巻4号3039頁……………………………71
最判平7・3・23民集49巻3号984頁・判時1527号82頁…………………100
最判平7・7・7金法1436号31頁…………………………………166
最判平7・7・14交民集28巻4号963頁……………………………182
最判平7・9・8金法1441号29頁…………………………………94
最判平9・2・25判時1607号51頁…………………………………149
最判平9・9・9判時1620号63頁・判タ956号160頁……………………100
最判平11・1・21民集53巻1号98頁・判時1667号68頁・判タ995号71頁………40
最判平11・2・26集民191号457頁・判時671号67頁・判タ999号215頁…………97
最判平11・11・9民集53巻8号1403頁・判時1695号66頁…………………95, 149
最判平15・3・14民集57巻3号286頁・判時1821号31頁…………………95
最判平15・7・18民集57巻7号895頁・判時1834号3頁・判タ1133号89頁
　　　　　　　　　　　　　　　　　　　　　　　　　　　　　　……………………………18, 20, 58
最判平15・9・11判時1841号95頁・判タ1139号65頁…………………58
最判平15・9・16判時1841号95頁・判タ1139号65頁…………………58

219

判例索引

最判平16・2・20民集58巻2号475頁・判時1853号32頁・判タ1147号101頁
　　………………………………………………………………………………*31,36,41,42*
最判平16・2・20民集58巻2号380頁・判時1853号28頁・判タ1147号107頁……*40*
最判平16・3・15民集58巻3号753頁・判時1856号150頁 ………………………*201*
最判平16・7・9判時1870号12頁・判タ1163号113頁………………………*41,42*
最判平17・7・19民集59巻6号1783頁・判時1906号3頁・判タ1188号213頁
　　……………………………………………………………………………………*46,47,182*
最判平17・12・15民集59巻10号2899頁・判時1921号3頁・判タ1203号69頁……*38*
最判平18・1・13民集60巻1号1頁・判時1926号17頁・判タ1205号99頁
　　……………………………………………………………………………*31,32,37,39,50*
最判平18・1・24民集60巻1号319頁・判時1626号28頁 ………………………*37*
最判平18・1・24判時1926号28頁・判タ1205号85頁………………………*32,37,39*
最判平18・3・17判時1937号87頁・判タ1217号113頁 ……………………………*32*
最判平18・1・19判時1926号17頁・判タ1205号99頁……………………………*32*
最判平19・2・13民集61巻1号182頁・判時1962号67頁・判タ1236号99頁…*57,64*
最判平19・6・7民集61巻4号1537頁・判時1977号77頁・判タ1248号113頁
　　…………………………………………………………………………………………*59,65*
最判平19・7・13（平17㊸1970）民集61巻5号1980頁・判時1984号26頁・判タ
　　1252号110頁 ……………………………………………………………*39,51,53,170*
最判平19・7・13（平18㊸276）判時1984号26頁・判タ1252号110頁 …*51,54,170*
最判平19・7・17判時1984号26頁・判タ1252号110頁 ………………*51,170,178*
最判平19・7・19民集61巻5号2175頁・判時1981号15頁・判タ1251号145頁 …*60*
最判平20・1・18民集62巻1号28頁・判時1998号37頁・判タ1264号115頁…*61,62*
最判平20・6・10民集62巻6号1488頁・判時2011号3頁・判タ1273号130頁 …*73*
最決平20・7・18民集62巻7号2013頁・判時2021号41頁 ……………………*136*
最判平21・1・22民集63巻1号247頁・判時2033号12頁・判タ1289号77頁…*65,66*
最判平21・3・3判時2048号9頁・判タ1301号116頁 ……………………………*65*
最判平21・3・6判時2048号9頁・判タ1301号116頁 ……………………………*65*
最判平21・4・14判時2047号118頁・判タ1300号99頁 …………………………*20*
最判平21・7・10民集63巻6号1170頁・判時2069号22頁・判タ1317号117頁
　　…………………………………………………………………………………………*52,179*
最判平21・7・14最高裁HP ………………………………………………*52,179*
最判平21・7・17判時2048号9頁・判タ1301号116頁………………………*57,65*
最判平21・9・4民集63巻7号1445頁・判時2058号59頁・判タ1308号111頁 …*71*
最判平21・9・4最高裁HP ……………………………………………………*56*
最判平21・9・11（平19㊸1128）判時2059号55頁・判タ1308号99頁 ………*22,23*
最判平21・9・11（平21㊸138）判時2059号55頁・判タ1308号99頁 ……………*22*

220

最判平21・11・9民集63巻9号1987頁・判時2064号56頁・判タ1313号112頁 …*72*
最判平21・11・17判タ1313号108頁……………………………………………*22, 23*
最判平21・12・4判タ1323号92頁………………………………………………*84*
最判平22・4・20民集64巻3号921頁・判タ1326号115頁 ………………*8, 9*
最判平22・6・4判1330号85頁…………………………………………………*84*
最判平23・3・22最高裁HP ……………………………………………………*75, 83*
最決平23・5・18最高裁HP ……………………………………………………*167*
最決平23・5・30最高裁HP ……………………………………………………*167*
最判平23・7・7最高裁HP ……………………………………………………*75, 83*
最判平23・7・8最高裁HP ……………………………………………………*75, 83*
最判平23・7・14最高裁HP ……………………………………………………*61*

［著者紹介］

園　部　　　厚（そのべ　あつし）

●著者略歴●

昭和61年３月最高裁判所書記官研修所一部修了し、最高裁判所刑事局、東京地方裁判所民事21部主任書記官を歴任し、現在東京簡易裁判所判事

●主な著書および論文●

共著「平成２年度主要民事判例解説」判例タイムズ762号、共著「債権執行の諸問題」判例タイムズ、共著「不動産の競売手続ハンドブック〔改訂版〕」金融財政事情研究会、共著「供託先例判例百選〔第二版〕」別冊ジュリスト158号、「一般民事事件論点整理ノート（紛争類型編）」、「同（民事訴訟手続編）」新日本法規、「一般民事事件裁判例論点整理ノート」新日本法規、「簡裁民事訴訟手続の実務と書式」新日本法規、「和解手続・条項論点整理ノート」新日本法規、「書式　意思表示の公示送達・公示催告・証拠保全の実務〔第五版〕」民事法研究会、「書式　借地非訟の実務〔全訂三版〕」民事法研究会、「書式　代替執行・間接強制・意思表示擬制の実務〔第五版〕」民事法研究会、「書式　不動産執行の実務〔全訂九版〕」民事法研究会、「書式　債権・その他財産権・動産等執行の実務〔全訂12版〕」民事法研究会、「わかりやすい物損交通事故紛争解決の手引〔第２版〕」民事法研究会、「わかりやすい敷金返還紛争解決の手引」民事法研究会、「わかりやすい労働紛争解決の手引〔第２版〕」など

【わかりやすい紛争解決シリーズ④】

わかりやすい貸金・保証関係紛争解決の手引

平成23年９月29日　第１刷発行

定価　本体2,300円（税別）

著　　者	園部　厚
発　　行	株式会社　民事法研究会
印　　刷	シナノ印刷株式会社

発行所　株式会社　民事法研究会
　　　　〒151-0013　東京都渋谷区恵比寿3-7-16
　　　　　　［営業］TEL 03(5798)7257　FAX 03(5798)7258
　　　　　　［編集］TEL 03(5798)7277　FAX 03(5798)7278
　　　　　　http://www.minjiho.com/　　info@minjiho.com

落丁・乱丁はおとりかえします。　　ISBN978-4-89628-716-5　C2032　￥2300E
カバーデザイン／袴田峯男